国家社会科学基金教育学青年课题『小学数学教师学科教学知识的测量与评价研究』（CHA130167）成果

小学数学教师学科教学知识测量与评价

MEASUREMENT AND EVALUATION ON PRIMARY MATHEMATICS TEACHERS' PEDAGOGICAL CONTENT KNOWLEDGE

解 书 ◎ 著

科学出版社
北京

内容简介

学科教学知识被认为是最有用的一种教师知识形式，最能区分学科专家与教学专家、高成效教师与低成效教师。

本书基于质性研究，介绍了小学数学教师学科教学知识的结构特征、类型特征，并基于开发的"小学数学教师学科教学知识测量工具"开展了大规模现状调查，分析了小学数学教师学科教学知识的现状、影响因素及成因。另外，本书从小学数学教师学科教学知识研究方法、发展策略以及学科教学知识在教师教育中的应用等方面进行了反思，并提出了小学数学教师学科教学知识发展的有效路径。

本书可作为教师专业发展领域的教师教育者、培训人员，以及职前职后小学数学教师等群体参考，同时对其他读者也有参考价值。

图书在版编目（CIP）数据

小学数学教师学科教学知识测量与评价 / 解书著. —北京：科学出版社，2021.6
ISBN 978-7-03-068923-8

Ⅰ. ①小⋯ Ⅱ. ①解⋯ Ⅲ. ①小学数学课–教学研究 Ⅳ. ①G623.502

中国版本图书馆 CIP 数据核字（2021）第 100038 号

责任编辑：孙文影　黄雪雯 / 责任校对：杨　然
责任印制：李　彤 / 封面设计：润一文化

科学出版社 出版
北京东黄城根北街 16 号
邮政编码：100717
http://www.sciencep.com

北京建宏印刷有限公司 印刷
科学出版社发行　各地新华书店经销

*

2021 年 6 月第 一 版　开本：720×1000　1/16
2021 年 6 月第一次印刷　印张：15
字数：260 000
定价：89.00 元
（如有印装质量问题，我社负责调换）

前　言

教育是国之大计、党之大计。教师是立教之本、兴教之源。在这个竞争日益激烈和经济全球化的时代，教师加强对改善学生学业成就的责任认知，并为之采取有效行动，是保持国家经济增长的重要方面之一。教育好每一个学生，不仅是每个家庭的幸福所系，也是国家前途和民族未来所系。教师是促进教育平等与公平的重要保证，是提高教育质量的关键因素，也是一切重大教育变革的核心力量。教师专业发展是推进优质教育的核心要素，因此，教师的质量也就成为衡量教育质量的关键性指标。

一、国际社会对培养高质量教师有着无限的渴求

在 21 世纪，教师应该具备哪些素质？在 21 世纪伊始，这一话题便引发国际社会的广泛关注与探讨，很多国家开始探索教师职前培养和在职培训的改革与优化路径，并围绕高素质教师开展了一系列理论探讨与实践行动。例如，2004 年，英国教育部和"伦敦挑战"（London Challenge）项目组共同发起了"卓越教师计划"（Outstanding Teacher Program，OTP），旨在提高教师的专业技能，使更多教师借助专业培训成长为卓越教师。2011 年 12 月 12 日，英国教育部颁布《优秀教师标准》（Master Teachers' Standards），旨在设立一个更高的教师标准，并明确优秀教师应开展的专业实践和应扮演的专业领导角色，为培养和识别更高水平的教师提供参考依据，力求帮助更多的教师成长为优秀教师。[①]澳大利亚启动的"澳大利亚政府优秀教师计划"（Australian Government Quality Teacher Programme，AGQTP）是澳大利亚联邦政府于 21 世纪初制定的新的国家教育战略之一，旨在提升教师的素质和地位，并继而推出了《全国教师专业标准》[其中包括新手（graduate）教师、熟手

---

① The Review Group. Second report of independent review of teachers' standard: Post-threshold, excellent teacher and advanced skills teacher standards[S]. Department for Education（DFE），2011，12：9-28.

（proficient）教师、高成就（highly accomplished）教师和骨干（lead）教师四个等级]。2012 年，德国联邦和各州政府实施"卓越教师教育计划"，旨在促进大学教师教育革新与提高教师教育质量。2012 年，美国奥巴马政府出台"RESPECT"项目，即确保教育成功（recognizing education success）、专业求精（professional excellence）和合作教学（collaborative teaching），并拨款 50 亿美元来全面提升教师教育质量。①由此可见，各国大多通过颁布系统化的专业标准和行动计划来规范与引领本国教师专业发展和教师队伍建设，不仅关注教师学历的提升，同时更加关注教育品质及其保障。

二、提高教师质量是实施人才强国战略的前提保障

千秋基业，人才为先。2017 年 10 月，习近平总书记宣告第十九次全国人民代表大会主题为"不忘初心，牢记使命，高举中国特色社会主义伟大旗帜，决胜全面建成小康社会，夺取新时代中国特色社会主义伟大胜利，为实现中华民族伟大复兴的中国梦不懈奋斗"②。人才是国家富强与民族复兴最持久、最有力的支撑，当今世界综合国力的竞争，说到底是人才的竞争。正如习近平总书记指出的，"人才是衡量一个国家综合国力的重要指标。没有一支宏大的高素质人才队伍，全面建成小康社会的奋斗目标和中华民族伟大复兴的中国梦就难以顺利实现"③。只有向教育要质量，才能优化劳动力结构，厚植创新驱动根基，如期打赢全面深化改革的攻坚战；只有实现更高质量的教育，才能培育更多管用及实用的高技能人才、创新型人才、高精尖人才，抢占人才竞争制高点，赢得主动、赢得优势、赢得未来。

教育是强国之基，人才是强教之本。谁能培养和吸引更多优秀的人才，谁就能在竞争中占据优势，因此，提高教师质量是实现人才强国的前提保障。我国先后颁布的《国家中长期教育改革和发展规划纲要（2010—2020 年）》《全国教育人才发展中长期规划（2010—2020 年）》，均明确提出了加强教师队伍建设的要求。2011 年 10 月，教育部颁布《教师教育课程标准（试行）》。2012 年 2 月，教育部颁布《中学教师专业标准（试行）》，对教师教育质量提出了明确要求，对相关环节做出了规范，并以此作为判断教师个体和群体是否达到高素质、专业化的期待与要求的

---

① U.S. Department of Education. U.S. Department of Education Releases Blueprint to Elevate and Transform the Teaching Profession, Calls Educators to Action[EB/OL]. http://www.ed.gov/news/press-releases/us-department-education-releases-blueprint-elevate-and-transform-teaching-profession-calls-educators-action[2021-05-17].

② 习近平：决胜全面建成小康社会 夺取新时代中国特色社会主义伟大胜利——在中国共产党第十九次全国代表大会上的报告[EB/OL]. http://cpc.people.com.cn/19th/n1/2017/1027/c414395-29613458.html?isappinstalled=0[2017-10-27].

③ 习近平. 在欧美同学会成立 100 周年庆祝大会上的讲话[N]. 人民日报，2013-10-22（002）.

基本标准。2014年和2018年，《教育部关于实施卓越教师培养计划的意见》《教育部关于实施卓越教师培养计划2.0的意见》先后颁布，明确了实施卓越教师培养计划的目标要求。2018年1月，中共中央、国务院印发《中共中央 国务院关于全面深化新时代教师队伍建设改革的意见》，对新时代教师队伍建设做出了顶层设计，这是中华人民共和国成立以来党中央出台的第一个专门面向教师队伍建设的里程碑式政策文件，充分反映出我国教育改革的重点由"普及"转向"高质量发展"。2018年2月，教育部等五部门印发《教师教育振兴行动计划（2018—2022年）》，提出经过5年左右努力，办好一批高水平、有特色的教师教育院校和师范类专业，教师培养培训体系基本健全，为我国教师教育的长期可持续发展奠定坚实基础。只有打造高素质的教师队伍，才能培养出高素质的学生，并不断提高整个中华民族的国民素质。我国的教师教育改革在向高层次迈进的同时，更需要向高质量方向挺进，相关机构应担负起培养高素质教师的使命与重任。

三、教师在教育教学改革中被赋予了重要使命

随着经济全球化进程的加速，20世纪90年代，世界各国开展了新一轮国力竞争，并均将教育放到国家竞争力发展的战略位置。1983年，美国政府发布《国家处于危机中：教育改革势在必行》（A Nation at Risk：The Imperative of Educational Reform）的报告，引发了三轮以提高教育质量为宗旨的教育改革。1996年，美国国家教师教育鉴定委员会提出，专家型教师是学校中决定学生学业成就的关键因素。2002年，英国出版的《世界教育年鉴2002》（World Yearbook of Education 2002）以"教师教育：困境与前景"（Teacher Education：Dilemmas and Prospects）作为标题。2005年6月，经济合作与发展组织（Organization for Economic Co-operation and Development，OECD）发布了题为《教师问题：吸引、开发和留住优秀教师》（Teachers Matter：Attracting，Developing and Retaining Effective Teachers）的报告。2002—2007年，美国教育部部长每年都向国会递交《迎接优质教师的挑战：关于教师质量的部长年度报告》。

课程改革是教育改革的核心，教师是教育改革中最具有影响力的因素，而课程改革的成败归根结底取决于教师。[①]能否在自己的教学实践中落实好课程改革的理念，能否根据当前课程改革目标在教学中适当地做出调解与配合、发挥自身的创造力、更好地促进学生的全面发展，是教师必须面对的新课题。为实现基础教育人才

---

① 姜美玲. 教师实践性知识研究[M]. 上海：华东师范大学出版社，2008：1.

培养和课程改革的目标,新一轮基础教育课程改革倡导全面、和谐发展的教育;构建新的课程结构;体现课程内容的现代化;形成正确的评价观念;促进课程的民主化与适应性。这些理念与策略无疑对教师的专业精神、专业知识和专业能力提出了新的诉求,倡导教师转换角色,从"教会学生知识"转变为"教会学生学习",要求教师具备宽广的专业知识背景和专业能力,能够不断拓宽学术视野与提升学术水平。教师的专业素质结构直接影响其对课程改革的认识程度,以及对课程改革和新课程的认同度与参与度,进而影响新课程的实施、进程与达成度,因此教师专业素质的提升成为课程改革的焦点。

四、教师知识已成为教师专业发展研究的核心议题

高质量教师是学生获得学业成就的关键,发达国家已将教育改革的重心从课程改革转移至教师专业发展,这充分说明教师专业发展已经成为国际教育发展领域关注的首要问题。2007 年,杜晓利通过对《哈佛教育评论》(Harvard Educational Review)这一权威杂志的文章进行分析发现,20 世纪 50 年代之前,教师教育研究关注的是如何培训和到哪里培训教师、什么人可以做教师的问题;50 年代关注的是教师工资问题;60—70 年代关注的是教师评价问题;80 年代以来关注的是教师专业发展,特别是教师知识中的缄默性知识。[①]舒尔曼(Shulman)较早地阐述了教师知识的结构,认为它包含七个方面的知识:学科内容知识,一般教学法知识,课程知识,学科教学知识,有关学习者及其特征的知识,有关教育情境的知识,有关教育目的、目标价值以及教育哲学和历史背景的知识。[②]舒尔曼通过对比分析 1975 年与 1985 年两个不同时期加利福尼亚州教师评价的测验内容,发现二者分别侧重于学科内容知识和一般教学法知识。此外,舒尔曼针对美国当时的教师资格证制度,指出许多州在审核过程中存在仅考核学科知识与教学知识的弊端,认为当时的研究者多关注学科内容本身,较少研究学科知识是如何从教师的知识转化为教学内容的,且缺乏对教学内容的具体表述与学生理解或误解的内容之间是如何关联的相关研究,造成了"学术性"与"师范性"发展的不平衡,二者未能有机结合。舒尔曼把教学研究中缺乏关注学科问题的范式称为"缺失范式"(missing paradigm)。[③]舒尔

---

① 杜晓利. 教育研究价值取向重心的转移:从"学科本位"到"问题本位"——以《哈佛教育评论》为例[J]. 教育理论与实践,2007(23):7-11.
② Shulman L S. Knowledge and teaching: Foundations of the new reform[J]. Harvard Educational Review,1987,57(1):1-23.
③ Shulman L S. Those who understand: Knowledge growth in teaching[J]. Educational Researcher,1986,15(2):4-14.

曼明确指出，学科内容知识和一般教学法知识都不足以支撑具体的教学，教师必须拥有一种"如何"教学的知识，因而有必要清晰地整合这些类型的知识，为此他提出了一个囊括学科内容知识及其可教性方面在内的新的知识形式，即学科教学知识（pedagogical content knowledge，PCK）。[1]此后，舒尔曼开始负责由卡内基基金会资助的"国家教师专业标准"研究项目，由此，PCK开始受到广泛关注，并被列为教师专业标准中的内容之一。2005年，世界银行关于"在知识社会中学习如何教学"的研究，对我们理解知识社会中高素质教师应该具备的素质以及如何改革教师培养方式有一定的启发。该研究的报告中提到知识素养和能力结构是影响教师质量的关键方面，为保证高质量、创造性地完成教学任务，教师需要具备必要的知识结构，包括学科内容知识、PCK、教育情境知识和学生知识。[2] PCK对于教师理解教学非常重要，世界银行的研究报告强调，未来的教师教育改革必须下大力气发展这种知识，使之成为教师知识结构的重心。众多学者均认为，PCK是最能区分学科专家与教学专家、高成效教师与低成效教师的一种知识，这为国际上对教师专业发展的研究提供了新视角。

在有关教师知识的研究中，受关注较多的主要为教师的学科知识（subject matter knowledge，SMK）和学科教学知识。1985年，舒尔曼在美国教育研究协会（American Educational Research Association，AERA）年会上最早提出PCK这一术语[3]，由此，该领域的研究在国际上引起了广泛关注，国外学者对教师PCK的研究逐渐由理论探索走向实践应用。我国有关PCK研究的文献始于台湾地区；大陆地区的白益民于2000年对PCK进行了初探[4]，而马云鹏详细地阐述了对PCK的理解[5]。此后5年间的研究主要集中于对PCK内涵的重述、解析和要素结构等理论层面的探讨与再探讨，一些研究简单叙述了某几个国外学者的观点及启示。2006年，李琼等对PCK进行了实证研究[6]；2008年，董涛探讨了课堂教学中的PCK[7]。该领域的研究逐渐将理论与实践联系起来。目前，国内现有的研究主要集中于理论梳理和宏观探讨，关于PCK本质和结构的研究较少。虽然有一些关于PCK测量

---

[1] Shulman L S. Knowledge and teaching: Foundations of the new reform[J]. Harvard Educational Review, 1987, 57 (1): 1-23.
[2] Moreno J M, Manager T. Learning to teach in the knowledge society report 2005[R]. World Bank, 2005: 10-25.
[3] Shulman L S. Those who understand: Knowledge growth in teaching[J]. Educational Researcher, 1986, 15 (2): 4-14.
[4] 白益民. 学科教学知识初探[J]. 现代教育论丛, 2000 (4): 27-30.
[5] 马云鹏. 课程实施探索——小学数学课程实施的个案研究[M]. 长春: 东北师范大学出版社, 2001.
[6] 李琼, 倪玉菁, 萧宁波. 小学数学教师的学科教学知识: 表现特点及其关系的研究[J]. 教育学报, 2006(4): 58-64.
[7] 董涛. 课堂教学中的PCK研究[D]. 上海: 华东师范大学, 2008.

的尝试，但有关研究仍有许多问题等待进一步解答，如 PCK 的内涵本质、结构特征及成因，教师的 PCK 现状，如何理解、测量与评价教师的 PCK，PCK 的影响因素及发展路径等。

五、对学科教学知识的测量与评价能精准反映教师的专业知识水平

国家提出了"建设高素质教育人才队伍""建设一支优秀的教师队伍""提高教师专业水平和教学能力"等要求，那么，究竟什么样的人才队伍才是高素质的？何为优秀？专业水平和教学能力需达到什么程度？在阐明上述问题的同时还需回答评价教师的标准为何，怎样基于标准来评价教师？PCK 测量与评价的研究能够提供较为科学合理的描述与评价工具，能够将教师的思考和 PCK 同时外显为可视化图谱，有利于提高教师的 PCK 水平，探索和完善教师 PCK 的发展路径，为教师甄选、评价与发展提供依据，进而促进有关教师教育教学和专业发展的研究与实践。

随着对 PCK 研究的不断深入，国内相关研究成果越来越多，特别是关于数学学科的实证研究逐年增多，但这些实证研究多集中在初高中阶段，对小学阶段教师的研究较少，因此关于小学数学教师 PCK 测量与评价工具及实施的研究仍有待加强。本书立足于 PCK 研究的已有理论基础，试图寻找一个理论框架，帮助我们理解 PCK 的结构。本书通过对 PCK 测量与评价多元工具的梳理与研究，构建了小学数学教师 PCK 测量与评价的描述框架与工具，探寻小学数学教师 PCK 的结构特征、水平现状及成因分析，进而反思 PCK 发展的有效路径。

目 录

前言

第一章 学科教学知识研究的发展回顾 ……………………………… 1
  第一节 学科教学知识内涵的演进 ……………………………… 1
  第二节 学科教学知识现状与特征的实证研究 ………………… 17
  第三节 学科教学知识研究发展的思考 ………………………… 30

第二章 小学数学教师学科教学知识的研究设计与实施 …………… 37
  第一节 学科教学知识的理论框架 ……………………………… 37
  第二节 学科教学知识之质性研究设计与实施 ………………… 43
  第三节 学科教学知识的量化研究设计与实施 ………………… 54

第三章 学科教学知识测量与评价的多元工具 ……………………… 63
  第一节 学科教学知识测量与评价的内涵与意义 ……………… 63
  第二节 学科教学知识测量与评价的调查型研究 ……………… 65
  第三节 学科教学知识测量与评价的量规型研究 ……………… 74
  第四节 学科教学知识测量与评价研究的反思 ………………… 82

第四章 小学数学教师学科教学知识结构综合分析 ………………… 87
  第一节 小学数学教师学科教学知识相关频次统计 …………… 87
  第二节 小学数学教师学科教学知识的相关知识现状 ………… 95
  第三节 小学数学教师学科教学知识总体结构特征 …………… 98

第五章　小学数学教师学科教学知识的结构类型及成因分析 ……………… 103
第一节　自主整合型学科教学知识结构特征及成因分析………… 103
第二节　机械整合型学科教学知识结构特征及成因分析………… 112
第三节　松散缺失型学科教学知识结构特征及成因分析………… 120
第四节　低效缺失型学科教学知识结构特征及成因分析………… 127

第六章　小学数学教师学科教学知识现状分析 ……………………………… 134
第一节　小学数学教师学科教学知识相关要素知识现状分析 …… 134
第二节　小学数学教师学科教学知识总体现状分析……………… 175

第七章　小学数学教师学科教学知识的影响因素分析 ……………………… 183
第一节　小学数学教师学科教学知识的核心影响因素分析 ……… 183
第二节　小学数学教师学科教学知识的其他影响因素分析 ……… 187

第八章　小学数学教师学科教学知识研究思考与展望 ……………………… 197
第一节　关于小学数学教师学科教学知识研究方法的反思 ……… 197
第二节　关于提升小学数学教师学科教学知识的策略反思 ……… 202
第三节　关于教师教育中学科教学知识的应用反思……………… 215

参考文献 …………………………………………………………………… 222

附录 ………………………………………………………………………… 226
附录一　小学数学教师学科教学知识课前访谈提纲……………… 226
附录二　小学数学教师学科教学知识调查问卷…………………… 226

后记 ………………………………………………………………………… 229

第一章 学科教学知识研究的发展回顾

杜威（Dewey）指出，一个科学家的学科知识不同于教师对同一学科的理解，教师关注的是"他自己拥有的学科知识如何能帮助他们理解儿童的需要和行为表现，并决定该以哪种途径给予学生恰当的指导"[①]。杜威曾提醒教师，必须学会对自己所教学科的内容进行心理分析，反思学术课题和概念，以便使这些内容更好地为学生理解。优秀的教师是那些能够认识到并能够创造出有利于学生的智力活动的教师，且这些活动能够与学科紧密联系起来。从杜威的主张中我们可以清晰地看到教师教育中的一个关键点，即学科知识与教学方法之间的"恰当关系"，这也正是 PCK 的核心。1985 年，舒尔曼首次提出 PCK 后，学者对其开展了广泛的探讨。本章主要梳理了国内外的相关研究成果，以期展示研究的全貌，并为后续研究提供建议与参考。

第一节 学科教学知识内涵的演进

一、学科教学知识的提出

半个多世纪以来，教师一直被人们认为是一个"准专业"。即便在 20 世纪 60 年代，国际劳工组织与联合国教育、科学及文化组织通过《关于教师地位的建议》，正式将教师列为专业化职业，教师也未实现真正意义上的专业化，其中一个很重要的原因就是教师特有的知识领域并没有受到关注。而美国学者福勒编制的教师关注问卷揭开了教师职业发展理论研究的序幕。[②]《世界教育年鉴 1980》以"教师专业发展"为主题，指出教师专业化首先要争取教师职业的专业化，其次要发展教师的教学知识和技能。[③] 布朗（Brown）、福克斯（Fox）、舍门（Sherman）也先后对

---

① Dewey J. The child and the curriculum[M]. Carbondale: South Illinois University Press, 1902: 286.
② Fuller F F. Conncerns of teachers: A developmental conceptualization[J]. American Educational Research Journal, 1969, 6（2）: 207-226.
③ Hoyle E, Megarry J. World Yearbook of Education 1980: Professional Development of Teachers[M]. London: Kogan Page, 1980: 43-53.

教师职业发展进行了研究。史密斯在 1982 年美国教师教育学院协会（American Association of College for Teacher Education，AACTE）的年会上首次提出教师的"核心知识基础"（essential knowledge base）概念，至此，教师专业知识领域开始受到关注。[1]1986 年，美国卡内基教育和经济论坛发布的《国家的准备：面向 21 世纪的教师》（A Nation Prepared: Teachers for the 21st Centry）和霍姆斯小组发布的《明日之教师》（Tomorrow's Teachers），均指出了知识在教师发展中的重要作用[2]，它们对教师职业发展阶段存在不同的认识，且各具特色。随着人们对教师专业发展的重视程度的加深，研究者也逐渐认识到教师知识的地位与作用。兹南尼基（Znaniecki）提出，"每个人无论承担何种社会角色都必须具备正常担任该角色必不可少的知识"[3]。也有人说，一个人可以同时是一名杰出的学者和一个糟糕透顶的教师。[4]教师是学习资源和知识的供应者，但拥有丰富的知识并不是成为教师的充分条件，教师应具有"双专业性"，即既有学科专业知识，又有教育专业知识，而要想从事教师职业，又不能简单地将这两个专业叠加，因此教师是一个重要而又复杂的专业或职业。随着教育学的诞生，人们逐渐意识到教师不仅应知道他们所教授的学科知识，也要知道开展教学的艺术，因此，学者开始关注这种"教学的艺术"。PCK 作为最能区分学科专家和教学专家、高效能教师和低效能教师的一种知识，对于教育教学和学生学习来说尤为重要。

舒尔曼提出 PCK 主要缘于以下两个方面：①教师应在教学中占据更强有力的地位，像其他专业人员一样拥有自己的权利、优越性及职责。提升教师的专业化有利于构筑国家层面上的教师教学标准，发展教师评价。②市场战略。教师需要有择业优势，体现教学优先权，还需要达到专业标准，避免没有经过专业培训的人员进入教师领域。为使教学成为一种专业的教育行为，教育教学需不断革新，以更好地适应学生学习，而研究 PCK 来确定教师应知道什么和应做什么，可以使教学变得更加专业化。

舒尔曼对比分析 1875 年与 1985 年两个不同时期加利福尼亚州地区教师评价的测验内容后发现，在 1875 年的测验中，95%的内容是学科内容知识，而 1985 年的测验则更多关注教学法知识。[5]舒尔曼对美国当时的教师资格证制度提出了批

---

[1] 转引自张学民，申继亮. 国外教师职业发展及其促进的理论与实践[J]. 比较教育研究，2003（4）：31-36.
[2] 卢信瑜. 我国小学教师教学知识发展调查与研究[D]. 福州：福建师范大学，2005.
[3] 转引自范良火. 教师教学知识发展研究[M]. 上海：华东师范大学出版社，2003：13.
[4] 陈桂生. 师道实话[M]. 上海：华东师范大学出版社，2004：28.
[5] Shulman L S. Those who understand: Knowledge growth in teaching[J]. Educational Researcher，1986，15（2）：4-14.

评,并指出许多州在审核过程中存在仅考核学科知识与教学知识的不足。例如,在进行教师评价时,大多采用纸笔测验形式测查学科知识,测查内容仅停留在教师对事实性知识的记忆上。教学知识的测查内容则主要是关于课程设计(教案)和评价、学生个性差异的识别、班级管理的开展与教育政策的执行等方面,而这些方面与学科几乎无任何关联。在对课堂教学进行简化改革时,研究者常忽略学科知识及其相应的教学,而关于教学的大多数研究范式也常忽略这一问题,学科问题只是偶尔作为一个环境变量被引入研究。在已有研究中,研究者更多关注的是学科内容本身,而较少提出或思考学科知识究竟是如何由教师的知识转化为教学内容的,且缺乏对教学内容的具体表述与学生理解或误解的内容之间是如何关联的相关研究,造成了"学术性"与"师范性"发展的不平衡。针对这个问题,舒尔曼把在各种教学研究中缺乏关注学科问题的范式统称为"缺失范式"。[1]不脱离这个缺失范式,我们则不能理解教师是如何将学科知识转化为教学知识的,以及教学内容知识是如何与学生学习进行联系的。

舒尔曼认为,学科内容知识和一般教学法知识都不足以支撑具体的教学,因而有必要清晰地整合这些类型的知识,为此他提出了一个囊括学科知识及其可教性方面在内的新的知识形式,即学科教学知识。[2]其中,"学科"是指教师头脑中的学科知识本身的数量及对内容的组织,"教学"则是指教学过程中将教学内容进行传递的方法。教师不仅需要知道教授哪些知识,而且需要知道如何去教授这些知识。

二、舒尔曼对学科教学知识内涵的阐述

1986年,舒尔曼探究了斯坦福大学科学、数学、社会学科和英语专业职前教师的学科知识与教学方法发展之间的关系,对9名具有丰富经验的化学教师的教学实践进行了分析,并在此基础上总结了如何克服学生在学习"酸碱"这一主题时所产生的困难。他指出,PCK是教师将自己所掌握的学科知识转化成学生易于理解的知识形式,教师要能够知道使用类比、说明、举例、解释、示范等来呈现学科内容,知道学生理解的难易点。[3]此外,舒尔曼认为PCK是一种特殊的内容知识,故将其与学科知识和课程知识并列纳入内容知识中。[4]PCK这一概念的提出为人们

---

[1] Shulman L S. Those who understand: Knowledge growth in teaching[J]. Educational Reseacher, 1986, 15 (2): 4-14.

[2] Shulman L S. Knowledge and teaching: Foundations of the new reform[J]. Harvard Educational Review, 1987, 57 (1): 1-23.

[3] Shulman L S. Those who understand: Knowledge growth in teaching[J]. Educational Researcher, 1986, 15 (2): 4-14.

[4] Shulman L S. Those who understand: Knowledge growth in teaching[J]. Educational Researcher, 1986, 15 (2): 4-14.

进一步理解教与学提供了广阔的视角。舒尔曼指出，PCK 所涵盖的范畴包括以下两大方面。

1）教师应了解学科的中心主题，并能使用一些方式教授和指导特定年级的学生。

2）教师能对每一主题提出如下问题：

● 要教给学生哪些核心主题、技能和观念？

● 主题中哪一部分是学生较为难懂的？

● 学生学习此内容的最大内在动机（兴趣）是什么？

● 对于一些具有特定先在知识或背景的学生，可以通过哪些方式（类比、比喻、举例、明喻、示范、模拟、操作）与其交流主题的思想或观点？

● 在学习过程中，学生已具备哪些先在概念？

随着研究的深入，舒尔曼不断反思 PCK 理论，并不断对其内涵进行完善。1987 年，他又将 PCK 重新阐述为"PCK 是教师将学科知识与教学知识结合起来，形成新的综合理解，知道如何根据学习者的不同兴趣和能力将特定主题、问题与事件组织起来，以教学的方式加以呈现"（图 1-1）[①]。也就是说，PCK 是指教师能够融合学科知识和教学知识，针对学生的兴趣与认知能力，以不同方式组织、调整和呈现特定学科内容，以此促进学生学习。PCK 建构在两种专业知识形式上：一是学科知识；二是关于儿童如何学习的知识。他把 PCK 描述为"教师最有用的知识代表形式"，是教师所独有的一类知识，显示为专业形态的理解。此时，舒尔曼将 PCK 从学科内容知识里分离出来作为教师知识中独立的知识成分，与其他六种知识（即学科内容知识，一般教学法知识，课程知识，学习者及其特征的知识，教育的目标、目的、价值以及教育的哲学和历史背景，教育情境的知识）共同构成教师知识体系。[②]

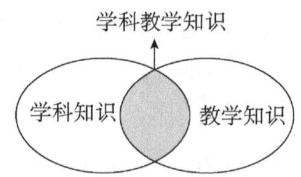

图 1-1　舒尔曼 PCK 结构图

资料来源：Shulman L S. Knowledge and teaching：Foundations of the new reform[J]. Harvard Educational Review，1987，57（1）：1-23.

[①] Shulman L S. Knowledge and teaching：Foundations of the new reform[J]. Harvard Educational Review，1987，57（1）：1-23.

[②] Shulman L S. Knowledge and teaching：Foundations of the new reform[J]. Harvard Educational Review，1987，57（1）：1-23.

舒尔曼指出，PCK 是学科知识中可教授的部分，是在学科特定领域内与教学能力有关的部分。①PCK 是指在某个学科领域中，教师能根据对学科内容和教学的理解，以最佳的方式，如类比、图解、说明、范例、解释、示范等，使某一学科内容为学生所理解。舒尔曼在 PCK 的定义中强调了两个方面：一方面是教学策略；另一方面是学生与学科知识有关的学习困难。学习困难包括学生的迷思概念、基于先在学习经验而学习新知识的初步理解、关于主题的设想、学习学科知识可能产生的困难，以及将概念和策略联系起来解决问题的方法。他建议教师在教学中运用多元表征和策略，充分重视学生的学习过程，以提升教学质量。舒尔曼特别强调，教师对教学的理解需要先通过理解、推理、转化和反思，产生新的理解，然后再推理、转化、反思，不断循环。②他始终坚持教师在教学中必须掌握的方法之一就是把自身的知识转化为学生可以理解的表征，并指出 PCK 是最能区分学科专家与教学专家、高成效教师与低成效教师的知识，这为教师专业发展的研究提供了新的视角。

三、学科教学知识内涵研究的发展

PCK 被提出后，学者对其开展了深入的探讨，如直接描述 PCK 的内涵、基于实证研究的要素诠释 PCK、基于特定主题阐述微观的 PCK、基于学科领域宏观描述 PCK 等。PCK 的复杂性决定了其较难被定义和分类，但对 PCK 内涵的梳理及对其模式与特征的探讨有助于我们更好地理解它，进而建立研究理论框架。众多有关 PCK 内涵的研究主要通过以下几种方式展开。

（一）基于对舒尔曼观点的修订

格罗斯曼（Grossman）的研究发现，英语教师的教学定位决定了其教学策略的选择，且教师需掌握学科知识的纵横联系。他基于舒尔曼的研究指出，PCK 除了包括关于特定主题的教学策略知识、关于学生理解的知识（即关于学生对这些特定主题的理解、概念与迷思概念的相关知识）外，还包括有关特定主题的教学目标及信念的知识、课程知识。格罗斯曼认为，在教师的知识中，PCK 处在学科内容知识、一般教学法知识和情境知识的中心位置，且三者密切相关（图 1-2），而教师 PCK 的来源有课堂观察、学科教育、教师教育期间的特定课程以及课堂教学经历。③

---

① Shulman L S. Those who understand: Knowledge growth in teaching[J]. Educational Researcher, 1986, 15 (2): 4-14.
② Shulman L S. Knowledge and teaching: Foundations of the new reform[J]. Harvard Educational Review, 1987, 57 (1): 1-23.
③ 转引自 Husén T, Postlethwaite T N. The International encyclopedia of education[J]. Britain: British Journal of Educational Studies, 1994, 44 (3): 617-630.

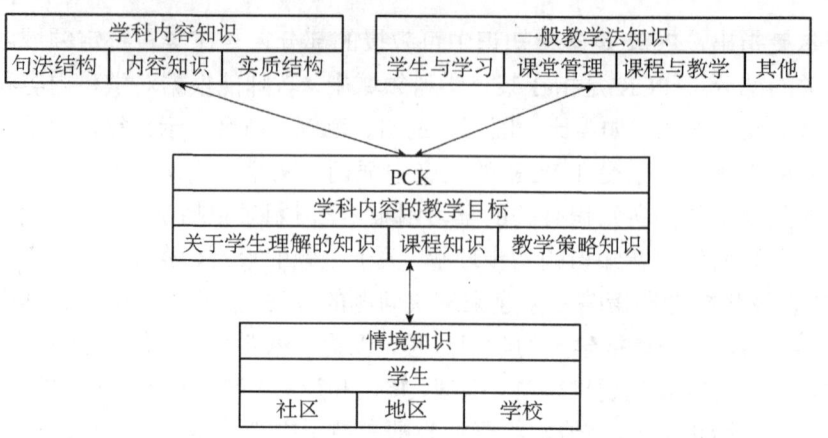

图 1-2 格罗斯曼的 PCK 结构图

资料来源：Grossman P L.The Making of A Teacher: Teacher Knowledge and Teacher Education[M]. New York: Teachers College Press, 1990: 8.

马格努森（Magnusson）等[①]从建构主义视角完善了格罗斯曼的框架，提出科学教师的 PCK 结构包括以下几个方面：①科学教学定位：有关教学目标、目的和信念的知识。②科学课程知识：有关课程目的、具体目标和课程具体计划的知识。③科学素养评价知识：有关科学仪器，特定单元的程序、方法和活动的知识。④学生对特定主题理解的知识：有关学生理解特定科学主题的知识，如学习需要和困难。⑤教学策略知识：包括特定学科的策略、特定话题的策略、特定情境的策略。马格努森等用图式进一步阐明了要素间的关系（图 1-3），该框架多被后续研究所引用。他们认为 PCK 的本质在于，它的各方面均需要有关于每个主题的特定知识，高成效教师需根据其所教的所有主题来发展 PCK 的每个方面。他们将 PCK 作为一个整体来看待，并认为 PCK 具有多样性，且在不同学科教学中，教师所展现的 PCK 有所不同。[②]

帕克（Park）和奥利弗（Oliver）指出，PCK 是关于教师的理解和教学行动的知识。在某种情境、文化和社会学习环境中，教师通过多元教学策略、表征与评价来帮助特定学生群体理解特定学科内容。他们借鉴了马格努森的研究框架，基于科学学科构建了教师 PCK 的五边形结构（图 1-4）：科学教学定位、科学中有关学生

---

① Magnusson S, Krajcik J, Borko H. Nature, sources and development of pedagogical content knowledge// Gess-Newsome J, Lederman N G. Examining Pedagogical Content Knowledge[M]. Dordrecht: Kluwer Academic Publisher, 1999: 96-97.

② Magnusson S, Krajcik J, Borko H. Nature, sources and development of pedagogical content knowledge// Gess-Newsome J, Lederman N G. Examining Pedagogical Content Knowledge[M]. Dordrecht: Kluwer Academic Publishers, 1999: 115.

理解的知识、科学课程知识、科学教学策略知识、科学学习评价的知识。①

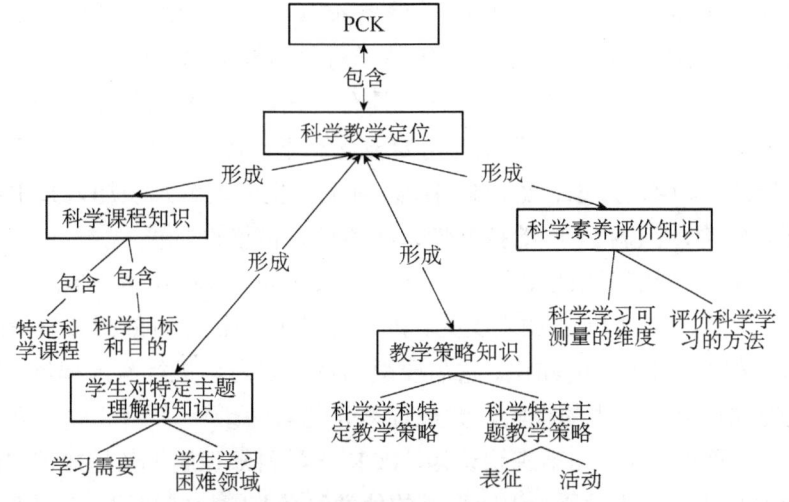

图 1-3 马格努森等的 PCK 结构图

资料来源：Magnusson S，Krajcik J，Borko H. Nature，sources and development of pedagogical content knowledge//Gess-Newsome J，Lederman N G. Examining Pedagogical Content Knowledge[M]. Dordrecht：Kluwer Academic Publishers，1999：99.

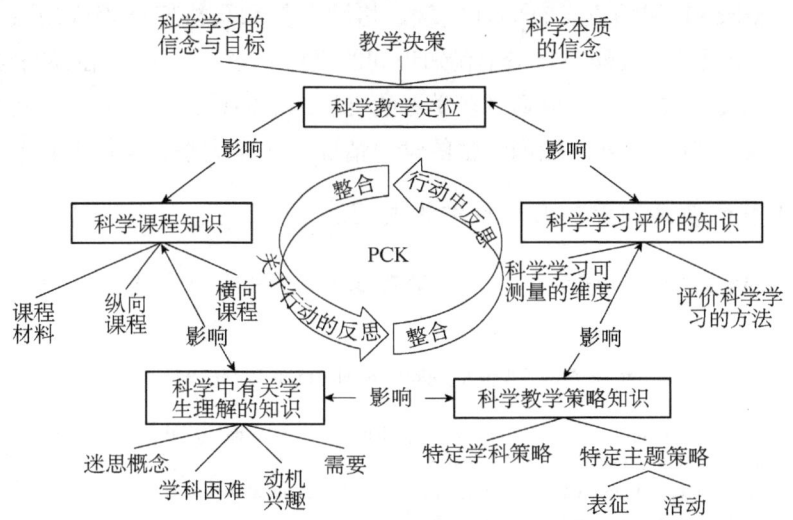

图 1-4 PCK 五边形结构图

资料来源：Park S，Oliver J S. National Board Certification（NBC）as a catalyst for teachers' learning about teaching：The effects of the NBC process on candidate teachers' PCK development[J]. Journal of Research in Science Teaching，2008，45（7）：816.

---

① Park S，Oliver J S. National Board Certification（NBC）as a catalyst for teachers' learning about teaching：The effects of the NBC process on candidate teachers' PCK development[J]. Journal of Research in Science Teaching，2008，45（7）：812-834.

此外，塔米尔（Tamir）认为，PCK 包括课程知识、学生知识、教学知识、评价知识，且 PCK 是"特定学科内容"的教学知识，强调诊断、评价学生与教学资源的重要性。[1]凡德里尔（van Driel）等基于对科学教学的探讨指出，PCK 是一种特殊形式的教学技艺知识，依存于情境，具有实践性，是学科知识的一种转化，包含学科知识表征、教学策略、学生对特定概念和学习困难的理解。[2]此后，他们又将学生评价知识、课程知识、教学策略以及有关学生的理解知识加入其中并列形成 PCK 四要素结构，强调 PCK 的技艺性、实践性、情境性。

美国国家教师教育认证委员会（National Council for Accreditation of Teacher Education，NCATE）对 PCK 的定义为：PCK 是学科知识与有效的教学策略相互作用，来帮助学生学习学科的知识。它需要教师对学习内容进行深入理解，考虑文化背景、先在知识以及学生的经验，并进行多元化教学。[3]

综上，格罗斯曼和马格努森均认为，PCK 与学科知识属于教师知识中的不同维度，而 PCK 是通过转化学科知识而形成的使学生受益的特殊知识。格罗斯曼的研究显示，教师不同的教学定位决定不同教学策略的选择。[4]马格努森等也发现，在灌输式和探究式的不同定位下存在不同的策略活动[5]，因而他们将"定位知识"纳入 PCK。卡尔森（Carlsen）和帕克也有同样发现。格罗斯曼和马格努森等认为课程知识是 PCK 中的一个要素，教师需掌握学科知识间的纵横联系，并知道何时应教给学生何种知识较为合适，这一观点得到诸多学者的支持。他们认为，PCK 还应包含评价学生学习的知识，以帮助教师检测学生的学习情况，从而调整教学行为和策略。[6]

（二）基于教师知识要素进行结构式阐述

在有关 PCK 内涵的研究中，一些学者基于教师知识中的若干成分，通过要素

---

[1] Tamir P. Subject matter and related pedagogical knowledge in teacher education[J]. Teaching and Teacher Education，1988（4）：99-110.

[2] van Driel J H，Verloop N，Vos W D. Developing science teachers' pedagogical content knowledge[J]. Journal of Research in Science Teaching，1998，35（6）：673-695.

[3] National Council for Accreditation of Teacher Education. Professional standards for the accreditation of schools，colleges，and departments of education[J]. NCATE，2002：54.

[4] Grossman P L. The Making of A Teacher：Teacher Knowledge and Teacher Education[M]. New York：Teachers College Press，1990：7-9.

[5] Magnusson S，Krajcik J，Borko H. Nature，sources and development of pedagogical content knowledge//Gess-Newsome J，Lederman N G（Eds.）. Examining Pedagogical Content Knowledge[M]. Dordrecht：Kluwer Academic Publishers，1999：95-128.

[6] Magnusson S，Krajcik J，Borko H. Nature，sources and development of pedagogical content knowledge//Gess-Newsome J，Lederman N G（Eds.）. Examining Pedagogical Content Knowledge[M]. Dordrecht：Kluwer Academic Publishers，1999：95-128.

来阐述 PCK 内涵,主要代表观点如下。

马克斯(Marks)认为,PCK 是教师在针对特定学生群体教授特定内容、概念和技能时所用的教学策略知识(包括选择、评价、接受和利用教材与资源)。他将"教学媒材"加入 PCK 中,这里的"教学媒材"与格罗斯曼的"课程知识"较为相近,指有关教材和资源的知识,但由于无法清晰划分学科知识与 PCK 的界限,他认为 PCK 中包含学科知识。[①]

费尔南德斯-巴尔博厄(Fernández-Balboa)和施泰尔(Stiehl)与马克斯有相似的发现,面对班额、教学时间、有限的教学资源、学生的态度与动机等,教师有着不同的教学实践行为。他们认为,PCK 中应包含"情境知识",对情境的认知需要教师具备特殊的信念和知识来指导行为决策,进而达到教学的有效性。因此,他认为 PCK 包括学科知识、学生知识、教学策略、教学目的。[②]

1994 年,段晓林从微观和宏观两个方面综述了各学者的观点,指出微观 PCK 是教师在课堂教学情境中,针对特定单元所需具备的学科知识、有关学生对特定单元的学习知识、表征方式与教学策略、课程知识、评量知识及情境与文化知识。宏观 PCK 是指学科知识、教学知识、课程知识、评量知识、学生知识、情境与文化知识等领域知识的融合产物(图 1-5)。[③]

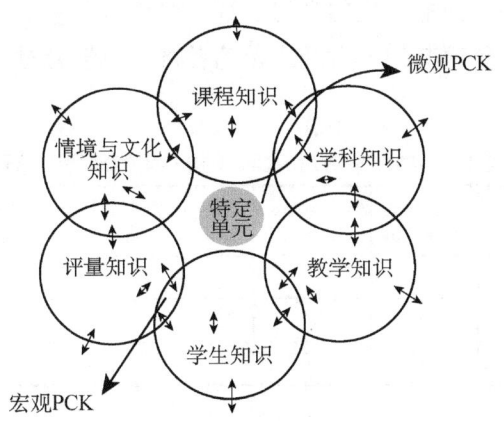

图 1-5 段晓林的 PCK 结构图

资料来源:段晓林. 学科教学知识对未来科教师资培育上的启示[C]. 第一届数理教学及师资培育学术研讨会论文汇编,1994:121.

---

① Marks R. Pedagogical content knowledge: From a mathematical case to a modified conception[J]. Journal of Teacher Education,1990,41(3):3-11.

② Fernández-Balboa J M, Stiehl J. The generic nature of pedagogical content knowledge among college professors[J]. Teaching and Teacher Education,1995,11(3):293-306.

③ 段晓林. 学科教学知识对未来科教师资培育上的启示[C]. 第一届数理教学及师资培育学术研讨会论文汇编,1994:118-143.

格迪斯（Geddis）和伍德（Wood）认为，PCK是一种较为宏观的知识，是学科知识与教学知识的混合物，包含学科知识的教学转化、学习者的先在概念、学科内容表征、教学策略、课程材料内容、课程特性，且课程特性具有可观测性，是教师对课程主题的理解以及教学目的。[①]

李（Lee）等认为，PCK是教师使用的一种能让学生更好地理解以及能鼓励学生探究的恰当知识。[②]李和勒夫特（Luft）认为，PCK结构要素包含科学知识、目标知识、学生知识、课程组织知识、评价知识、教学知识和资源知识。[③]

舍恩费尔德（Schoenfeld）认为，PCK包括教学所需的学科知识、有关学生的理解和在学科中可能产生迷思概念的知识、与设计和计划有关的资料知识、关于某一特定主题的策略和表征的知识。[④]

默瑞-德西墨（Morine-Dershimer）和肯特（Kent）认为，PCK包括教学知识、评价知识、课程知识、学习者和学习的知识、学科知识以及特殊学科知识。[⑤]

班克斯（Banks）等认为PCK包括学业知识和一般教学法知识，且学业知识像一座架在学科知识和教学知识之间的桥梁，教师根据教学选择合适的资源来理解课程，进而影响教学实践。班克斯等认为舒尔曼的观点更倾向"教师中心"，主要关注教师技能和知识，而非学生的学习过程。[⑥]

基于上述内容及整理其他学者观点，笔者将中外学者对PCK结构要素的理解汇总在表1-1中。

表1-1 中外学者对PCK结构要素的理解汇总表

序号	学者	关于学生理解知识	教学策略、表征知识	课程知识	学科知识	情境知识	学科定位、观念知识	一般教学法知识	评价知识
1	Shulman	√	√		√				
2	Tamir	√	√	√					√
3	Simth等	√					√		

---

① Geddis A N，Wood E. Transforming subject matter and managing dilemmas：A case study in teacher education[J]. Teaching and Teacher Education，1997（13）：611-626.

② Lee E，Brown M N，Luft J A，et al. Assessing beginning secondary science teachers' PCK：Pilot year results[J]. School Science and Mathematics，2007，107（2）：52-60.

③ Lee E，Luft J A. Experienced secondary science teachers' representation of pedagogical content knowledge[J]. International Journal of Science Education，2008，30（10）：1343-1363.

④ Schoenfeld A H. Toward a theory of teaching-in-context[J]. Issues in Education，1998，4（1）：1-94.

⑤ Morine-Dershimer G，Kent T. The complex nature and sources of teachers' pedagogical knowledge// Gess-Newsome J，Lederman N G（Eds.）. Examining Pedagogical Content Knowledge[M]. Boston：Kluwer Academic Publishers，1999：21-50.

⑥ Banks F，Leach J，Moon B. Extract from new understandings of teacherspedagogic knowledge[J]. The Curriculum Journal，2005，16（3）：331-340.

续表

序号	学者	关于学生理解知识	教学策略、表征知识	课程知识	学科知识	情境知识	学科定位、观念知识	一般教学法知识	评价知识
4	Grossman	√	√	√			√		
5	Marks	√	√	√	√	√			
6	Cochran	√			√	√		√	
7	Geddis 等	√	√	√					
8	Fernández-Balboa 等	√	√		√	√	√		
9	Borko-Putnam		√					√	
10	van Driel 等	√	√	√					√
11	Magnusson 等	√	√	√			√		√
12	Carlsen	√	√	√			√		
13	Turner-Bisset	√	√	√	√	√	√		
14	Morine-Dershime 和 Kent	√	√	√		√	√	√	√
15	Veal 等	√	√	√	√	√	√	√	√
16	Koballa 等	√							
17	Veal	√		√		√	√	√	√
18	Banks 等				√			√	
19	Hasweh	√	√	√	√	√	√		√
20	Loughran 等	√	√		√				
21	Mishra 等				√	√	√		
22	Ball 等	√	√	√					
23	Angel 等	√				√		√	
24	Mansor 等	√	√			√		√	
25	Lee	√	√	√			√		√
26	Halim 等	√	√		√				√
27	白益民	√	√				√		
28	刘捷	√	√		√				√
29	范良火		√	√	√				
30	廖元锡	√		√	√			√	√
31	马云鹏	√			√				
32	董涛	√	√	√	√		√		
33	蔡铁权等	√	√	√	√				√
34	张莉娜	√	√	√					
35	汤杰英等	√	√		√				

续表

序号	学者	关于学生理解知识	教学策略、表征知识	课程知识	学科知识	情境知识	学科定位、观念知识	一般教学法知识	评价知识
36	梁永平	√	√	√	√				
37	范增等	√	√	√					√
38	徐鹏	√	√		√	√			
	总计	34	31	23	21	19	14	13	13

综上所述，有关 PCK 内涵结构的研究不断丰富，其所容纳的内容也越来越多，导致 PCK 的特征不够鲜明，甚至丢失了本质属性，与教师知识相混淆，但学者均认同 PCK 包含教师知识中的若干知识要素。PCK 并不是几种知识的简单构成，而是由多种知识要素整合形成的一种新知识。PCK 与这些知识紧密联系，但并不构成包含与被包含的关系。PCK 由多种知识互动产生，其中学者较认同的互动整合知识包括教学策略知识、学生知识、学科知识。此外，一些学者提及了课程知识，其与特定的学科知识相比较为宏观，是系统的学科知识；也有一些学者将课程知识直接放在学科知识中阐述或将学科定位、观念知识也放置于学科知识中。整合是有效教学的关键，学生知识、教学策略知识、学科知识应在教师教学中整合使用。教师只有对学习内容深入理解，进行多元化教学，考虑文化背景、先在知识及学生经验，才能开展复杂的教学，帮助学生学习学科知识。正如温莎（Winsor）将学科知识、学习者知识、教学方法知识比喻成"PCK 板凳"（PCK bench）的三条腿一样，只有三者互相支撑，才能保持板凳的平稳。[1]

（三）基于新理论视角的构建

一些学者站在新的理论视角探讨 PCK 的内涵，代表性观点如下。

1. 心理学视角

正如舒尔曼和格罗斯曼等对 PCK 的理解，在传统知识观中，"knowledge"（知识）是静态的认知结果。科克伦（Cochran）等基于心理学视角，知识认为在 PCK 中太过"静态""不一致"，建议用"knowing"（认知/知能）来表达在理解学生需要的基础上 PCK 不断变化的动态特质，即 PCKg（pedagogical content knowing）。[2] PCKg 由教学和学科知识演变而来，随着对学生需要的意识性的增强而不断增长，

---

[1] Winsor M S. Preservice mathematics teachers' knowledge of functions and its effect on lesson planning at the secondary level[D]. Iowa City：The University of Iowa，2003.

[2] Cochran K F，Deruiter J A，King R A. Pedagogical content knowing：An integrative model for teacher preparation[J]. Journal of Teacher Education，1993，44（4）：263-272.

有助于教师在课堂教学中更好地了解学生,根据学生的理解不断调整教学策略。拥有稳定 PCKg 的教师能在特定主题的教学中理解学生,创生新的教学策略,让学生在特定教学情境中更好地建构自己的理解。PCKg 包含学科知识、学生知识、情境知识和一般教学法知识,如图 1-6 所示,PCK 位于这四种知识的交叠中心,一般而言,新手教师的知识重叠部分面积较小,经验教师(专家教师)的知识重叠部分面积较大,而重叠部分面积的大小即代表教师 PCK 的多少。随着教龄的增加,知识重叠部分的面积会逐渐变大,且重叠部分的面积会随着每种知识的增加而扩大,用来表示教师 PCK 的发展。①

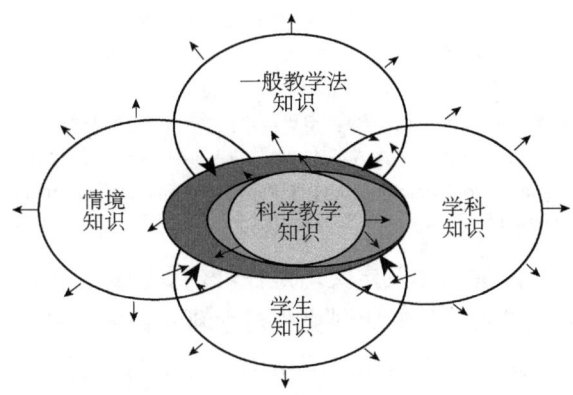

图 1-6　科克伦等的 PCKg 结构图

资料来源:Cochran K F,Deruite J A,King R A. Pedagogical content Knowing:An integrative model for teacher preparation[J]. Journal of Teacher Education,1993,44(4):263-272.

马格努森等从建构主义视角分析并解释了科学教师的 PCK,认为它是多种领域知识的整合,且持续发展与改变,高成效教师需根据其所教的所有主题发展自身 PCK 的每一个方面。②

劳伦(Loughran)等认为,PCK 是教师通过设置教学情境帮助学习者理解特定(科学)内容的一种知识③,是将教学和对学科内容的理解混合后,影响教学方式、促进学生更好地理解学习的一种知识④。通过探索理科教师 PCK 的要素和性质,

---

① Munby H,Russell T,Martin A K. Teachers' knowledge and how it develops//Richardson V(Ed.). Handbook of Research on Teaching(4th ed)[M]. Washington:American Educational Research Association,2001:877-905.

② Magnusson S,Krajcik J,Borko H. Nature,sources and development of pedagogical content knowledge// Gess-Newsome J,Lederman N G(Eds.). Examining Pedagogical Content Knowledge[M]. Netherlands:Kluwer Academic Publishers,1999:95-128.

③ Loughran J,Milroy P,Berry A,et al. Documenting science teachers' pedagogical content knowledge through PaP-eRs[J]. Research in Science Education,2001,31(2):289-307.

④ Loughran J,Mulhall P,Berry A. In search of pedagogical content knowledge in science:Developing ways of articulate and documenting professional practice[J]. Journal of Research in Science Teaching,2004,41(4):370-391.

劳伦等认为，PCK是由相互影响的12种元素构成的混合物（图1-7）。其中，每种元素均不断运动与变化，混合物也随之变化，内容由少到多，混合程度不断由低向高发展。

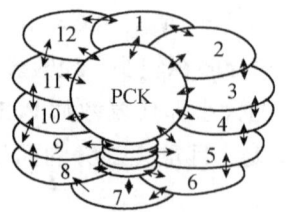

图1-7 劳伦等的PCK结构图[①]

注：1：学习的观念；2：教的观念；3：对学科内容的理解；4：关于学生的科学概念和非正统概念的实践与知识；5：时间（教学时间/单元的长度/单元作业）；6：背景（学校、课堂、年级）；7：对学生的理解；8：有关科学知识的观念；9：教学实践；10：决策；11：反思；12：有关实践/信念/观念的外显要素和缄默要素。

资料来源：Loughran J，Gunstone R，Berry A，et al. Science cases in action：Developing an understanding of science teachers'pedagogical content knowledge[C]. Paper presented at the annual meeting of the National Association for Research in Science Teaching. New Orleans，2000：8.

众多学者关于PCK的内涵及定义均是在舒尔曼的定义范围内展开论述的，且多数学者认同PCK的动态性。其中科克伦对学科知识的定义比舒尔曼的宽泛，强调教师对整个学科知识领域的理解，而舒尔曼的学科知识是指特定学科单元。基于学者的观点及实证研究结果可知，教师的PCK会由微观发展至宏观，甚至以此为基础扩充至特定领域。教师不仅要理解学科知识的本质，也要对一般教学与特定PCK有一定理解。

2. 分类学视角

威尔（Veal）等采用布鲁姆（Bloom）的目标分类法，将不同文献中提及的PCK分为一般PCK、特定学科PCK、特定领域PCK和特定主题PCK。[②]一般PCK位于底层，基于众多学科对教学概念的理解，具有普适性，如常用的评价、小组活动、探究等；其上一层是特定学科PCK，是对如何教授某学科的理解，如美术学科中采用的活动明显不同于化学实验中的活动；再上一层是特定领域PCK，是教师对如何教授其所在学科特定领域知识的理解，如教师在化学"滴定"实验中，如何教授摩尔、体积、浓度等概念；最上一层是特定主题PCK，是关于区分不同教学背

[①] Loughran J，Gunstone R，Berry A，et al. Science cases in action：Developing an understanding of science teachers' pedagogical content knowledge[C]. Paper presented at the annual meeting of the National Association for Research in Science Teaching. New Orleans，2000：8.

[②] Veal W R，Tippins D J，Bell J. The evolution of pedagogical content knowledge in prospective secondary physics teachers[J]. National American Research in Science Teaching Conference，1999（41）：2-6.

景教师的知识,如物理教师和化学教师会从不同角度讨论温度或是诠释某一概念。基于理论视角分析的 PCK 等级结构并不是教师获取和发展 PCK 的路径,如化学教师和物理教师或许拥有相似的一般 PCK,在实践中能够获取相似领域 PCK,但由于不同的学科背景,教师思考特定主题的视角会有所不同,取得相似的特定领域 PCK 则较难。

在威尔绘制的 PCK 金字塔立体等级结构图(图 1-8)中,"地基"是学科内容知识,中间层是有关学生的知识,其上一层是交织在一起的各种要素,最顶层是 PCK。该模式强调夯实的学科内容知识是发展 PCK 的重要基础,据此教师能较容易地识别学生的迷思概念和学习中的错误。图 1-8 中的八要素并未穷尽所有要素,既不是等级式排列,也不是成为一名有效教师必须遵循的线性结构。

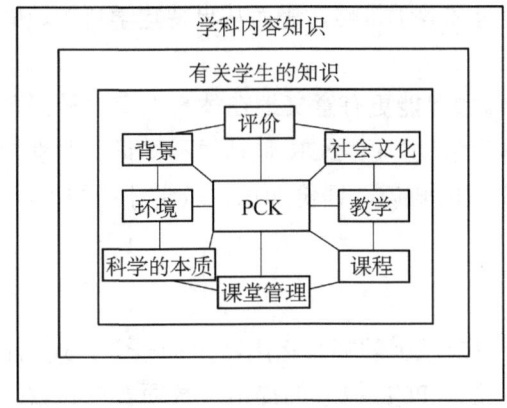 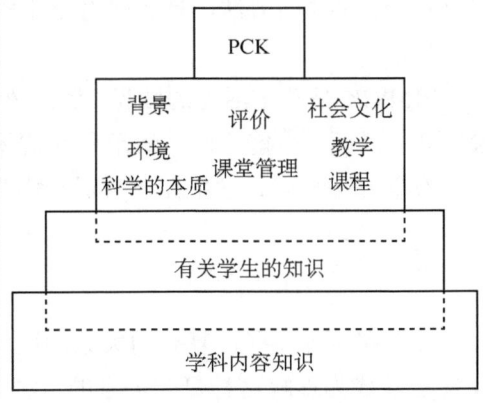

(a) PCK 金字塔立体结构俯瞰图　　(b) PCK 金字塔立体结构侧视图

图 1-8　威尔的 PCK 金字塔立体等级结构图

资料来源:Veal W R. Pedagogical Content Knowledge Taxonomies[EB/OL]. http://www.researchgate.net/publication/260061859_Pedagogical_Content_Knowledge_Taxonomies. 1999-11-10[2020-12-01].

3. X(学科)+PCK=XPCK

基于舒尔曼的 PCK 定义,一些研究者将学科英文首字母加在 PCK 前形成特定学科 PCK,如数学(mathematics)PCK 为 MPCK,信息技术(technological)PCK 为 TPCK,读写领域(literacy)PCK 为 LPCK,体育(physical education)PCK 为 PE-PCK。

对于 MPCK,黑尔(Hill)等认为,MPCK 包含数学学科内容与学生知识、课程知识、数学学科内容与教学知识。[①]也有学者认为,MPCK 是一般教学知识、对

---

① Hill H C, Ball D L, Schilling S. Unpacking pedagogical content knowledge: Conceptualizing and measuring teachers' topic-specific knowledge of students[J]. Journal for Research in Mathematics Education,2008,39(4):372-400.

学科的深刻理解、对数学特定教学知识和原则的深度把握之间的相互作用。[①]林（Lin）则认为 MPCK 主要包括六个方面，即数学内容知识、学生的认知知识、数学教学知识、数学教学实践、数学评价知识和教师专业责任。[②]

TPCK 由技术与学科知识、教学法知识相互作用而成，是教师在具体情境中如何利用技术进行教学的高度复杂化的综合知识。TPCK 能把技术转化为解决教学问题的方案，其核心是技术、学科知识和教学法三者的动态平衡[③]，其中一种要素的变化会引起其他要素的变化，从而打破三者间原有的平衡，但通过三者的相互制约、相互建构，可以最终达到新平衡。

对于 LPCK，克里斯蒂娜（Kristina）认为，LPCK 包括关于如何最好地组织口语和书面用语进行有效学习的知识，教师需认识到学科领域自身特有的语言形式特点以及特有的学习方法，且有能力设计学习和教学策略，进而从事特定学科领域的读写实践。[④]

PE-PCK 是基于活动的知识，是指教师如何能更有意义地在体育教育中教授预设内容，以便学生能理解、演示和欣赏体育活动。PE-PCK 包括学科知识、课程知识、教学方法知识、学生在体育活动中学习的知识、评价知识、教学环境知识。

四、小结

教学和内容间存在复杂的关系，由于特定原因教师会运用特定的教学方式，而 PCK 已然成为理解这种复杂关系的一种方法。PCK 概念的提出对教师教育和教师知识研究产生了巨大的影响，如突出了教师知识专业性与实践性的特征。舒尔曼所提供的框架的确有助于我们理解教师 PCK，但有一些学者批评舒尔曼所定义的 PCK 成分较为模糊，不能让人全面地理解它，缺乏完整的理论背景，且未提及教学策略和学生学习困难以外其他的教与学影响因素，是一种静态的知识。学者对 PCK 内涵的描述越来越详细与复杂，虽未达成一致观点，但大部分包含对舒尔曼有关 PCK 概念的核心（教学策略和表征、学生学习困难）阐述，另外也有一些学

---

① Lim-Teo S K，Chua K G，Cheang W K，et al. The development of diploma in education student teachers' mathematics pedagogical content knowledge[J]. International Journal of Science and Mathematics Education，2007，5（2）：237-261.

② Lin Y H. Clustering analysis on teachers' perceptions of mathematics pedagogical content knowledge[J]. American Journal of Applied Psychology，2016，5（2）：6-11.

③ Matthew J K，Punya M. Teachers learning technology by design[J]. Journal of Computing in Teacher Education，2005，21（3）：94-102.

④ Kristina L. Literacy pedagogical content knowledge in secondary teacher education：Reflecting on oral language and learning across the disciplines[J]. Language and Education，2009，23（6）：541-560.

者通过内涵描述和要素结构来定义 PCK。初期探讨 PCK 内涵的研究选用的样本较为多元，如职前教师、新手教师、经验教师、新手教师与经验教师的比较、高等教育中的研究者；涉及的学科有所不同，如物理、化学、生物、地理、数学、英语、历史、体育、计算机、医学、工程学、交际学等；教师所属的学段也有所不同，如从幼儿园、小学、中学至大学均有研究涉及。这些是学者对 PCK 内涵的理解未能达到统一的原因。

PCK 在被提出伊始不可能尽善尽美，但舒尔曼的 PCK 理论框架依然可以帮助我们科学、系统地理解学生，进而帮助教师运用恰当的教学方式达到教学目的。不管 PCK 如何演绎，至少这一基础始终没有动摇，即教师通过对教学和学科内容理解的融合来选择其教学方式，以帮助学生更好地理解与学习。其中教学内容表征、对于特定学习困难的教学策略知识以及基于学科内容对学生理解的知识是 PCK 的核心，这一点已达成普遍共识。PCK 包含学科的教学知识和教学的学科知识，我们不仅要关注 PCK 中的教学要素和内容知识要素，还要关注二者之间的联系。

第二节 学科教学知识现状与特征的实证研究

从学科领域来看，国际上有关 PCK 的研究多集中于科学教育领域，如生物、化学、物理、地理等，尤以物理、化学居多，其次是数学，再次是语言（英文、西班牙文）、历史、体育、信息技术。除此之外，还有一些其他学科领域的 PCK 研究，如临床医学、工程学、信息学/情报学教育、统计学、经济学等。从研究范围来看，现有研究比较丰富，但多在某个学科领域中关注 PCK 的不同方面，而探讨某一特定主题下教师完整 PCK 的研究较少。从研究对象的规模来看，在现有研究中，有的研究个体教师的 PCK，有的研究某一群体中一组教师的 PCK，也有大样本的量化研究。其中，对个体教师 PCK 的研究受人力、物力等限制，虽对 PCK 了解得深入、详细，但宽广度不及大样本的量化研究，大样本量化研究可能忽略特定主题 PCK 的本质。另外，从职业生涯阶段角度来看，研究对象有职前教师、新手教师和专家教师；从学段角度来看，研究对象多为中学阶段教师（含职前、职后），较少为高校教师。

一、基于现状调查的学科教学知识研究

随着对 PCK 研究得不断深入，学者不再局限于理论上的研讨，开始在实践领域层面开展关于 PCK 的广泛探讨，通过各种方式调查与研究教师的 PCK 现状。

按照学段层级,笔者将比较有代表性的研究梳理如下。

(一)学前教学领域中的学科教学知识研究

有关学前教师 PCK 现状的研究,总体上呈现出宏观与微观两种研究趋势。

一部分研究从宏观层面调查学前教师 PCK 现状及影响因素。例如,2015 年,潘月娟等的研究发现,不同教龄教师掌握的各维度知识多停留在一般性知识层面上,且在与儿童相关的学科内容知识、教学法知识两个维度上存在显著差异。5 年以上教龄教师的表现显著优于教龄在 5 年以内的教师,教龄和与儿童相关的学科内容知识、儿童发展知识维度及教学法知识存在显著相关。幼儿教师对各维度知识的整合程度不足,不能在实践中自发进行反思和总结,进而无法实现实践性知识的积累。①汤杰英采用美国埃里克森学院早期数学教育项目组开发的一套测评工具对上海市 154 名幼儿教师进行测评,发现幼儿教师的教学内容知识、教育对象知识和教学方法知识几乎都处于"笼统且有限地理解"的水平,其中教学内容知识表现最差,教育对象知识表现尚可,教学方法知识表现最好。②

微观的 PCK 研究主要聚焦于学前教师在某一学科的 PCK 现状。例如,2013 年,黄瑾基于对数学领域教师 PCK 已有研究的梳理,重点分析了幼儿教师的学前数学学科教学知识(pre-school mathematics-pedagogical content knowledge,PM-PCK)评估的基本要素、理论基础和现有研究。③2018 年,朱德峰和曹春霞采用美国埃里克森儿童发展研究院设计的 PCK 调查问卷,对幼儿教师健康领域的 PCK 进行测查,结果显示,教师健康领域的 PCK 水平普遍不高,且不同职业发展阶段、学历背景、园所级别的教师的健康领域 PCK 水平存在差异,其中职业倦怠、工作和学习氛围等是主要影响因素。④

也有部分研究致力于立足理论层面分析 PCK,进而促进学前教师教育改革。例如,2011 年,柳阳辉结合 PCK 的内涵、特征等,建议我国幼儿教师教育改革要重新认识幼儿教师的知识基础,改变幼儿教师的教育研究范式,推进幼儿教师教育实践的深化和改革。⑤

---

① 潘月娟,王艳云,汪苑. 不同发展阶段的幼儿园教师数学学科教学知识的比较研究[J]. 教师教育研究,2015,27(3):56-62.
② 汤杰英. 幼儿教师领域教学知识(PCK)的测评[J]. 上海教育科研,2017(1):77-82.
③ 黄瑾. 优化学前数学教育的思考:幼儿教师数学学科教学知识(PM-PCK)评估[J]. 全球教育展望,2013,42(7):73-77,128.
④ 朱德峰,曹春霞. 幼儿教师健康领域 PCK 的现状调查及思考——以江苏省扬州市为例[J]. 教育导刊(下半月),2018(6):64-68.
⑤ 柳阳辉. 学科教学知识(PCK)对幼儿教师教育的启示[J]. 上海教育科研,2011(11):73-75.

我国关于学前教师 PCK 的研究起步较晚，开展的研究较少，总体上呈现出宏观性调查与聚焦某一学科领域 PCK 的微观调查两种研究趋势，调查工具多借鉴埃里克森学院开发的调查工具，缺乏本土化工具的开发，且研究主题多聚焦于教师 PCK 现状及影响因素测查。

（二）小学教学领域中的学科教学知识研究

在小学教学领域中，关于教师 PCK 现状的研究对象覆盖面广，且研究主题多聚焦于 PCK 的获得与发展上。

1. 研究对象覆盖面广

有部分研究聚焦于新手教师或职前教师 PCK 现状的调查。例如，2009 年，中国台湾学者张世忠等采用利克特五级量表，从学科知识、教学表征与策略、教学目标与情境、学生知识与评量 4 个维度，针对 6 位新教师所在班级的学生进行调查。结果表明，教师在学科知识和教学目标与情境维度上的得分较高，但在其余两个维度上的得分较低。[①]2012 年，诺顿（Norton）对 122 名研究生学历的职前小学数学教师进行调查，发现大多数在高中完成有限数学学习的职前教师的数学内容知识和 PCK 水平低于其他职前教师，但在准备数学单元课程结束后教师的数学内容知识和 PCK 水平都有所提高。[②]2015 年，范增和吴桂平通过课堂观察、访谈、收集实物的方式，调查了一位小学科学初任教师的 PCK 现状，发现工作环境、同事建议、备课方式、反思水平和习惯是影响该教师 PCK 生成和发展的因素。[③]

此外，还存在部分聚焦于对在职教师 PCK 进行测查的研究。2006 年，阿普尔顿（Appleton）通过运用观察法发现，小学科学教师过于依赖操作性很强的学习活动，而不是采用自主探究或是让学生自我建构的教学方法，这与小学科学教师的科学 PCK 没有得到良好发展有着密切的关系。[④]2012 年以来，马云鹏和赵冬臣采用开放题对 481 名小学数学教师的 PCK 进行调查，发现小学数学教师的 PCK 水平与学科知识密切相关，且存在典型表现。例如，仅关注规则，不能理解学生的错误；过于注重讲解，忽视形象直观的教学策略；等等。[⑤]2016 年，林（Lin）通过 MPCK

[①] 张世忠，管世应，谢幸芬. 大学生知觉新进教师 PCK 之个案研究[J]. 数理学科教学知能，2009（5）：1-20.

[②] Norton S. Prior study of mathematics as a predictor of pre-service teachers' success on tests of mathematics and pedagogical content knowledge[J]. Mathematics Teacher Education and Development，2012，14（1）：2-26.

[③] 范增，吴桂平. 初任科学教师 PCK 及其影响因素的个案研究[J]. 教学与管理，2015（9）：26-28.

[④] Appleton K. Science pedagogical content knowledge and elementary school teachers[J]. Tayler & Francis，2013，31-54.

[⑤] 马云鹏，赵冬臣. 教师专业知识发展研究[M]. 北京：教育科学出版社，2020：5，122-127.

问卷调查了 259 名中国台湾地区小学数学教师的 PCK 现状，认为数学学科教学知识由六部分组成：数学内容知识、学生认知知识、数学教学知识、数学教学实践、数学评价知识和教师专业责任。他采用利克特四点计分法对问卷结果进行统计，发现在职时间较长教师的 MPCK 各项得分均较高，说明教学经验对教师 MPCK 存在影响。[①]

此外，有部分研究对新手教师或普通教师与专家教师进行了比较。例如，2006 年，李琼等通过问卷调查了 32 名小学数学专家教师与非专家教师，分析了两类教师 PCK 的表现特点及差异，探讨了 PCK 与学科知识的关系。结果表明，除教学设计思想这一维度外，两类教师在理解学生思维、诊断学生错误想法与采用教学策略维度上均表现出明显差异。[②]2007 年，上海市青浦实验研究所基于上海市《数学广场——谁围出的面积最大》优秀教案，采用文本分析、录像带分析、参与式观察、深度访谈、测试与问卷调查相结合的方法，通过小学三年级新手教师（教龄在 0—3 年）与专家教师（教龄在 10—15 年）的教学设计、课堂教学、课后反思来对二者的 PCK 认知、生成和发展的体认进行比较，发现教师新手和专家教师的 PCK 存在明显差别。[③]

2. 研究主题聚焦 PCK 的获得与发展

部分研究聚焦小学教师 PCK 的获得。例如，2009 年，廖冬发等采用问卷法与访谈法调查并分析了中小学教师 PCK 的来源。结果表明，教师 PCK 的来源途径较多元，其中"自身教学经验和反思"是主要来源，说明教师获得 PCK 的主要方式不是接受式的灌输，而是总结、反思、交流及听课或比赛等。[④]2014 年，肖春梅对某少数民族自治区"2013 年区培计划"中 75 名小学数学教师进行调查发现，小学数学教师 PCK 的最主要来源是"自身的教学经验与反思""教科书"，其次是"与同事的日常交流""教学参考资料""课堂听课和教研活动"。[⑤]

还有部分学者围绕教师 PCK 的发展进行研究。例如，2007 年，罗昂提出教师专业发展学校（professional development schools，PDS）对构建小学教师 PCK 具有

[①] Lin Y H. Clustering analysis on teachers' perceptions of mathematics pedagogical content knowledge[J]. American Journal of Applied Psychology, 2016, 5（2）：6-11.

[②] 李琼，倪玉菁，萧宁波. 小学数学教师的学科教学知识：表现特点及其关系的研究[J]. 教育学报，2006（4）：58-65.

[③] 朱连云. 小学数学新手和专家教师 PCK 比较的个案研究——青浦实验的新世纪行动之四[J]. 上海教育研究，2007（10）：47-50.

[④] 廖冬发，周鸿，陈素苹. 关于中小学教师学科教学知识来源的调查与分析[J]. 教育探索，2009（12）：90-92.

[⑤] 肖春梅. 少数民族聚居地小学数学教师学科教学知识的现状调查研究[J]. 内蒙古师范大学学报（教育科学版），2014，27（8）：58-62.

促进作用,如 PDS 中的共同学习、教师反思、对话交流。①2009 年,岳定权通过理论研究与实地调研得出,教师 PCK 发展的基本方式是"假设—实践—修正",且可以分为"分离"、"初步结合"、"融合"和"个性化"四个阶段。②2010 年,华瑛提出自身的教学实践与反思、与同事的日常交流、专业性活动、教科书与其他参考书对发展小学青年教师 PCK 的作用很大。③2016 年,王九红通过对小学数学教师进行问卷调查发现,"自己的教学实践""反思"是 PCK 发展的重要路径。④

综上所述,小学教学领域中的 PCK 研究聚焦数学与科学学科。研究对象覆盖广,包括职前教师、新手教师、在职教师、新手与专家教师的比较、小学与初中教师的比较等。调查方法多元,包括问卷调查法、访谈法、观察法、文本分析法等。研究主题多围绕教师 PCK 的现状、影响因素、获得来源及发展路径。

(三)中学教学领域中的学科教学知识研究

对中学教师 PCK 的调查研究大体可分为聚焦特定学科与聚焦特定领域两类,具体如下。

1. 聚焦特定学科的相关研究

大部分研究聚焦数学学科,对中学教师 PCK 的现状、影响因素进行测查。例如,2008 年,科里斯(Corleis)等通过问卷对德国和中国职前教师的学科内容和 PCK 方面进行测量,测量维度分为数学知识和 PCK 两部分。结果发现,中国职前教师在教学知识方面表现较好,德国职前教师在 PCK 方面表现较好,且教学知识与 PCK 联系较为紧密。⑤2011 年,柳笛通过访谈、课堂观察等方法探究了职初教师和经验教师 PCK 的差异,发现职初教师和经验教师在数学内容知识、学生理解知识、效果反馈知识和教学策略知识上存在显著差异。⑥2013 年,兰宁(Lannin)等通过对两位初中数学教师的课堂访谈记录进行编码和分析发现,教师对 PCK 不同要素关注点的差异导致了 PCK 发展的差异。⑦

---

① 罗昂. 教师专业发展学校与小学教师学科教学知识的构建[J]. 当代教育论坛(学科教育研究),2007(8):65-66.
② 岳定权. 浅议教师学科教学知识及其发展[J]. 教育探索,2009(2):80-81.
③ 华瑛. 小学青年教师学科教学知识需求与发展途径——基于西安市部分小学青年教师的调查分析[J]. 教育学术月刊,2010(10):53-55.
④ 王九红. 关于小学数学教师学科教学知识(PCK)的调查研究[J]. 上海教育科研,2016(5):49,50-53.
⑤ Corleis A,Schwarz B,Kaiser G,et al. Content and pedagogical content knowledge in argumentation and proof of future teachers: A comparative case study in Germany and Hong Kong[J]. ZDM: The International Journal on Mathematics Education,2008,40(5):813-832.
⑥ 柳笛. 高中数学教师学科教学知识的案例研究[D]. 上海:华东师范大学,2011.
⑦ Lannin J K,Webb M,Chval K,et al. The development of beginning mathematics teacher pedagogical content knowledge[J]. Journal of Mathematics Teacher Education,2013,16(6):403-426.

还有部分研究聚焦科学、化学、物理、英语等学科。例如，2007年，李（Lee）等对24名初中初任科学教师的学生学习知识和教学策略知识进行分析，探究不同培育模式下教师的PCK水平是否不同，是否会在一年的教学中发生变化。结果显示，不同培育模式下教师的PCK水平除了在前后测中有关"学生学习策略的变化"的知识方面存在显著差异外，在其他方面均无显著差异。经过一年实践后，教师PCK水平在各维度上均有所提升。①2011年，马敏通过比较分析中国、美国高中科学教师的教学目标知识、学生知识、课程知识、教学策略和方法知识、评价知识，发现由于教师所持有的知识观、教学观、评价观等不同，中美科学教师的PCK存在差异。②

艾丁（Aydin）和博兹（Boz）以两位职前化学教师为研究对象，调查了其PCK各要素是如何相互作用的及这些相互作用的性质，发现PCK可以通过培训获得。③2016年，Demirdöğen等对30名化学教师关于科学本质的PCK进行调查与干预，发现只有PCK各要素高度融合时教师才能实现教学的成功，教师的教学目的决定了教师在教学中所融合的PCK成分，与教学相关的学科信念决定了PCK的互动形式和教学策略。④

孙自挥等调查了中学英语教师教育/培训师资的PCK状况，并探讨了各教龄段教师的PCK特点，指出PCK变化的主要原因在于情境知识、课程知识等的变化，并认为成熟或优秀教师的PCK发展是以其整合知识的全面发展为基础的，是各类知识在教育教学实践中互动共建的结果。⑤2017年，陈法宝提出教研活动促进英语教师PCK发展的"理解—参与—分享—实践—反思"模式。⑥

此外，马云鹏等通过问卷调查了语文、数学、英语三个学科的初中教师和大四师范生的教育理论知识、课程知识、学科知识和PCK现状，对不同类型师范院校培养的师范生、师范生与在职教师进行比较。结果表明，师范生和在职教师的PCK表现均不理想，但在职教师的PCK总体上优于师范生，师范生和在职教师的PCK

---

① Lee E，Brown M N，Luft J A，et al. Assessing beginning secondary science teachers' PCK：Pilot Year Results[J]. School Science and Mathematics，2007，107（2）：58.

② 马敏. PCK：中美科学教师学科教学知识比较研究[D]. 上海：华东师范大学，2011.

③ Aydin S，Boz Y. The nature of integration among PCK components：A case study of two experienced chemistry teachers[J]. Chemistry Education Research & Practice，2013，14（4）：615-624.

④ Demirdöğen B，Hanuscin D L，Uzuntiryaki-Kondakci E，et al. Development and nature of preservice chemistry teachers' pedagogical content knowledge for nature of science[J]. Research in Science Education，2016：575-612.

⑤ 孙自挥，高晓芙，杨静林，等. PCK知识与英语教师的专业发展——基于四川地区中学英语教师教育/培训师资队伍的考察[J]. 西南民族大学学报（人文社科版），2008（12）：149-151.

⑥ 陈法宝. 基于教研活动的教师学科教学知识（PCK）发展模式研究[J]. 教师教育研究，2017，29（3）：75-80.

存在显著差异，这种差异在不同学科之间又表现出明显不同。[1]

2. 聚焦特定领域的相关研究

在数学学科中，埃伯特·克里斯汀（Ebert Christine）对 11 名职前数学教师在函数和图表教学中，其学科知识和学习者的知识与信念如何转化成教学实践进行了调查。结果发现，虽然有些教师对学科知识的理解处于同一水平，但他们对学生的理解存在差别。[2]2007 年，徐章韬和龚建荣基于学习者视角，从教学设计和课堂教学这两个方面剖析了个案——"无穷等比数列各项的和"课程教学，以捕捉成功教学背后的决定因子，即学科知识如何与 PCK 相融合。[3]

在生物学科中，2011 年，帕克（Park）等用两个学期对 7 名高中生物教师关于光合作用和遗传主题的 33 堂课程进行了录像，结合课堂观察前后的访谈，搜集教师有关特定学科主题下关于学生理解的知识、学科教学策略和学科内容表征的知识。通过 PCK 量规分析表和用于改革教学的观察量表分别独立评定教师的行为表现。结果表明，教师 PCK 水平与教师教学改革程度密切相关，且在该研究所测量的 PCK 中，探究为主的教学策略和学生中心这两个要素均与教学改革存在正向关联。[4]2013 年，施梅尔青（Schmelzing）等基于对 50 堂生物学课程录像的分析开发了一种纸笔测验，并对测验结果进行了发展、评价和验证，其目的在于测量生物教师关于血液和人类心血管问题的 PCK，最终测量工具由 15 个项目组成，分布在两个量表上。结果显示，在职生物教师的 PCK 水平高于职前生物教师和生物学家。[5]

在物理和化学学科中，2014 年，张正严和张中华采用马格努森等提出的 PCK 结构框架模型，从有关课程的知识、学生的知识、教学策略的知识三方面，对我国一位典型高中物理教师在"动能和动能定理"一节的教学中所展现出的 PCK 做了细致分析。结果得出，PCK 是教师从学生立场出发，在特定阶段的学科教学领域内思考问题的产物，是一种"群体性知识"，在特定群体内具有一定的可传递

---

[1] 马云鹏，赵冬臣，韩继伟，等. 中学教师专业知识状况调查研究[J]. 东北师大学报（哲学社会科学版），2008（6）：57-64.

[2] Ebert C L. An assessment of prospective secondary teachers' pedagogical content knowledge about functions and graphs[J]. Attitude Change，1993：52.

[3] 徐章韬，龚建荣. 学科知识和学科教学知识在课堂教学中的有机融合[J]. 教育学报，2007（6）：34-39.

[4] Park S，Jang J Y，Chen Y C，et al. Is pedagogical content knowledge（PCK）necessary for reformed science teaching? Evidence from an empirical study[J]. Research in Science Education，2011，41：245-260.

[5] Schmelzing S，Driel J H V，Melanie J，et al. Development，evaluation，and validation of a paper-and-pencil test for measuring two components of biology teachers' pedagogical content knowledge concerning the "cardiovascular system" [J]. International Journal of Science & Mathematics Education，2013，11（6）：1369-1390.

性。①2016 年，张小菊和王祖浩通过对 10 位化学教师讲授"化学反应速率"的课堂进行观察和访谈，并对比能手教师与熟手教师的 PCK 水平差异，发现能手教师与熟手教师在 PCK 的不同组成要素的认识上存在不同程度的差异，对教学策略选择与学生已有知识及教学内容的关系认识上存在较大差异，而对特定教学主题下的核心知识是什么、知识之间的关系等方面的认识差异较小。②

综上所述，中学教学领域内有关 PCK 的研究较为丰富，大体可分为聚焦特定学科与聚焦特定学科领域两类，主要以 PCK 中的重要组成要素，如学科知识、学生知识、教学策略知识为测量维度进行现状及影响因素的测查。研究方法主要为访谈法、问卷调查法、观察法、文本分析法等。研究对象覆盖面广，涉及职前教师、新手教师、在职教师、不同国别教师等。调查学科较为丰富，多聚焦数学学科，也涉及化学、物理、生物、英语学科等，其中以理科学科为主。

（四）大学教学领域中学科教学知识的研究

对大学教师 PCK 的相关研究主要聚焦英语学科领域，如 2016 年，何丽芬对比研究了中外高校英语教师 PCK 的现状。③2014 年，Chen 和 Goh 通过问卷调查法和访谈法，发现一些教师没有良好的英语口语教学知识，且对学生了解不够全面，教师的学习经历、对口语能力的自我认知及对教学方法的熟悉度是影响教师 PCK 的重要因素。④2018 年，沃登（Worden）通过半结构化访谈（课前与课后）、分析课程录像及收集教师教学用具的方法，研究了一名新手二语大学写作教师在写作教学中的 PCK，发现教师的学科学习是其 PCK 的重要来源，同时她的学生及学生的作业对其 PCK 的发展也起着中介作用。⑤

此外，2016 年，贾德森（Judson）和 Leingang 等首次以教授微积分并具有代表性的数学研究生助教作为研究对象，在其完成第一次教学任务前后分别进行一对一访谈，旨在了解初任教师 PCK 的发展情况。通过分析发现，即使一般内容知识（common content knowledge）较强的研究生也不能时刻有效地将其运用于对一年级大学生的解答中，而在从教之前就意识到 PCK 重要性的教师往往在完成每一次教

---

① 张正严，张中华. 高中物理教师学科教学知识（PCK）内涵的案例研究[J]. 西南师范大学学报（自然科学版），2014，39（3）：178-182.
② 张小菊，王祖浩. 能手与熟手教师学科教学知识差异研究[J]. 教学与管理，2016（30）：18-21.
③ 何丽芬. 中外英语教师学科教学知识现状比较分析[J]. 外语研究，2016，33（2）：63-71.
④ Chen Z, Goh C. Teacher knowledge about oral English instruction and teacher profiles: An EFL perspective[J]. Teacher Development，2014，18（1）：81-99.
⑤ Worden D. Mediation and development of a novice L2 writing teacher's pedagogical content knowledge of genre[J]. Journal of English for Academic Purposes，2018（34）：12-27.

学任务后，会更加深切地认识到将数学知识运用到教学情境中并与学生相适应的重要性。①2009年，李晓伟等基于对高校"毛泽东思想和中国特色社会主义理论体系概论"课的阐述，指出教师PCK是指该课教师关于如何将自己所掌握的学科内容以学生易理解的方式加工、转化成学生的知识，是该课教师的学科知识、一般教学法知识及教育信念、政治素养的有机整合，是一种极为独特的教师知识类型。②

关于大学教学领域中PCK的研究较少，主要集中于对英语、数学等学科的相关研究，研究主题多集中于对PCK的构成要素、现状及影响因素的调查研究，研究对象多为在职教师，研究方法主要为问卷调查法和访谈法等。

（五）小结

基于对上述各学段相关研究的梳理可以发现，PCK研究主要集中在中学阶段，其次是小学学段，学前教育、大学阶段的研究较少。这可能是由于学前阶段的学科性较弱，而大学阶段的学科或相关课程较为复杂。从学科上来看，国内学者对PCK的研究多集中在数学学科，国外学者对PCK的研究则主要集中在科学学科（物理、化学、地理等）。总体来说，有关PCK的研究比较容易在逻辑性较强的学科（如数学、科学）中展开，即多集中在理科学科，而对语文等人文类学科研究较少。由此可见，既有对PCK的研究学科分布不均衡且具体学科研究成果欠缺。从研究对象上来看，研究多集中在入职不久的新手教师，其次是职前教师、经验教师，也有学者会同时选择新手教师与经验教师进行对比研究。研究问题主要集中在教师PCK的现状及成因，教师PCK的来源、不同发展阶段或不同国别教师PCK的特征与差异，PCK不同成分的相互作用等方面。另外，总体来说，研究方法的选择较为恰当与丰富，研究者多围绕某一具体的教学主题，选择问卷调查法、访谈法、课堂观察法等其中一种或几种展开。

二、基于教师专业发展阶段的学科教学知识研究

基于教师专业发展阶段的PCK研究，特别是PCK发展的跟踪研究需要较长时间搜集数据才能较为全面地描述PCK。在研究对象选择上，有新手教师（包括职前/实习教师和初任教师）与经验教师（包括教龄较长的教师和专家型教师），也有学者同时选择新手教师和经验教师（或专家教师）进行比较研究。但就现有研究

---

① Judson T W, Leingang M. The development of pedagogical content knowledge in first-year graduate teaching assistants[J]. Journal of STEM Education Innovations & Research, 2016, 17（1）: 37-43.

② 李晓伟，李艳霞，刘霞. 关于高校"概论"课教师学科教学知识的理论新探[J]. 求实, 2009（2）: 231-232.

来看，对新手教师的研究居多，而对经验教师的研究较少。在对新手教师的研究中，以质性研究为主，基于职前中学科学学科的探讨居多，研究对象数量多集中在3—20人，较少有研究选用大样本量化研究。在大样本量化研究中，一些研究还会采用访谈法和观察法等进行深入的探讨。对经验教师的探讨亦多以中学科学学科为主。总体来看，大部分研究均在特定主题下进行教师PCK的探讨与描述，以此来阐述特定专业发展阶段下教师PCK的特征。

（一）新手教师的学科教学知识特征

1. 知识结构不够完整，水平较低

新手教师的知识像一个清单，知识是零散的、无结构的，知识之间没有什么紧密的联系，多停留在表面[1]，且存在一定的错误或不准确。这是由于新手教师对学科内容知识的理解有限，且对所教授的相关课程主题理解不足。新手教师多从教材与课程中提取学科内容知识，学科内容知识构架尚未组织完整，其中仍包含所学过的学科主题与课程内容，且教学知识架构中仅呈现出一小部分与学生有关的内容。新手教师虽然在某些主题上具有一定的知识基础，但并不准确，他们大部分具有与在校学生一样的迷思概念，在教学时会再次重复这种迷思。因此，知识的缺乏阻碍了新手教师的学科知识转化为PCK。此外，新手教师也未能很好地在新旧知识间建立起联系、纵横把握课程和教学内容的联系。综上可知，新手教师一开始并不具备良好的PCK，在PCK生成和发展认知水平上处于较低水平[2]，提问也局限于事实性和简单记忆类型的问题，经过漫长的过程其才能获得新知和技能。

2. 学科知识与教学知识没有统整

新手教师较重视陈述性知识的教授，而不重视概念或知识间关系的教授，虽然能够以正确的方式呈现事实的概念，但常聚焦在内容传递上。格斯-纽瑟姆（Gess-Newsome）和莱德曼（Lederman）发现，职前教师并未统整学科知识与教学知识，他们的学科知识架构是模糊的、片段的，而这样的学科知识会影响到教学以及教学的组织方式。职前教师无法关联教学与学科内容，且缺乏将基本概念转化成教学的能力。[3]

---

[1] Cankoy O. Mathematics teachers' topic-specific pedagogical content knowledge in the context of teaching a0, 0! and a÷0 [J]. Educational Sciences Theory & Practice, 2010: 749-769.

[2] 魏志方，郭艳春. 地方民族综合性大学初任教师PCK现状及对策研究——以Y大学为例[J]. 延边大学学报（社会科学版），2015，(5)：99-104.

[3] Gess-Newsome J, Lederman N G. Preservice biological teachers' knowledge structures as a function of professional teacher education: A year-long assessment[J]. Science Teacher Education, 1993, 77 (1): 25-45.

职前培育项目中也缺乏工具和培训来帮助他们整合学科知识、教学知识和情境知识。职前教师知识结构片段化的原因主要在于，他们事先未能将大学所学知识在大脑里进行知觉化、结构化。准教师在实习期间未深入思考学科领域的本质和相关概念，导致学科知识变得越来越简洁。而职前教师只有在积累一定的教学经验后，才能将学科知识与 PCK 进行整合。

3. 对学生的理解不足

许多研究表明，实习教师或初任教师在对儿童的理解方面明显不足，对学生学习困难的识别能力欠缺。新手教师虽善于使用广泛的教学策略，但常忽略学生的先在知识、能力或学习策略。实习生试教时多采用游戏、说故事或小组讨论等方法，但因为缺乏对儿童学习特质与学习情境的理解，所以无法掌握教学策略的有效性与目的性。[①]在对学生先在知识的了解方面，新手教师较少了解学生在学习此单元前已有的概念，常以课本的单元目标为主，容易举例不恰当。在学生背景与需求方面，与经验教师相比，新手教师在如何转换课程中的主题来迎合学生的需求方面的能力较弱，造成所教授主题过于深入，不符合学生需求。在学生学习困难方面，新手教师较难了解学生的迷思概念。2010 年，布科沃-居泽尔（Bukova-Güzel）等的研究表明，职前教师虽然能在一定程度上将教学与学生的先在知识建立联系，但未能关注学生迷思概念以及使用一些评价来确定学生的学习情况，未成功地反思自己的知识。[②]

4. 教学策略不够适切

新手教师的学科知识不够丰富、PCK 结构不够完善，且没有很好地将二者进行有机整合，加上对学生的理解不足，导致他们在教学中所采取的策略不够恰当，大多直接呈现课本中的内容，而不是选择恰当的教学策略进行概念介绍。职前教师对学科知识的信念很高，常选取以教师为中心的教学方法[③]，在选择教学重点以及恰当的实验和表述时均存在困难，不能根据学生的能力加以完善或调整课程内容；而且，职前教师在选择和运用教学策略时，不能根据学生的先在知识、能力和学习策略对教学进行有针对性的调整，导致学生参与探究活动的能力不足，且职前教师在教学中难以开展适当的教学步骤。职前教师大多缺乏对多元教学的理解，往往采

---

① 孙敏芝. 实习教师学科教学知识之探讨：教学设计与教学实务[J]. 教育研究与发展期刊，2006，2（2）：67-92.
② Bukova-Güzel E，Kula S，Uğurel I，et al. Sufficiency of undergraduate education in developing mathematical pedagogical content knowledge：Student teachers' views[J]. Procedia-Social and Behavioral Sciences，2010，2（2）：2222-2226.
③ Muhammet U. Preservice science and technology teachers' pedagogical content knowledge on cell topic[J]. Educational Science：Theory and Practice，2009，9（4）：2033-2046.

用直接或传统的教学方法,导致其教学较为机械。

(二)经验教师的学科教学知识特征

1. 知识结构呈复杂的网状结构

经验教师的学科知识呈现为一个复杂但有序的网状结构,能够较好地呈现概念与概念之间的关系,且知识之间联系紧密。经验教师拥有较为复杂的认知,能够影响学生的学习和对概念的掌握;经验教师会考虑学生的需求,借助预设进行教学;经验教师能将不同的情境知识进行密切的联结,且具有丰富的教学技能。马尔霍兰(Mulholland)和瓦利亚塞(Wallace)对一名小学科学教师进行了 10 年的跟踪研究,结果表明,该教师的知识结构在职前、职初、成熟三个阶段是不一样的,他们采用"树"的表征方式描述了这名教师的知识结构从仅有几个枝权到小树成荫,再到枝繁叶茂的整个成长过程。[①]

2. 对学生的理解较为充分和全面

在学生先在知识的了解方面,经验教师能够把握课程的纵横联系,了解学生先在知识的情况,并能通过技巧性的有效提问来了解学生掌握知识的情况,为进一步学习做铺垫。在学生背景和需求方面,经验教师关注学生学习,通过设计活动来使教学内容易于被学生接受。经验教师对自我教学的过程较为清晰,能和学生分享有关教学主题的一些想法。在学生学习困难方面,经验教师能够预估学生可能存在的学习困难,并时刻保持警觉,能更好地把握课程学习的重点以及教学评价。

3. 教学表征较为多元且机智

与新手教师相比,经验教师有更为丰富和完备的教学表征库,能够不断重复运用教学技巧及方法,进而达到熟能生巧的程度,更顺利地完成教学目标。经验教师在进行问题解决时对任务的需求及社会的情况较敏感,教学时比较有弹性,能觉察自身学科领域中有意义的模型,对教学实例做深入分析和讨论并采用不同的教法。与新手教师相比,经验教师在教学活动中有较为多元化的表现,从认知到教学实践活动均更为复杂,能意识到这些复杂性对学生学习产生的影响,较重视探究教学,重视概念解释的正确性。[②]经验教师具有较复杂的认知,能够根据学生、教学内容

[①] Mulholland J, Wallace J. Growing the tree of teacher knowledge: Ten years of learning to teach elementary science[J]. Journal of Research in Science Teaching, 2005, 42 (7): 767-790.

[②] Clermont C P, Borko H, Krajcik J S. Comparative study of the pedagogical content knowledge of experienced and novice chemical demonstrators[J]. Journal of Research in Science Teaching, 1994, 31 (4): 419-441.

及教学情境选择恰当的教学表征和策略，知道这些复杂内容是如何影响学习的以及如何使学生掌握概念。经验教师的经验和方法比较多，因此能够经常性地改进教学，且在方法的选择上呈现出多元化的特点。

（三）小结

一些学者通过对比学科教师与学科专家来说明 PCK 是教师区别于其他学科专家的根本特征，是教师所特有的、作为其专业基础的知识。舒尔曼认为，"确认教学的知识基础的关键就在于学科知识和教学知识的交互作用，就在于教师拥有的这些能力，即将他所拥有的学科知识转化到教学中以适应不同能力和背景的学生学习"[1]。1993 年，科克伦等也指出，"教师区别于生物学家、历史学家、作家和教育研究者的关键，不在于他们掌握专业知识的质量和数量，而在于他们如何组织和使用知识"[2]。2001 年，Deng 指出，拥有科学学位并不意味着一定能成为一名合格的高中科学教师，其中最关键的因素应是 PCK。[3]2013 年，施梅尔青等通过调查发现，在职生物教师的 PCK 不仅高于职前生物教师，而且高于生物学家。可见，PCK 是区别学科专家与学科教师的一种知识。[4]

新手教师和经验教师在学科知识上差别不大，学科知识与教学经验无关，学科知识于教师在职阶段具有稳定性。但新手教师与经验教师的 PCK 存在差异，经验教师能够很好地理解教学，一般来说，经验教师在教学目标落实、补充课外知识、了解学习困难上比新手教师要好。新手教师教学技艺的缺乏直接影响其教学进度和效率。张静仪通过对个案教师的教学进行研究发现，专家教师与新手教师在教学表征上的差异主要体现在概念教学的特征上，首先，专家教师能够利用多重证据，而新手教师则多停留在简单说明上。其次，在教具与实验的应用上，专家教师多利用推论验证式的方法，而新手教师则多选择帮助记忆式的方法。最后，在教材的连贯与综合方面，专家教师较为熟练，而新手

---

[1] Shulman L S. Those who understand: Knowledge growth in teaching[J]. Educational Researcher, 1986, 15 (2): 4-14.

[2] Cochran K F, Deruiter J A, King R A. Pedagogical content knowing: An integrative model for teacher preparation[J]. Journal of Teacher Education, 1993, 44 (4): 263-272.

[3] Deng Z. The distinction between key ideas in teaching school physics and key ideas in the discipline of physics[J]. Science Education, 2001, 83 (3): 263-278.

[4] Schmelzing S, Driel J H V, Melanie J, et al. Development, evaluation, and validation of a paper-and-pencil test for measuring two components of biology teachers' pedagogical content knowledge concerning the "cardiovascular system" [J]. International Journal of Science&Mathematics Education, 2013: 1369-1390.

教师较为生疏。[①]教师的 PCK 并非与生俱来的，教龄也并非衡量教师优秀与否的标志，对新手教师的研究有利于新手教师认清自己的知识结构，发现问题并寻求解决，进而发展策略；而对经验教师特别是专家型教师的研究有利于经验的分享，缩短新手教师的成长周期。

第三节　学科教学知识研究发展的思考

自舒尔曼提出 PCK 开始，PCK 便得到了广泛关注，学者就 PCK 的内涵、本质、特征，如何了解教师的 PCK，如何应用 PCK 促进教师专业发展等展开了大量研究。PCK 可以用来探究教师专业知识的各个方面，从某种程度上来讲，发展 PCK 是教师教育的重要目标。纵观 PCK 领域的研究历程及关键事件，我们可以清晰地看到该领域的研究经历了如下几个发展阶段。

一、学科教学知识研究发展的阶段历程

（一）探索阶段（1985—1995 年）：学科教学知识内涵结构探索

自舒尔曼提出 PCK 这一概念后，学者便开展了对其深入探索。格罗斯曼在舒尔曼提出 PCK 两大核心要素的基础上，将有关特定主题教学目的与信念的知识、有关课程的知识纳入 PCK 结构中。马格努森等构建的 PCK 五要素成为后续学者研究 PCK 的理论基础。科克伦等提出的 PCKg 强调了 PCK 不断变化的动态特质，他们强调教师对整个学科知识领域的理解，属于宏观的 PCK，而舒尔曼、雷诺兹（Reynolds）强调的是基于特定学科单元的微观 PCK。马克思（Marks）将"教学媒材"和学科知识加入 PCK，费尔南德斯-巴尔博厄（Fernández-Balboa）和施蒂尔（Stiehl）在马克思研究的基础上又加入了"情境知识"。此阶段 PCK 的内涵在学者肯定舒尔曼理论的同时又增加了一些要素。但研究样本、学科领域及方法的不同，导致学者在 PCK 内涵和要素的认识上略有差别，而舒尔曼的 PCK 理论通过教师对教学和学科内容理解的融合来影响教学方式，以帮助学生更好地理解与学习的这一基础始终没有动摇。此外，学者从转化和整合两方面展开了有关 PCK 模式的探讨，舒尔曼、格罗斯曼和马格努森等认为，PCK 不是学科知识、教学知识和情

[①] 张静仪. 由"地球运动"探讨小学自然科专家教师与初任教师之教学知识与教学实务[C]. 八十八学年度师范学院教育学术论文发表会论文集. 台北：台北师范学院，1999.

境知识的混合物，而是化合物，是独立存在的新知识。认同PCK整合模式的学者认为，PCK是学科内容知识、教学知识和情境知识三者的混合物，并非独立的知识概念，发展其中任何一个要素均能促进PCK的整体提升。

该阶段的研究集中在科学和数学领域。研究对象较为多元，有职前教师、新任教师、经验教师等。例如，研究职前教师的PCK特征与发展及其在特定主题教学中的PCK，对比经验教师和新手教师的PCK等。研究方法以质性研究为主，主要选用访谈、观察等常用方法来描述PCK的内涵，此外也有研究采用概念图（concept map）、分类卡片（card sorts）、图画表征（pictorial representation）等方法来研究PCK要素在教学中的表现。

（二）发展阶段（1996—2003年）：学科教学知识的发展研究

发展阶段的研究在内容上进一步丰富了PCK的内涵和理论结构。例如，用结构图阐释PCK要素及其关系，从新的理论视角或加入新要素来定义PCK，基于较成熟的理论框架探讨发展PCK的问题。凡德里尔等[1]、马格努森等[2]、威尔[3]、劳伦等[4]基于舒尔曼的观点，不断完善PCK的内涵、要素。此阶段的一些研究将结构逐渐丰富的PCK作为理论框架，通过描述PCK，深化对教师专业知识的理解，并探索其发展路径。此外，还有一些研究者探索PCK的各要素特征。众多研究借鉴了格罗斯曼[5]、马格努森等[6]的理论框架。

一些研究将PCK作为理论框架来发展教师专业知识。劳伦等基于舒尔曼的PCK核心要素开发了内容表征（content representations）和教学专业经验库（pedagogical and professional experience repertoires，PaP-eRs）工具，为教师教育者了解教师PCK

---

[1] van Driel J H，Jong O D，Verloop N. The development of preservice chemistry teachers' pedagogical content knowledge[J].Science Teacher Education，2002，86（4）：572-590.

[2] Magnusson S，Krajcik J，Borko H. Nature，sources and development of pedagogical content knowledge// Gess-Newsome J，Lederman N G（Eds.）. Examining Pedagogical Content Knowledge[M]. Netherlands：Kluwer Academic Publishers，1999：95-128.

[3] Veal W R. Beliefs and knowledge in chemistry teacher development[J]. International Journal of Science Education，2004，26（3）：329-351.

[4] Loughran J，Milroy P，Berry A，et al. Documenting science teachers' pedagogical content knowledge through PaP-eRs[J]. Research in Science Education，2001，31（2）：289-307.

[5] Grossman P L. The Making of a Teacher：Teacher Knowledge and Teacher Education[M]. New York：Teachers College Press，1990：7-9.

[6] Magnusson S，Krajcik J，Borko H. Nature，sources and development of pedagogical content knowledge//Gess-Newsome J，Lederman N G（Eds.）. Examining Pedagogical Content Knowledge[M]. Netherlands：Kluwer Academic Publishers，1999：95-128.

现状、发展职前科学教师 PCK 提供了描述工具。[1]凡德沃克（van der Valk）和布鲁克曼（Broekman）通过备课法较好地记录和发展了教师的 PCK。[2]维尔（Veal）等通过调查法研究了两位职前教师 PCK 的发展与变化。[3]斯佩兰代奥-米内奥（Sperandeo-Mineo）等的调查结果表明，通过 6 个阶段的工作坊后，教师能够将知识转化成教学来促进学生的理解，且自身对该主题的教学也会有更深入的理解。[4]

总体来看，此阶段对 PCK 的研究扩展到英语、体育、地理等学科，乃至高等教育中的医学、工程学、交际学等。研究方法仍以质性研究为主，并开始采用故事情节法，内容表征和教学专业经验库等新方法来描述 PCK。研究对象规模有所扩大。格斯-纽瑟姆和莱德曼主编的《检视 PCK：结构及其对科学教育的启示》（Examining Pedagogical Content Knowledge：The Construct and Its Implications for Science Education）一书有助于系统了解 PCK 及当下科学领域的研究现状。

（三）深入阶段（2004 年至今）：学科教学知识的测评与应用

深入阶段 PCK 的内涵结构在复杂中趋于稳定，更多实证研究基于特定主题而进行，并结合其他要素，如 PCK 与效能、PCK 与学生学业成就、PCK 与教师专业发展等展开了研究，通过测量与评价 PCK 检视教师项目的有效性，并应用 PCK 来提升教育教学品质。帕克和奥利弗提出了 PCK 的五边形结构；班克斯等认为，PCK 应包括教育学知识和学业知识；李和卢夫特（Luft）认为，PCK 是教师所使用的能让学生更好地理解及鼓励学生探究的恰当知识，包含学科知识、目标知识、学生知识、课程组织知识、评量知识、教学知识和资源知识。[5]扎莫拉斯（Zembylas）[6]、加里茨（Garritz）[7]、McCaughtry[8]等将情感知识维度也加入了 PCK 中。

---

[1] Loughran J, Mulhall P, Berry A. In search of pedagogical content knowledge in science: Developing ways of articulate and documenting professional practice[J]. Journal of Research in Science Teaching, 2004, 41（4）：370-391.

[2] van der Valk T, Broekman H. The Lesson Preparation Method: A way of investigating pre-service teachers' pedagogical content knowledge[J]. European Journal of Teacher Education, 2007: 11-22.

[3] Veal W R, Tippins D J, Bell J. The evolution of pedagogical content knowledge in prospective secondary physics teachers[J]. National American Research in Science Teaching Conference, 1999（41）：2-6.

[4] Sperandeo-Mineo R M, Fazio C, Tarantino G. Pedagogical content knowledge development and pre-service physics teacher education: A case study[J]. Research in Science Education, 2006, 36（3）：235-268.

[5] Lee E, Luft J A. Experienced secondary science teachers' representation of pedagogical content knowledge[J]. International Journal of Science Education, 2008, 30（10）：1343-1363.

[6] Zembylas M. Emotional ecology: The intersection of emotional knowledge and pedagogical content knowledge in teaching[J]. Teaching and Teacher Education, 2007, 23（4）：355-367.

[7] Garritz A. Personal reflection: Pedagogical content knowledge and the affective domain of scholarship of teaching and learning[J]. International Journal for the Scholarship of Teaching and Learning, 2010, 4（2）：1-6.

[8] McCaughtry N. The emotional dimensions of a teacher's pedagogical content knowledge: Influences on content, curriculum, and pedagogy[J]. Journal of Teaching in Physical Education, 2004, 23（1）：30-47.

学者基于 PCK 理论框架评量与发展教育教学。一些研究基于某项目来理解和发展 PCK，如通过基于问题的学习（problem based learning，PBL）来检视大学教师的 PCK，将 PBL 作为教学方式来探讨 PCK 的发展，将技术平台作为网络协作体辅助手段来发展职前数学教师的 PCK，通过数学、科学、技术教育研究生项目（Graduate Program in Mathematics, Science and Technology Education）来发展未来教师的 PCK 等。一些研究将 PCK 理论作为框架，并结合任务活动发展 PCK，如有学者结合探究活动描述并发展中学和大学在职科学教师的 PCK。古德诺（Goodnough）和亨（Hung）在 PBL 活动中帮助小学科学教师使用 PCK 改变信念、态度、理解和课堂实践。[1] 阿尔科克（Alcock）和韦伯（Weber）通过在 5 个实践教学活动中运用 PCK 改进自身教学。[2]拜尔（Beyer）和戴维斯（Davis）在基于标准（criterion-based）的备课中帮助职前科学教师发展并运用 PCK 进行教学。[3]此外，一些研究关注通过 PCK 与教育教学间的相互促进，来提升教育品质，并认为课堂教学评价会促进 PCK 以及教师课堂教学与学生学习质量的提升。建立科学教学改革、教师能力和 PCK 使用之间的联系，能够在教学实践中应用 PCK 的各个方面。其他一些研究更加关注 PCK 中有关学生的理解与思考，而关注学习者的认知是教师有效教学和 PCK 中的重要因素。教师有关学生的理解影响其教学行为决策，教师应探索发展 PCK 中有关学生知识的有效途径，如数学教师转型研究所（Mathematics Teacher Transformation Institute，MTTI）项目鼓励教师在课堂上引入或推广以学生为中心的教学法。

在研究方法上，学者针对 PCK 的测量与评价展开了探索，相关研究已较为丰富与成熟，测量主要集中在科学和数学领域。根据 PCK 测量中的题目设置和评价方法，可将其分为调查型测量和量规型测量两种。在研究特点上，更多研究借助工具系统测量与发展 PCK，注重完善教师专业发展和教育教学，开始关注学生研究。现有研究已超越 PCK 静态层面，将焦点转向 PCK 内部实质的相互作用上，并将各要素整合应用于教学设计和实践。

---

[1] Goodnough K, Hung W. Enhancing pedagogical content knowledge in elementary science[J]. Teaching Education, 2009, 20 (3): 229-242.

[2] Alcock L, Weber K. Referential and syntactic approaches to proving: Case studies from a transition- to-proof course//Hitt F, Holton D, Thompson P (Eds.). Research in Collegiate Mathematics Education (pp.93-114)[M]. Providence: American Mathematical Society, 2010: 93-114.

[3] Beyer C J, Davis E A. Learning to critique and adapt science curriculum materials: Examining the development of preservice elementary teachers' pedagogical content knowledge[J]. Science Education, 2012, 96 (1): 130-157.

二、学科教学知识的研究述评

（一）学科教学知识的特征

综合各学者的观点，PCK 的以下几个特征已得到较广泛的认同。

1）增效。PCK 是对多种知识的有机整合，而不是多种知识的简单叠加。其通过教师在具体情境中的教学进行综合呈现，PCK 中原本独立的几类知识被教师运用到教学中时，使得 PCK 的成效大于各部分要素知识成效的相加之和。[①]尽管不同学者认为 PCK 包括的成分不同，但均认同 PCK 是对多种知识的有机整合，它的组成部分没有明显边界，不是知识的简单相加，而是知识的相互融合、相互嵌套。PCK 的知识正如"合金"一样，已经分不清哪些是教学内容知识，哪些是教学策略知识，而是一个相互联系的整体，它们的关系可以说是一种乘积关系，而不是一种累加关系。

2）转化。PCK 是学科知识的教学转化，体现了教师所特有的转化智能。PCK 不是一个独立的知识领域，而是包含其他各种知识（学科知识、一般教学法知识、背景知识），并通过在教学中的转化来促进学生学习。教师精通某一学科的知识，并不一定意味着教师能够自然而然地将其转化为对这门学科的有效教学。教师要想成为从事教育教学的专业人员就不应仅停留在对学科知识的认知层面上，而应更加注重教学的行动，教科书中的学科知识对于学生而言较难理解，需要教师通过课堂教学，针对学生的不同表现，在不同的教学情境下，将其转化为适合学生身心特点的知识，从而使学生容易接受。

3）动态。PCK 是动态的，不是静态的。教师的 PCK 是随着培育、培训、实践等经验的积累不断改变和发展的。在教学中，教师对自身掌握的学科知识与特定教学情境下采用的教学策略知识、课程知识以及有关学生的知识进行重组，并融入个人的价值观和教学信念。PCK 就是教师将自己的学科知识以及有关学生、课堂文化和课程的知识重组而形成的一种知识，体现了教师在复杂多变的教学情境中解决学生的学习困难及满足学生多样化的学习需求的能力。教师的反思能力越强，则越注重 PCK 知识的融合。

4）特定。学科内容知识是 PCK 的核心基点，掌握扎实的学科内容知识是教师教学的重要前提。PCK 是围绕具体的教学内容建构的，是教师在课堂教学中进行特定主题教学时所发展出来并加以应用的。真实的教学经验对 PCK 的形成和实践智慧的发展很重要，因为 PCK 蕴含在教学实践中，需要在复杂变换的情境中才能成功

---

① Abell S. Twenty years later: Does pedagogical content knowledge remain a useful idea?[J]. International Journal of Science Education, 2008（10）: 1405-1416.

地实施。

5）缄默。教师并不会直接运用 PCK 结构的话语进行表述。关于实践的知识具有一定的缄默性，教师在大部分情况下会对特定的教学和学习情境产生不自觉的反应。当教师在备课、思考时，他会说"我在准备我的课程"，而不是"我在使用我的 PCK"。对于教师来说，PCK 并非一个明确的工具，因为 PCK 往往蕴含在教学行为中，很多教师并未意识到这种知识的存在，也没有意识到这种知识在对他们的教学起作用，也无法用语言精确地表达它，但 PCK 却在教学实践中发挥着重要作用，如有助于提高教学质量。正如波兰尼所说："我们知道的永远比我们做得多。"[1]鉴于 PCK 具有缄默性，教师的 PCK 不能通过直接的观察来审视，但其又表现在课堂教学实践活动中，所以可通过教师的教学设计、教学言语或行为表现等外在的表征去观察它，既可通过教师的学科知识、教学策略知识直接观察它，还可通过学生对知识的掌握情况来反观它。

（二）学科教学知识研究生长点

综上，我们从国内外相关研究中欣喜地看到了 PCK 理论的发展，由在理论层面探讨 PCK 的内涵、来源以及结构到探索"PCK 是什么"，再到结合课堂教学探索教学实践中的教师 PCK，主要研究"教师如何教"的问题。我国在该领域也取得了一定的研究成果，但仍有一些亟待解决的问题以及需要进一步探索的主题值得关注。

1）PCK 的内涵在争论之中趋于统一，但存在边界模糊扩大化的问题。到目前为止，对于 PCK 的内涵和结构虽尚未形成较为统一的认识，但学者均认同 PCK 是一种教学策略表征的知识，而学科知识、教学策略知识、学生知识则被认为是 PCK 的相关核心知识。在一些研究中，PCK 的内涵被逐渐扩大，甚至模糊了与教师其他知识的界限，将 PCK 表述为教师知识中若干种知识的集合。

2）对不同群体教师 PCK 的比较研究较多，而对同一群体教师 PCK 的比较研究有待加强。近年来，关于不同学段、不同学科领域的新手教师和经验教师的对比研究不断增多，这类研究大多是分析教师现有 PCK 的发展现状、原因及影响因素等，并基于此提出发展教师 PCK 的建议。由于诸多现实因素的制约，既有研究缺少对教师 PCK 的跟踪研究及动态研究。另外，比较研究还总结了新手教师和专家教师的 PCK 特征，比较了教师 PCK 在不同发展阶段的差异，但却忽略了对同一

---

[1] Polanyi M. The Tacit Dimension[M]. Chicago：University Of Chicago Press，1966.

阶段教师 PCK 的比较分析，如职前教师间、经验教师间的比较研究等。

3）既有研究在学科与学段上分布不均。从学科和学段上来看，对教师 PCK 的研究多集中在科学、数学、英语等具体学科上，其中科学、数学学科的研究较为丰富和系统，其他学科的研究则较少；而数学学科教师 PCK 研究多集中在初中、高中阶段，对小学阶段数学教师 PCK 研究得较少。

4）对教师 PCK 形成和发展的系统研究有待增强。虽然人们已经意识到 PCK 对于教师专业发展具有重要意义，但对于是什么促进了教师不断形成自己的 PCK、教师 PCK 的形成有哪些基本阶段、形成的不同阶段有什么联系与区别等，还需要进一步探索。关于教师 PCK 的结构特征有整合和转化两种模式，这两种模式是否是截然对立或者分开的，目前已有研究开始尝试进行了一些探索。结果显示，在教师专业发展的不同阶段这两种模式依次出现，甚至是处于中间地带。但这并不意味着随着教龄的增长，全部教师都会发展成统一的知识模式，其内在逻辑及外显形式需要进一步探索。

5）描述与测量 PCK 的工具有待进一步完善。PCK 为测量、了解教师技能提供了理论框架。关于教师 PCK 相关知识的具体结构和比例如何？如何描述教师的 PCK？怎样进行 PCK 的测量与评价？这些均是较为困难的课题，特别是如何开发与提升 PCK 测量与评价工具及其质量，需要进一步的系统研究。

6）针对性地发展特定群体教师 PCK 的研究有待展开。发展教师 PCK 的研究更倾向采用长时间、跟踪式、干预式、行动等的研究方式。基于 PCK 研究的已有理论与结论，教师教育者、教学指导者在课程设置、教学指导、教育实践、培训提升、在职督导、专业共同体等方面能最大限度地帮助教师实现 PCK 的增长，以便胜任未来的教学工作，但仍需要进行更加有意义与有针对性的探讨与实践。

第二章 小学数学教师学科教学知识的研究设计与实施

研究问题是迷惑、困扰或引起我们争论的东西,而研究设计则是关于如何解决问题的方案。本章将基于前言部分所提出的研究问题,进一步阐述解决问题的路径。本章采用质性研究与量化研究相结合的方法,深入探究小学数学教师 PCK 的相关问题。在梳理已有 PCK 研究的基础上,进一步建构本书的理论框架。在 PCK 理论框架的指导下,通过"小学数学教师 PCK 描述框架"来探讨不同发展阶段下小学数学教师 PCK 的特征及其成因,并基于此得出 PCK 结构特征的核心结构要素,结合对现有研究中 PCK 测量与评价的多元工具研究的分析,进一步指导小学数学教师 PCK 测量与评价工具的开发。利用通过德尔菲法开发出来的小学数学教师 PCK 测量与评价工具开展问卷调查,探究小学数学教师 PCK 现状,并进一步解释不同发展阶段下小学数学教师 PCK 的特征。最后,基于对上述相关问题的解决进一步分析小学数学教师 PCK 的有效发展路径。

第一节 学科教学知识的理论框架

一、学科教学知识的内涵及本质

(一)学科教学知识的内涵

本书以舒尔曼对 PCK 的诠释为基础,并借鉴帕克和奥利弗的 PCK 五边形结构图及其他学者对 PCK 相关知识的研究与阐述,构建了 PCK 的理论框架。可以将 PCK 理解为教师在特定的教学情境中,基于对特定学生和特定学科知识的综合理解,选择教学策略表征,将学科知识转化为学生理解的知识的过程中所使用的知识。在帕克和奥利弗的 PCK 五边形结构图的基础上,结合其他学者关于 PCK 内涵的阐述，本书将 PCK 结构框架描绘成如图 2-1 所示框架，该结构框架强调与 PCK 相关的五种知识是紧密联系、适时整合的。

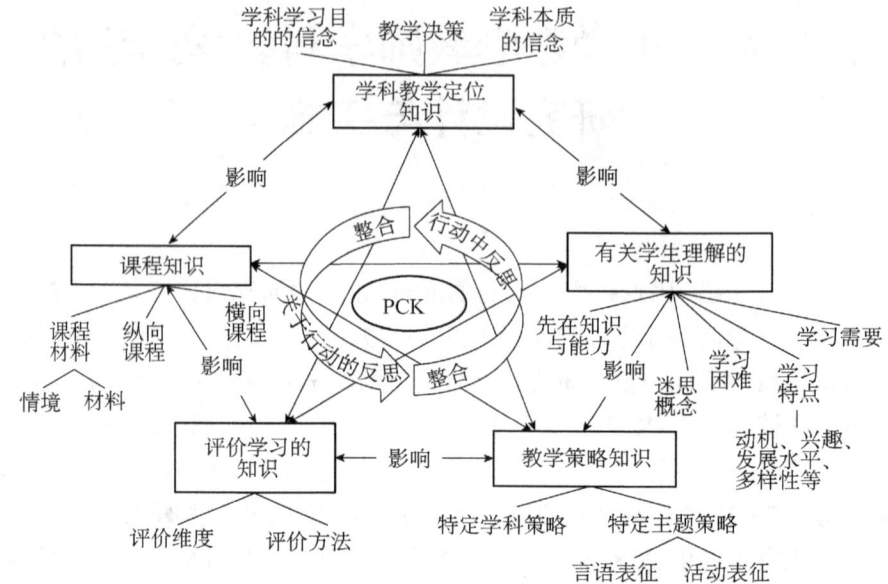

图 2-1　PCK 五边形结构图（由帕克和奥利弗的结构图修订而成）

（二）学科教学知识的本质

1. 学科教学知识是在特定情境中与特定内容相关的教与学的知识

在 PCK 理论中，"教学"与"内容"是密不可分的，"教学"是特定内容下的教学，"内容"是应用于教学中的特定内容。在班额、教学时间、教学资源、学生等不同情境下，教师有着不同的教学实践行为。教师的 PCK 是在特定主题内容下针对特定教育对象的、有关教与学的策略和表征知识，所以不同学科背景教师所展现出来的 PCK 也有所不同。由此可见，对 PCK 的探讨离不开学科内容、教育对象和教学情境。

2. 学科教学知识是由相关知识整合而成的新知识

教学不是学科知识与一般教学法知识的简单相加，就如同"数学教育≠教育学+数学"一样。[①]教师在教学中要整合 PCK 的各相关要素知识，在特定情境下，为某一特定学生群体计划并实施教学。PCK 并不是内容知识和教学知识的简单组合，也

---

① 张宙，郑正亚. 数学教育争鸣十题[J]. 数学教育学报，1995（3）：1-7.

不是学科教学定位知识、评价学习的知识、有关学生理解的知识、学科知识、教学策略和表征知识等要素的集合或叠加，而是这些要素相互影响、联系、整合而成的新知识结构。我们可以说上述相关要素知识能对 PCK 产生影响，但不能将 PCK 割裂为几个独立存在的知识成分，而是应该像帕克和维尔（Veal）一样，将 PCK 要素紧密联系起来。因而，我们不仅要关注影响 PCK 的要素成分，更要关注某一教学主题下 PCK 要素成分间的组合与联系。

3. 学科教学知识是通过教师内部综合理解与外部行为实施共同建构的知识

PCK 由教师的所知、所行以及教学行为背后的原因组成，是教师将多种类型的知识转化为教学形成的一种独特的教师专属知识领域。根据多位学者的观点我们可知，PCK 内涵的核心在于教师将学科内容转化为目的性教学的过程中所表征出的知识，是教师将具体学科知识和一般教学法知识综合理解整合后转化为用于教学行动的知识。因此，PCK 是教师从内部综合理解与外部行为实施两个层面共同建构并呈现的特殊形式的知识。

二、学科教学知识的相关要素知识

众多学者在各自研究中提及最多的几种 PCK 相关知识是学科教学定位知识、课程知识、有关学生理解的知识、评价学习的知识和教学策略知识，这些也是本书研究框架中较为关注的几种知识。研究者只有研究了这几种知识及其整合情况，才能深入地了解 PCK，因此，有必要详细阐述相关要素知识的内涵。

1. 学科教学定位知识

学科教学定位（orientation to teaching，OT）知识是关于学科教学目的和信念的统领性、观念性的知识，是教学决策的基础，在教学中起到概念图的作用。它是关于不同年级的学科目标和教学目的的信念[1]，如教师应该知道所教学科的性质，学生需要学习哪些知识、形成哪些观念等。它决定了教学目标，是选择恰当的教学策略和选取教材、评价学生的基础。教师各个方面的知识并不能被直接地运用到教学中去，而是需要重新建构对它们的理解，以适应相应的情境。教学定位能够作为一个向导，帮助教师整合各方面的知识，并使其形成清晰的图谱，从而更好地选择

---

[1] Grossman P L. The Making of A Teacher: Teacher Knowledge and Teacher Education[M]. New York: Teachers College Press, 1990: 7-9.

课程媒材、教学策略及评价学生的学习等。[①]例如，有的小学数学教师认为，教授正负数就是教授学生认识不同类型的数，那么他的教学重点就在于对数的认识、读写与计算；而有的教师认为，教授正负数是帮助学生意识到要将生活中的意义相反量用统一的数学语言进行抽象化表达的必要性，那么他的教学重点就在于在数学与生活之间建立联系，增强学生发现问题、解决问题的能力。这两种不同的视角反映出教师不同的数学观和数学教学定位。

2. 课程知识

课程知识（knowledge of curriculum，KC）是指教师关于任教学科的课程目标、学习内容、学科知识体系的知识（即纵横向课程知识），具体表现为对课程标准的理解以及对教材的把握，其较学科知识宏观和系统。教师需要将特定主题与整体课程联系起来，认识核心问题和核心概念，知道知识所对应的教学情境，知道哪些知识需要教授，知道如何调整教学活动。课程知识还包括用于特定主题教学的课程媒材知识，即使学生更好地学习与理解所使用的替代教材的教学资源。横向课程是指特定年级某学科的特定课题所选择的内容、组织方式，不同主题间联系的方式，以及特定年级不同学科教学内容的组织和联系方式。纵向课程是指不同年级某个学科的教学内容及组织方式。基于知识间的相互联系，可以了解到学生已学与未来要学的知识。

3. 有关学生理解的知识

有关学生理解的知识（knowledge of students' understanding，KSU）主要包括学生已有的知识与能力、迷思概念、学习困难、特点与需要。教师如欲形成恰当的教学策略和表征，需要知道：①关于某一领域、主题或特定内容，学生已有的概念是什么？学生已经知道了什么？应该知道什么？已有的技能是什么？理解的方式有哪些？②在某一主题的学习中，学生将会有什么样的疑惑及迷思概念？意识到学生在某主题的学习中常犯的错误，有助于教师提出或设置具有挑战性的问题与学习任务，来帮助学生消除疑惑和迷思。③学生在某主题学习中会遇到什么样的困难？困难的类型有哪些？了解这些将有利于教师采取恰当的干预策略帮助学生克服学习困难、习得知识与技能。④学生的学习特点有哪些？学生的发展处于哪个水平？教师应明确学生学习的动机、兴趣和多样化的学习类型及学习需要，因为这些会影响到教师对课程的计划、对学生的期望和评价。当教师不以机械学习为教学目

---

① Borko H, Putnam R T. Learning to teach[J]. Handbook of Educational Psychology, 1996: 673-708.

标时，会更加强调以学生的理解为主。由此，这方面的知识显得更为重要，它有助于教师通过了解学生而选择恰当的教学策略，从而进行有效的教学行为。对学习者的理解会影响教师的教学决策，激发学生更多地关注自身的学习，从而促进学生基于已知知识探寻未知知识。

4. 评价学习的知识

评价学习的知识（knowledge of assessment，KA）是指教师在评价学生学习前，除了应明确需要评价的内容、评价的维度外，还应明确特定评价工具、方法或活动。通过学习评价能够了解学生的学习效果，并做出合理的教学决策。学习评价是依据学习目标，对学习者学习内容、学习进展情况、学习结果、学习效果，即学习者通过学习所产生的发展或变化进行的价值判断。

5. 教学策略知识

教学策略知识（knowledge of instructional representation，KIR）中的"策略"与表征有一定的差别。[①]"策略"的范围较大，教学策略是指教师拥有的一般教学法知识，包括所有课前的教学设计，如对教学内容的先后次序、活动的安排及对教材的处理方式；实际教学时对上述设计的落实和处理，如教师直接讲授、阐述、提问、解释和说明；教学时的一般教学方法，如分组活动、探究式学习等。表征则是指教师在教学时为呈现学科特定的教学内容、帮助学生更好地理解而采用具有针对性的方法，转化教学内容，使之心理化的过程。表征呈现的方法有类比、推论、举例、示范、比喻、模仿等，且聚焦于一些学生较难理解的内容、概念或原理，因此教师在教学中常采用一些特别的教学方式将这些知识呈现出来。为让学生更好地理解（即杜威所说的"教学内容心理学化的过程"），"表征"很重要，表征是教师知识的具体体现，而缺乏表征将导致学生的学习停留在表面。换言之，表征的作用就在于更清晰地呈现教学内容，教师除了要具备一般教学法知识外，更要结合学科特点，熟悉学科建构知识的方法，因此，表征比策略更为具体、细致和深入，更能体现教师的 PCK。好的表征应该具备两点：一是在教学中产生最大效用的教学手段；二是教师转化学科中的特定主题，促进学生理解。表征与策略虽有区别，但亦存在密切的联系，针对学科内容而言，表征可以被看作微观的策略。

[①] 周健，霍秉坤. 教学内容知识中教学策略和表征的区别——两位教师新诗教学的个案研究[J]. 教育曙光，2011，59（3）：12.

三、学科教学知识研究的挑战

PCK 研究的难点在于三点。

第一，PCK 的内涵尚未统一，学者对 PCK 的结构尚未达成共识。

第二，PCK 较难获取和描述。PCK 具有缄默性，教师并不会直接运用 PCK 结构的话语进行表述，教师在教学中大多出于一种不自觉的反应，在备课、教学时并不会意识到自己正在使用 PCK。对于教师来说，PCK 并非一个明确的概念，而是需要将其与特定的学生、内容、事件等联系起来。因而，研究者需要通过恰当的研究方法对教师的 PCK 进行外显化描述，即将教师的教学思考内容与过程用语言描述出来，进而挖掘背后支撑教师教学的 PCK，达到"透过现象看本质"的目的。

第三，PCK 结构复杂，研究工具的质量受到挑战。目前，国内对 PCK 现状的研究多采用纸笔测验或以情境题为主的调查问卷，其难点不仅在于对学科知识和教学知识的调查，而且在于选择题型的编制不能设置正确答案（教学策略和内容知识均正确）或错误答案（教学策略错误但内容知识正确、教学策略正确但内容知识错误、教学策略和内容知识均错误）的形式，由正误很容易判断出来，即使教师在实践中的教学方法是错误的，其在测量中也会选择正确选项，因此，这些研究工具无法反映教师的真实水平，进而影响研究质量。由此可见，理想的选项需要能够区分恰当与否，而且不具有明显的提示性。在以情境题为主的调查问卷中，任务情境题要尽可能考察 PCK 的几个维度，工具形成后，需对其进行多次预测和调试，以保证信度和效度。此外，PCK 研究需要与特定内容和学习者相联系，抛开学科知识或学生知识而单独实施是不现实的。

总之，PCK 的复杂性导致难以对其进行全面的了解与研究，研究者需采用多种研究方法。PCK 是教师通过使用特定教学策略与表征将学科知识转化为学生理解的知识的过程，这决定了进行教学观察的必要性。但在实践中，我们只能看到教师在教学中"这样做"的行为，却看不到教师"为什么这样做"的理由以及"不那样做"的行为，因此，需要我们选用多元方法来弥补教学观察的不足。PCK 不容易被观察和测量，用单一工具或方法来收集关于 PCK 的数据均具有局限性，因此，需通过多种途径搜集教师知道什么、做了什么、行动原因等信息，研究者也必须通过观察一系列教学过程才能全面把握教师的 PCK。所以有学者建议，教师行为研究需要与课堂教学行为和学生学习效果联系起来，需要将教师决策作为 PCK

的第三个重要方面（前两个为对学生的理解和教学表征）来进行研究。

第二节 学科教学知识之质性研究设计与实施

PCK 是教师个体内外共同建构的知识，是由教师所知、所思、所行以及教学行为背后的原因组成的，因此，在研究不同发展阶段小学数学教师 PCK 的特征及成因时，可通过教师的理解和行为实施来进行。该类研究详细关注了教师在教学思考准备阶段、教学实施阶段以及课后反思阶段的教学思考与行为，并以此来了解教师教学行为及决策背后的原因与意义，进而探究教师 PCK 的结构、特征及成因。

一、研究对象的选择

笔者与 E 小学已开展多年的教学科研合作，E 小学是吉林省长春市的一所重点小学，无论是学生的学业成就、综合素质，还是学校的整体评估，均在长春市名列前茅。该校实行教师小包班制，即班主任除负责本班的管理工作外，还负责本班的数学、语文学科的教学，其余学科由各科教师任教。该校数学学科教学水平具有绝对优势，领先于所在城市、行政区域内的其他小学，且该校数学学科拥有两名省级骨干教师。该校校长从事数学基础教育教学工作 10 年，是省级数学骨干教师、中学高级教师、数学教育硕士。本次研究采取双方自愿原则，从自荐的 15 名数学教师中进行选取。

为满足"最大差异的信息饱和"①的研究需要，在研究对象选择上，笔者注意了对象间的差异性，充分考虑了教师专业化发展、学历、专业、业务水平、学生学业成就等背景信息，最终确定选择如下 4 名教师（表 2-1）。

表 2-1　教师及课堂观察基本信息

教师	教龄（年）	执教年级	学历	课堂观察（节）		说明
				新授课	复/练习课	
C	3	3	本科（初始学历）	5*	5	新手阶段
X	6	6	大专（初始学历）本科（在职进修）	5	2	优秀新手阶段

---

① 潘绥铭，姚星亮，黄盈盈. 论定性调查的人数问题：是"代表性"还是"代表什么"的问题——"最大差异的信息饱和法"及其方法论意义[J]. 社会科学研究，2010（4）：108-115.

续表

教师	教龄（年）	执教年级	学历	课堂观察（节）		说明
				新授课	复/练习课	
G	14	6	中专（初始学历） 本科（在职进修）	2	2	胜任阶段
M	18	4	中专（初始学历） 本科（在职进修）	5**	4	熟练阶段 （省级数学骨干教师）

注：*表示其中 1 节为公开课，4 节为常态课；**表示其中 4 节为平行班的同一主题公开课，1 节为常态课；其他未做说明的均为常态课。

C 老师，教龄 3 年，非班主任，执教 3 年级数学和思想品德，初始学历为大学本科，省属师范学校数学教育专业毕业。通过访谈 C 老师及其同事，笔者了解到的相关情况如下：C 老师是学校内公认的有潜质的未来优秀教师，其数学功底和学科基础扎实、辅导认真，但也存在一些不足，如教学法知识相对欠缺、与学生距离较远、互动时的感情交流不够。C 老师接手某班 2 个月后，该班期中、期末成绩由年级排名第三上升至第一（总共 5 个班级）。C 老师非常愿意参与本次研究，笔者总计参与其新授课 5 次、习题课 5 次，其中第一节课为公开课，其余为常态课。

X 老师，教龄 6 年，任班主任，执教 6 年级数学和语文，初始学历为师范类大专，所学专业为全科型培养的小学教育专业，在职期间修读本科并拿到学士学位。通过访谈 X 老师及其同事，笔者了解到的相关情况如下：X 老师被认为是优秀教师，注重学生数学思维的培养，教学期间师从该校 2 名非常优秀的教师，对自己的职业生涯发展有明确规划，追求自我发展与提升，目标明确，善于思考问题，班级管理工作做得较好，人际关系也较好，曾 3 次从学校的优秀教师那里接手班级，并且能够平稳过渡，令家长满意。执教班级学生数学成绩总体排名多在第 2 名。X 老师较愿意参与本次研究，笔者总计参加其新授课 5 次、习题课 2 次，均为常态课教学。新授课中有 2 节与 G 老师的授课主题相同。

G 老师，教龄 14 年，任班主任，执教 6 年级数学和语文，初始学历为师范中专，所学专业为全科型培养的小学教育专业，在职期间修读本科并拿到学士学位。同事对她的综合评价较好，认为她人品佳、师德好，教学认真，为人踏实、勤奋。执教班级学生数学成绩排名中等。在对学校领导，特别是主管教学的领导访谈中了解到，G 老师为普通教师，因为她不太善于思考，想问题不够深入，所带班级成绩一般。G 老师虽然对本次研究表现出一定的兴趣，但不像其他参与研究的教师那样愿意接受笔者随时"推门听课"，而是给定了几个方便听课的时间供笔者选择，由于一些课程在时间上与其他教师产生冲突，笔者总计参与 G 老师的课堂观察 4 次，其中 2 次新授课、1 次复习课、1 次习题课，均为常态课教学，2 节新授课与

X 老师的授课主题相同。

M 老师，教龄 18 年，任班主任，执教 4 年级数学和语文，初始学历为师范中专，所学专业为全科型培养的小学教育专业，目前学历为大学本科，省级数学骨干教师。执教班级学生数学成绩排名多在第 1 名。在对该校校长的访谈中了解到，M 老师有自己独特的教学风格和方法，注重培养学生的数学思维，且对知识的迁移、应用及转化能力强。在从教生涯中，每次接手的班级，不论初始成绩排名如何，经她的"调教"后均能排名第一，且班级其他表现，如活动参与、各项评比均遥遥领先，学生都竞争心强，不服输，追求完美。M 老师对本次研究表示出极大的热情，并邀请笔者参加其教学示范课的准备及实施过程，笔者总计参与 M 老师新授课 5 次、复习课 1 次、习题课 3 次。其中 5 次新授课中关于同一主题的平行班重复授课有 4 节，并且这 4 节课得到了区教研员的指导，其余均为常态课教学。

二、研究实施过程

（一）数据搜集

本次研究主要通过访谈和课堂观察法收集数据，力求通过言语描述和行为表现来尽可能全面地了解教师 PCK 的现状。首先，在课前访谈时，由教师陈述教学设计，并说明在做每个教学决策时的思考及其理由。其次，在课堂观察中，收集教师的教学决策行为表现，并将其作为课前访谈的三角互证与补充以及课后访谈的基点。最后，通过即时的课后访谈了解教师对其教学的说明和教学背后的思考，并针对笔者在课堂观察中所看到的教学行为或产生的疑问，要求教师做进一步的阐述说明。此外，笔者还通过专家访谈法收集了专家对教师课堂教学和 PCK 表现的评价（图 2-2）。

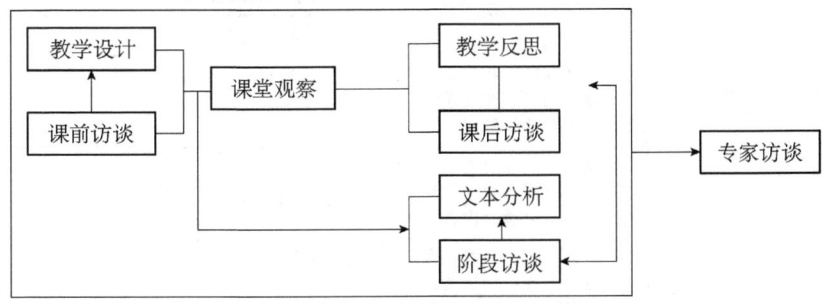

图 2-2　本次质性研究部分数据收集路线图

PCK 是教师在对学科知识及学习者知识理解的基础上所采用的教学策略中所内隐的知识。本次研究将从看不见的"思"和看得见的"行"两方面搜集教师的信息数据，每个层面均关注教师对学科知识和学习者知识的理解，以及关于教学策略的理解与行动。但对于思考层面，这一缄默信息只能通过外显的行为（如教师的言语表达和教学行为）进行收集，通过教师的实际行为表现来验证和补充其言语表述，具体方法如下。

1. 访谈法

采用半结构式开展课前访谈、课后访谈、阶段访谈以及专家访谈，获得教师对自己思维过程和思维内容的言语报告。

课前访谈：通过"出声思维"（thinking aloud），由教师陈述自己的教学设计，并说明在做每一个教学决策时的思考及其理由，以此来了解教师在授课前对与学科教学知识相关的各个要素的思考和整合情况。

课后访谈：采取刺激-回忆访谈法，在课堂教学结束后，第一时间回放教学录像、录音或是通过回忆来重现教学，让教师对自己已完成的课堂教学进行诠释、评价与反思，并针对笔者在课堂观察中所看到的教学行为进行阐述。反思是指教师对教学设计和教学行为进行完全自主的反思，而不是笔者引导教师从某些方面去思考其教学。

阶段访谈主要是笔者针对教师的背景及在研究中产生的疑问所进行的补充式访谈。

专家访谈：邀请小学数学领域中的资深教师或者小学数学研究人员，让其观看课堂教学实录或者课堂教学逐字稿，笔者针对任课教师教学行为与决策方面展开访谈，并对教师教学进行反馈与评价。

访谈围绕表 2-2 中的几个主题展开（具体访谈提纲见附录一）。

表 2-2 小学数学教师学科教学知识访谈提纲结构

序号	访谈维度	访谈具体内容
1	课堂教学情境	① 本节课学生和教师在物理、心理等环境方面的相关准备 ② 教师为了本节课教学所设置的情境或任务等 ③ 学生对教学的相关反应
2	学科	① 关于学科性质的思考 ② 关于课程与教学的思考（学生应学习哪些重要内容及理由） ③ 关于本节教学内容的思考（知识纵横结构、重难点）
3	学生	① 有关如何在教学内容与学生之间建立联系的思考 ② 对学生各种反馈的思考 ③ 根据学生情况而做的教学取舍与调整及其理由 ④ 有关学生学习中存在的先在知识、迷思概念、学习困难等的思考

续表

序号	访谈维度	访谈具体内容
4	教学策略	① 根据教学内容所制定或实施的教与学的策略及其原因 ② 教学策略的表征及其理由，针对不同类型/层次学生所做的教学调整及理由

2. 观察法

采用非参与式观察法进行课堂观察。其中 MN1、MN2、MN3、MN4 为同一主题平行班公开课教学，CN1 为公开课，其余均为常态课教学。GN1 与 XN2、GN2、XN3 分别是不同教师、不同班级、相同主题的课堂教学。复习课是对某一知识领域内容进行系统梳理的课堂教学，习题课是以答疑解惑为主的课堂教学，具体情况如表 2-3 所示。

表 2-3 观察课型分布

课型分布		M 老师	G 老师	X 老师	C 老师
新授课	N1	生活中的负数（MN1）	大数的认识（GN1）	复式折线统计图（XN1）	年月日（CN1）
	N2	温度（MN2）	数字的用处（GN2）	大数的认识（XN2）	买新书（CN2）
	N3	温度（MN3）		数字的用处（XN3）	看日历（CN3）
	N4	温度（MN4）	—	正负数（XN4）	一天的时间（CN4）
	N5	数据告诉我（MN5）		观察范围（XN5）	可能性（CN5）
复习课和习题课	E1	统计单元（试卷）（ME1）	比与百分数的应用（知识点复习）（GE1）	期末测试卷（XE1）	一天的时间（测试卷）（CE1）
	E2	本学期数与代数（自编试卷）（ME2）	期末测试卷（GE2）	生活中的数单元（单元试卷）（XE2）	整理与复习&生活中的推理（测试卷）（CE2）
	E3	易错题测试（自编试卷）（ME3）			可能性（测试卷）（CE3）
	E4	除法单元（知识点复习）（ME4）	—	—	月考检测卷（CE4）
	E5		—		单元达标检测卷（CE5）

在参考劳伦等[①]的研究的基础上，本次研究从以下几个方面设置了课堂观察点（表 2-4），并进行了相关记录。

---

① Loughran J，Milroy P，Berry A，et al. Documenting science teachers' pedagogical content knowledge through PaP-eRs[J]. Research in Science Education，2001，31（2）：289-307.

表 2-4　小学数学教师学科教学知识课堂观察点

观察维度	具体观察点
学习者	学生的学习（迷思概念、困难、问题解决策略）
	学生有关某概念的知识与实践
	判断学生对某一知识理解的方法
教学	教学设计与实践
	教学内容的表征
	教学决策
	关于学生、教学等方面的反思
	教学情境[如时间（工作时间、教学时间）、背景（学校、教室、学年水平、学生的理解等）]

3. 其他

搜集教师的教学反思日记、教案、学生的作业或试卷（主要是教师批改过的作业或试卷）、教师为学生编写或查找的资料，并随机访谈学生、教学管理人员。这些资料可以间接佐证教师在做教学决策时的思考和行为，并可由此分析教师决策的原因，因此将其作为上述访谈、观察数据的补充。

（二）数据分析

建立分析框架是理论与数据互动的过程[①]，恰当的分析方法是对数据的尊重，也是得出科学合理的结果与结论的关键。本次研究在借鉴帕克等的 PCK 分析图谱的基础上对其进行了修订，并对教师的 PCK 进行了频次统计，以比较与深度描述。此外，还借鉴了帕克和奥利弗的 PCK 量规分析表[②]，制定了小学数学教师 PCK 调查问卷（附录二），来对教师的 PCK 水平进行评价。

本次研究邀请了 2 名小学资深数学教师共同分析课堂观察和访谈资料，她们均是各自区、市里该领域的学科带头人，从事小学数学教学与研究 20 余年。资料分析的主要任务是根据课堂观察分析出每节课中有多少个教学决策，并结合课前、课后的访谈分析每个决策中教师所整合的相关知识，计算每节课中各个教学决策中整合的知识要素反应频次和要素间联系频次，以此来绘制 PCK 要素关系结构图（structure of elements map, PCK-SoEM）。以"生活中的负数"教学片段为例，通

---

① Mansvelder-Longayroux D D, Beijaard D, Verloop N. The portfolio as a tool for stimulating reflection by student teahers[J]. Teaching and Teacher Education，2007，23（1）：52.

② Park S, Oliver J S. Revisiting the conceptualisation of pedagogical content knowledge（PCK）：PCK as a conceptual tool to understand teachers as professionals[J]. Research in Science Education，2008，38（3）：261-284.

过对教师教学行为和言语进行分析,得出在"用自己喜欢的方式表示温度"的新课导入中教师呈现了两种教学决策(表2-5)。

表2-5 "生活中的负数"中M老师PCK相关要素描述统计表

教学决策	言语/行为表现	访谈/观察(原始数据)	相关知识
1. 让学生用自己喜欢的方式来表示哈尔滨冰灯节当天的温度	教师:对于黑板上写的温度,你们能不能用自己喜欢的方式将它表示出来……关键是一眼能让别人明白你所表示的意思……(MN4-O)	"想让学生基于上一个环节猜出温度,发挥创造力,自主探究"(MN4-Ib)	KIR, OT
		"孩子们有生活常识,以前上课时,他们能用多种方法表示出来,也有个别孩子用标准的方法表示出来"(MN4-Ib)	KSU
		学生在练习本上尝试写出表示方法(MN4-O)	KIR
		教师对学生上交的练习本给予反馈(MN4-O)	KA
2. 教师搜集学生的表示方法并在展台呈现	教师边看学生的表示方法边评价,如"非常好!""嗯,可以!"……并选取有代表性的案例展示;教师问"这个是谁写的?能说说你为什么这么表示么?"并问其他同学"你觉得他表示得怎么样?"(MN4-O)	"不管学生的表示对错与否或者合理与否,我主要挑一些有代表性的,以前是一个个呈现,这回我就将所有的表示方法一块儿放在那儿,这么多、这么'乱'的表示方法可以在视觉和思维上给他们一个'冲击',产生一个冲突,然后让他们有寻求统一的欲望"(MN4-Ia)	OT, KA, KIR, KSU
		"学生表示得五花八门,这种情况以前几次课的时候都经历过。如果没有的话,我就把事先准备的例子也加进去,告诉他们这个是老师以前的学生表示的,让他们说说是什么意思,算作预案"(MN4-Ib)	KIR, KSU
		教师让学生叙述自己为何这样表示(MN4-O)	KIR

基于观察和对访谈资料的分析,笔者整合了相关要素知识并统计了其频次,其中发生反应的相关要素知识用"●"表示(表2-6),并归纳每个教学决策中使用的PCK类型。

表2-6 PCK相关要素反应频次统计表

序号	OT	KC	KSU	KA	KIR
1	●	—	—	—	●
2	●	—	●	●	●

如发生反应的要素经评价者评定为表现不恰当,则用"○"表示,表现错误则用"×"表示。例如,XN4一课是6年级学生所学的"正负数",而教师在教学中选用的一部分练习题却是通过检索网络已有的4年级关于同一主题的现成练习题,较为不恰当,因此这里标记为"○"。再如,在GN2一课上,教师提问身份证号倒数第3、4位的含义时,有学生说道:"是派出所所在地。"教师回答道:"是派出所所在地,大家同不同意啊?"见没人回答,教师接着说:"真不知道啊?那老师告诉你们,这个就是户口所在地,根据你当天报户口的先后顺序排出来的号……"

（GN2-O）。事实上，身份证号的第 15、16 位是顺序码，表示在同一地址码所标识的区域范围内，对同年同月同日出生的人编订的顺序号，并非教师所说的报户口的先后顺序，因而这里标记为"×"。

PCK 是相关要素知识联系与互动的整合产物，尽管在一个教学决策中某些要素多次反应（如 KIR 在访谈、观察中多次被提及），但在一个决策中只记一次，并且不做联系强弱的区分，进而绘制出 PCK-some 的子类型图（图 2-3），如若 PCK 相关要素间联系不恰当或失误则用"----"（如图 2-4 中 KSU 与 KIR 之间的联系）表示，最后将各子类型图合并成一个完整的 PCK-SoEM 结构图（图 2-4）。

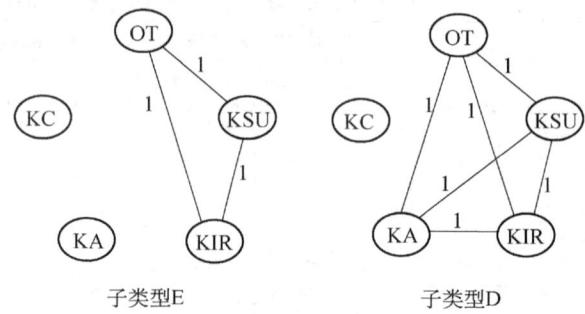

图 2-3　PCK-SoEM 的子类型图

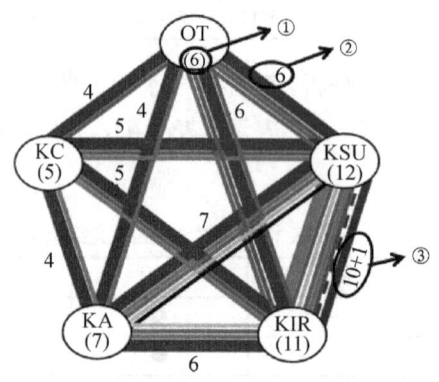

图 2-4　教师的 PCK-SoEM（MN2）

注：本图根据每个教学决策中整合相关要素知识的多寡用颜色深浅以作区分。①代表该要素在本节课中的反应频次；②代表要素间联系在本节课中发生的频次；③代表如若联系不当或失误则分开计数，如"10+1"中的"1"表示联系不当。

与帕克等的 PCK 分析图谱相比，完善后的框架更能清晰地体现要素反应频次、联系的频次与质量，以及每个教学决策中所应用的 PCK 结构类型，且在频次统计上避免了帕克等出现的重复计数的问题。此外，完善后的框架结构图还能够呈现 PCK 相关要素知识的整合程度及要素联系的质量。

两位资深教师作为评价者，通过阅读访谈笔录、课堂教学逐字稿或观看教学录像，对教师的 PCK 水平进行评价。基于小学数学教师学科教学知识量规分析表（表 2-7），由评价者对教师的 PCK 水平在计划、实施、反思三个阶段的 18 项具体内容进行评价，每项具体内容的评价水平分为有限的、基本的、熟练的、杰出的 4 个等级，分别赋 1 分、2 分、3 分、4 分（图 2-5）。

表 2-7 小学数学教师学科教学知识量规分析表

阶段	核心相关知识维度	具体内容	评价水平			
			有限的	基本的	熟练的	杰出的
计划	有关学生理解的知识	对学生先在知识的理解	对学生先在知识不理解	一定的	充分的	娴熟的
		对学生学习困难和迷思概念的理解	对学生学习困难和迷思概念不理解	一定的	充分的	娴熟的
	学科知识	对所教授的学科知识的理解	对所教授的特定学科内容和本质不甚理解	一定的	充分的	系统的
		对学科知识体系的理解	对教授的特定学科知识所在的纵横知识体系不理解	一定的	充分的	系统的
	教学策略与表征的知识	基于先在知识的教学策略	没有对学生先在知识的理解与教学策略和表征进行整合	有限的整合	恰当的方式	有效的
		适合学习困难和迷思概念的教学策略	没有对学生学习困难和迷思概念的理解与教学策略和表征进行整合	有限的整合	恰当的方式	有效的
实施	有关学生理解的知识	通过提问探究关于对学生的理解	无提问	少量提问	一些提问	很多提问
		教学策略和表征与学生理解之间的联系	没有合理的教学策略和表征与学生的理解相联系	薄弱的	充分的	牢固的
	学科知识	学科知识教授的正确性与丰富性	不能正确传授学科知识，内容不够丰富	正确但不丰富	正确且丰富	正确、系统、丰富
		学科知识本质与核心概念的体现	没有体现学科知识的本质和核心概念	少量	一些	充分
	教学策略与表征的知识	挑战学生的迷思概念和学生的学习困难	没有意识到或试图挑战学生的迷思概念或解决在教学中发现的学习困难	很少	一些	很多
		基于学生的反馈做出教学策略及调试	未基于学生的反馈而做出教学策略及其调试	很少	一些	很多
反思	有关学生理解的知识	对学生的理解与学生实际水平之间的异同	没有关注学生的理解与学生实际水平之间的异同	很少	一些	很多
		关注学生的迷思概念与学习困难	没有关注学生的迷思概念以及学习困难	很少	一些	很多

续表

阶段	核心相关知识维度	具体内容	评价水平			
			有限的	基本的	熟练的	杰出的
反思	学科知识	对已教授的学科知识的思考	无对已教授的特定学科内容和本质的思考	一定的	充分的	系统的
		对学科知识体系的建构	无对教授的特定学科知识所在的纵横知识体系的建构	一定的	充分的	系统的
	教学策略与表征的知识	已实施的教学策略表征合理	已实施的教学策略表征不够合理	很少	一些	很多
		进一步完善教学策略表征计划	没有试图基于学生的新理解改变教学策略和表征	很少	一些	很多

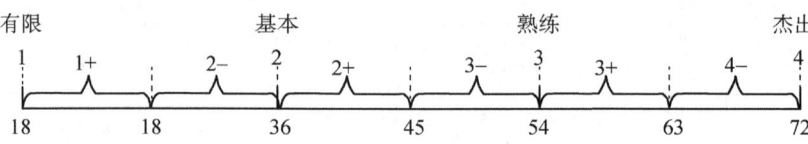

图 2-5 PCK 量规分析水平描述对照图

为了较为准确地描述教师的 PCK 水平，本次研究在 PCK 量规分析的 1~4 水平中细致划分出了 1、1+、2−…3+、4−、4 等几个水平。

（三）编码规则

本次研究针对课堂教学、访谈、观察等制定了相应的编码规则，下面以 MN4 为例（表 2-8）。

表 2-8 编码规则

序号	编码资料类型	编码规则
1	课堂教学编码	第一位为教师代码，即×教师；第二位为课型编码，其中 N 表示新授课，E 表示复习/习题课；第三位为课堂教学顺序号。例如，MN4 表示 M 老师第四节新授课，XE1 表示 X 老师第一节复习/习题课
2	访谈编码	I（interview）表示访谈，b（before）表示课前，a（after）表示课后，o（others）表示阶段，专家访谈编码则在 I 后加上专家编码，P（principal）表示校长。例如，MN4-Ib 表示 MN4 一课的课前访谈，MN4-Ia 表示 MN4 一课的课后访谈，MN4-Io 表示 MN4 一课的阶段方法。MN4-ISXH 表示 SXH 专家教师在访谈时对该课的反馈与评价
3	观察编码	O（observation）表述课堂观察，如 MN4-O 表示 MN4 一课的课堂观察
4	教案编码	P（plan）表述教案，如 MN1-P 表示 M 老师的 MN1 课的教案设计内容
5	教学反思编码	R（reflection）表述教学反思，包括书面上的反思笔记和口头上的言语反思，如 MN1-R 表示 M 老师对 MN1 一课的教学反思

三、可信度分析

"信度"这一概念大多应用于量化研究,强调研究结果的可重复性,而大部分研究者均认为这一概念并不符合质性研究的实际工作情况。[①]质性研究以研究者本人作为研究工具,更多强调的是研究结果的可信度。因此,研究对象是否能够最大限度地提供有关解决研究问题的信息以及做出真实的回答对于质性研究显得尤为重要。所以,对于关系较为熟悉的 M 老师和 C 老师,笔者可以对其教学活动直接进行正式观察,对于并不是十分熟悉的 X 老师和 G 老师,在开始观察时,笔者不过多地做访谈或是记录,而是和教师建立良好的关系,观察几次后再开始做笔记、访谈,以避免教师因观察者的存在而不能本真地呈现其课堂教学的应然行为,那样便会影响数据的真实性。在访谈中,笔者尽可能保证价值中立态度,不去评价教师教学思维或行为的正误、好坏或恰当与否,尽量避免在访谈中引导教师思考的行为出现,特别是在课后访谈阶段,尽可能让教师自己去叙述其教学思考方式与过程,以及决策的原因。

笔者对课堂观察的反思就是一种资料,是研究的一部分。笔者与数据分析者对资料的搜集与诠释应尽可能保持一致。第一手资料如课堂教学的录像、录音和逐字稿,可以作为分析或引用的数据。对于不一致的分析结果,分析者需主动进行反复探讨、分析与检核,直至达成一致。在数据解读时,将分析结果交回给教师作为反馈,以确保研究者解读含义的正确性与合理性。本次研究邀请了 6 名在小学数学领域较为优秀的专家与教师分别对教师的 PCK 水平和课堂教学本身进行评价与分析,且在进行评价与分析前,他们已经接受了关于本研究分析的培训与讨论,并在分析工具及其应用方法上达成共识。

在课堂教学评价方面,邀请 H 老师、X 老师与笔者一同对教师在每一堂课中反映出来的 PCK 进行评价与分析。根据参与者个人的时间、精力、意愿等实际情况,一些课程采用观看课堂实况录像的方式;一些课程采用阅读转录的课堂教学逐字稿的方式;一些课程采用收听课堂实况录音,并结合阅读访谈文档的方式,各自独立打分,并详细阐述打分的理由,结合评分表进行综合性阐述。评分者信度为 0.959,表明评价一致,结果可信。

[①] 陈向明. 质的研究方法与社会科学研究[M]. 北京:教育科学出版社,2000:100.

第三节　学科教学知识的量化研究设计与实施

量化研究部分主要解决小学数学教师 PCK 测量与评价工具开发及现状调查这一研究问题。其中，工具开发采用德尔菲法进行，开发完成后，面向小学数学教师开展调查研究，分析小学数学教师的 PCK 现状，并结合现状分析不同发展阶段小学数学教师 PCK 的特征。

一、学科教学知识测量与评价工具研制

为克服运用选择题型进行测量所带来的弊端，本次研究在工具开发过程中主要采用开放式情境题的形式进行测量。一个有效的测量工具的开发，首先需要确定在课堂教学中我们期望教师做到哪些事情①，因此，在本次工具开发过程中，笔者首先确定了 PCK 的测查维度，然后采用德尔菲法，围绕小学数学教学中的若干核心问题开展工具内容编制、评分标准制定，具体流程如图 2-6 所示。

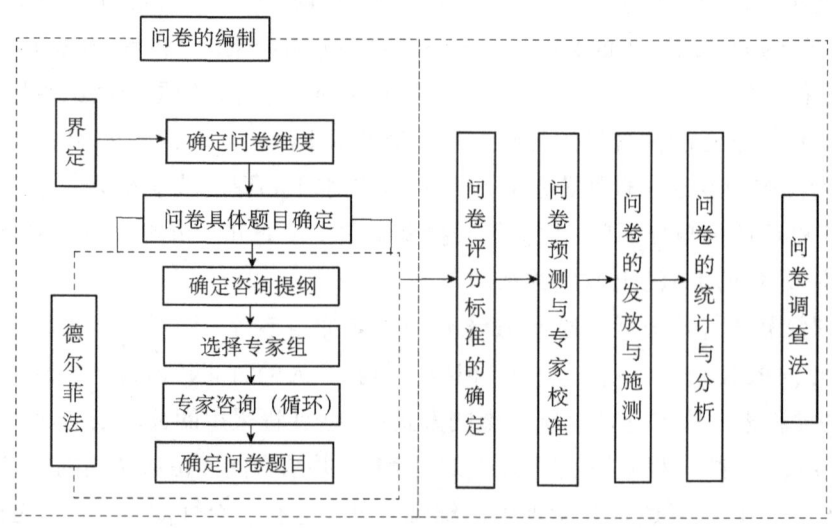

图 2-6　研究工具设计流程图

---

①　Reynolds A. What is competent beginning teaching? A review of the literature[J]. Review of Educational Research，1992，62（1）：1-35.

（一）测量与评价的基本维度

基于对 PCK 内涵和结构的厘清及质性研究中关于小学数学教师 PCK 核心结构的讨论，测量与评价工具主要从 PCK 相关整合知识的核心维度着手，来反观教师的 PCK 水平。PCK 是支撑教师教学的理念和思考的知识，支撑教师教学策略与表征的是教师对于学科内容和学生的理解，也就是说，基于教师对学科知识、学生知识以及教学策略与表征知识的综合理解而做出的教学决策体现了教师的 PCK 水平。因此要想了解教师的 PCK 现状与水平，需通过测查教师关于学生知识、学科知识和教学策略与表征知识来实现，具体维度如表 2-9 所示。

表 2-9 小学数学教师 PCK 的测查维度

相关知识维度	相关知识子维度
学科知识	数学基本事实
	数学原理
	数学知识的内外部联系
学生知识	学生先在知识基础（先在知识、日常生活经验）
	学生学习困难
	学生迷思概念
教学策略与表征知识	数学学科教学法
	基于内容特征选择数学学科教学策略与表征
	基于学生认知特征选择数学学科教学策略与表征

（二）工具编制过程

1. 确定专家组成员

根据研究目的，专家组成员应同时满足如下 4 个标准：①从事小学数学教学或研究工作 10 年以上[①]，具有丰富的小学数学教学实践与研究经验；②全面且熟练掌握小学数学知识，能了解"数与代数""图形与几何"领域的全部内容；③曾发表过数学学科领域的高水平论文或著作，拥有较高知名度；④职称为高级职称（教授、小学高级教师），或具有区域（省、市级）教学名师头衔。

通过发送电子邮件和电话邀约的方式向符合条件的专家候选人发出邀请，最终确定了 5 名有意参与的专家（表 2-10）。为避免专家彼此观点的相互干扰，笔者以电子邮件的形式与专家进行单独交流。

---

① Berliner D C. Teacher expertise[J]. International Encyclopedia of Teaching and Teacher Education，1995.

表 2-10　咨询专家信息统计表

专家	职称	职务	工作年限
A	中小学高级教师	学科带头人	22
B	中小学特级教师	学科带头人	26
C	中小学高级教师	省级教研员	19
D	数学系教授	博士生导师	23
E	课程与教学论教授	博士生导师	25

2. 专家咨询确定调查内容领域（循环）

基于特定教学主题，PCK 测查集中在小学数学"数与代数""图形与几何""统计与概率""综合与实践"这四个知识领域中。其中"统计与概率"占比较小，"综合与实践"是前三个领域内容的综合运用。最终依据《义务教育数学课程标准（2011 年版）》和德尔菲法确定小学数学教师 PCK 测查内容来自"数与代数""图形与几何"两个领域。

根据肯尼迪（Kennedy）等关于教师知识测量的研究建议[①]，本次研究相关主题的筛选原则如下：①主题应处于小学阶段数学课程体系的核心，且尽可能贯穿小学全部阶段；②相对来讲，主题在教学中应有一定难度；③主题所体现的实质性知识（即关于数学的知识，包括学科中对知识本质的理解，如来源，真理是如何建立起来的？数学中什么是约定俗成的或社会认可的，什么是有必要的和有逻辑的？）应处于学科知识中心或对于学科来说非常重要。因此，在编制工具的过程中，笔者开展了五轮咨询。

（1）第一轮咨询：确定备选领域及关键主题

第一轮专家咨询主要是通过封闭式调查问卷，来确定"数与代数""图形与几何"知识领域的关键主题（及其相关知识团或知识点）。

1）每个领域有哪些关键的主题？

2）每个主题中有哪些内容在教与学中均较为困难？

为方便专家作答，依据《义务教育数学课程标准（2011 年版）》，笔者将"数与代数"领域划分为"数的认识""数的运算""常见的量""探索规律"，并将其列为一级条目，进而列出与其对应的 49 个二级条目；将"图形与几何"领域划分为"图形的认识""图形的测量""图形的运动""图形与位置"，并将其列为一级条目，

---

① Kennedy M M, Ball D L, Mcdiarmid G W. A Study Package for Examining and Tracking Changes in Teachers' Knowledge[M]. East Lansing：The National Center for Research on Teacher Education，1993：1-163.

进而列出与其对应的 36 个二级条目，筛选出该领域下处于核心位置且在教与学中有一定难度的知识团或知识点，如表 2-11 所示。

表 2-11 "数与代数""图形与几何"领域下具体知识团/知识点统计表

知识领域	关键主题	关键主题下具体的知识团/知识点个数（个）	关键主题下具体的知识团/知识点占比（%）
数与代数	数的认识	15	31
	数的运算	21	43
	常见的量	8	16
	探索规律	5	10
图形与几何	图形的认识	11	31
	图形的测量	22	61
	图形的运动	2	6
	图形与位置	1	2

在这两大领域中，"数的认识""数的运算""图形的认识""图形的测量"的占比较大，因此，本次研究将这 4 个关键主题作为备选领域，让专家在这 4 个关键主题中选择具体的知识团或知识点。专家按照知识团或知识点的重要程度以客观题评分的形式作答，分数从 5 分到 1 分表示重要程度从高到低，并对拟测查的具体内容进行遴选。为生成第一轮咨询问卷，笔者还向 3 名专家和 3 名小学数学教师咨询了问卷形式及有关具体内容编制的问题。待问卷确定生成后，向 5 位专家发放问卷，并对收集回来的 5 份问卷进行统计与分析，确定关键主题，如表 2-12 所示。

表 2-12 "数与代数""图形与几何"领域下具体内容统计

知识领域	关键主题	内容
数与代数	数的认识	分数的认识、整数的认识、质数与合数的认识
	数的运算	小数除法、退位减法、分数加减法、分数乘法、运算顺序与规律
图形与几何	图形的认识	三角形的认识、平行四边形的认识、观察物体
	图形的测量	长度单位的认识、面积单位的认识、长方形的面积、圆的面积、圆锥的体积

（2）第二轮咨询：聚焦关键主题

在上一轮专家咨询的基础上，进一步确定关键主题，确定具体内容的原则为看这个知识团或知识点是否处于小学阶段数学课程体系的核心位置；是否在教与学中均有一定难度；是否能够体现丰富的学科本质知识。

经过第二轮专家咨询的进一步筛选，最终确定如下关键内容：数与代数领域（分数的认识、整数的认识、小数除法、退位减法）、图形与几何领域（轴对称图形的认识、圆的面积）。

（3）第三轮咨询：确定关键主题下的具体内容

在前两轮专家咨询建议的基础上，依据如下提纲确定第二轮咨询中各关键主题下的具体内容。

1）为什么确定这个知识团或知识点？
2）根据确定的知识团或知识点列举一个典型例题，并阐述为何典型？
3）就典型例题说明题目中体现的学科本质。
4）以典型例题为例，阐述学生在学习中较容易产生的困惑、困难或错误有哪些，并分析原因。
5）以典型例题为例，分析教学中存在的困难有哪些，并分析原因。
6）以典型例题为例，给出关于教师教学的具体建议。

最终确定关键主题下的具体内容，并要求专家根据咨询提纲就筛选主题阐述自己的观点。最终专家确定了如下具体内容，并围绕上述咨询提纲做出了详细阐释，笔者将其作为工具编制与测量评价的基准。

1）分数的认识：分数的意义。
2）整数的认识：位值、大数的认识。
3）小数除法：除数是小数的小数除法。
4）退位减法：三位数的退位减法。
5）轴对称图形的认识：平行四边形是否是轴对称图形。
6）圆的面积：圆的面积推导公式。

（4）第四轮咨询：确定具体题目及表述形式

梳理第三轮咨询确定的具体题目后，向第三轮咨询专家发放第四轮专家咨询调查问卷，旨在请专家对各个题目内容提出修改建议，确认题目的表述形式是否符合问卷的一般原则，是否便于调查对象理解。为避免选择题带来反馈内容的封闭性和不全面性，本次研究全部采用开放题形式，让教师用文字描述其思考内容和过程，有助于全面深入地测查教师的 PCK。

结合专家的建议，"小数除法"下具体题目及表述如表 2-13 所示。

表 2-13　小学数学教师 PCK 测查工具中目标样题

测查维度	"小数除法"的具体题目
学科知识	以 7.8÷0.6 为例，请尽可能详细地解释您对小数除法的理解
学生知识	请举例说明学生在计算 7.35÷7 和 0.36÷0.012 两道题时可能会出现的错误
教学策略与表征知识	以 7.8÷0.6 为例，请详细说明您是怎样帮助学生理解算理的

教师对这三道题的理解和阐述能综合地反映出其 PCK 水平。循环上述流程，最终确定其他主题下的具体题目。

（5）第五轮咨询：确定工具中题目作答的理想内容

邀请专家对基于前四轮咨询后形成的工具进行作答，并对专家的作答进行汇总，形成较为完备的评价基准。

3. 问卷预测

为保证问卷的信度和效度，笔者先在 C 市 F、J 小学开展了小范围预测与访谈，对问卷中题目表述及调查实施过程中存在的问题做了进一步修订与完善，形成最终版调查工具。工具主要分为两部分：第一部分是调查对象的人口学信息；第二部分是问卷的主体部分，在 6 个知识点下考察教师的学科知识（Q1—Q6）、学生知识（Q7—Q12）和教学策略与表征知识（Q13—Q18），共计 18 道题（详见附录二）。

二、学科教学知识测量与评价的实施

本次研究结合地域（地理方位、城乡）信息，选取了 21 个地区（来自 8 个省区市）的小学数学教师发放问卷（表 2-14）。研究对象基本情况如表 2-15 所示。本次研究要求教师在 1 个小时内集中匿名作答，不能查阅任何资料（对于有参与意愿但作答存在困难的教师采取一对一访谈，由调查者进行转录式作答）。共计发放问卷 600 份，回收问卷 600 份，其中有效问卷为 536 份（336 份纸质问卷、200 份电子问卷），有效问卷回收率为 89.33%。

表 2-14　问卷发放地区及数量统计表

地区分布	地点分布		问卷数量（份）	备注
东北地区	吉林省 [其中 60 份为来自各县（市、区）的吉林省骨干教师问卷]	长春市	93	重点城市（217 份） 一般城市（141 份） 乡镇（178 份）
		吉林市	89	
		四平市	2	
		白城市	2	
		延吉市	2	

续表

地区分布	地点分布		问卷数量（份）	备注
东北地区	吉林省 [其中60份为来自各县（市、区）的吉林省骨干教师问卷]	白山市	14	重点城市 （217份） 一般城市 （141份） 乡镇 （178份）
		辽源市	5	
		松原市	10	
		通化市	2	
		集安市	1	
		图们市	2	
		梅河口市	1	
		永吉县	24	
	辽宁省	沈阳市	43	
		鞍山市	109	
华北地区	北京市	石景山区	8	
西北地区	新疆维吾尔自治区	伊犁哈萨克自治州	44	
华中地区	江西省	南昌市	28	
西南地区	四川省	巴中市	11	
华东地区	山东省	青岛市	15	
华南地区	广东省	深圳市	31	
总计			536	

表 2-15　小学数学教师的基本情况统计表

变量	类型	人数（人）	占比（%）
地区	重点城市	217	40
	一般城市	141	27
	乡镇	178	33
性别	男	64	12
	女	472	88
教龄	0—3年	91	17
	4—7年	83	15
	8—15年	74	14
	16—23年	186	35
	24年及以上	102	19
初始学历	中师	175*	33
	大专	72	13
	本科	259	48
	硕士	30	6

注：*表示175名中师学历教师中有159名教师第一学历为中师，现学历为本科。

三、学科教学知识调查结果分析

1. 确定问卷评分标准

本次研究的调查问卷参考了美国埃里克森学院开发的 PCK 评分工具的维度与方法,对教师的回答进行等级评定。为使评分更加细致,本次研究将教师的回答划分为 3 个等级、9 个水平(表 2-16)。

表 2-16 小学数学教师 PCK 水平等级评定标准表

PCK 各维度知识能力水平		相关标准
第一等级	0	未作答;作答完全错误或不相关
	1	作答几乎错误或不相关
	2	作答与问题有些相关,但没有批判性证明或分析性思考
第二等级	3	作答笼统,与学科(或学生)大致相关且有过程性的理解
	4	作答较为具体,与学科(或学生)相关且有过程性理解
	5	作答具体,与学科(或学生)直接相关,对过程有一些评判性的证明或分析性的思考
第三等级	6	作答具体,与学科(或学生)直接相关,基本能将过程与概念(或学生)联系起来
	7	作答具体,与核心概念(或学生)直接相关,能够将过程与概念(或学生)联系起来
	8	作答具体明确,能将学科教学过程与对学科核心概念的理解和对学生的理解紧密联系起来

根据上述评分标准和专家对问卷的作答,以"分数的认识"的问题 1(即"分数的意义可以从多方面进行理解,请尽可能多地写出您的理解")为例,对教师的回答进行分析,如表 2-17 所示。

表 2-17 教师 PCK 的等值评定案例及说明

相关标准	具体案例
教师未回答此题或错误,给 0 分	未作答
教师的回答与分数的意义基本不相关,如教师回答分数由分子和分母组成,给 1 分	分数由分子和分母组成
如果教师的回答较为笼统,如仅回答分数的意义,给 2 分	分数的意义:把单位"1"平均分成若干份,表示这样的一份或多份的数,叫分数
教师仅回答分数意义并举例,给 3 分	分数的意义:把单位"1"平均分成若干份,表示这样的一份或几份的数。单位"1"不仅可以表示一个东西、一个计量单位,也可以表示由一些物体组成的整体
如果教师的回答简单,举出多个例子说明,给 4 分	作答 1:①表示整体与部分之间的关系;②表示一个数是另一个数的几分之几;③表示一个具体数量 作答 2:①平均分;②除法;③比;④作为一个数

续表

相关标准	具体案例
教师的回答较具体,与分数的意义直接相关,如回答出分数的意义且说出分数可以表示一个数、除法运算、度量等,给5分	分数的意义:①数量:2/5米;②除法:2/5=2÷5;③商:2/5=2÷5;④比:2/5=2∶5;⑤整体与部分的关系,两个量之间的关系
教师的回答具体,与学科内容或学生直接相关,过程阐述能与概念或学生联系起来,给6分	分数的意义有以下五个方面:①分数可以表示部分与整体的关系,这是最初的理解;②分数是一个有具体大小的数,即它是一个数量,这是它和小数、整数相同的地方;③分数还可以表示两个量之间的关系,如男生和女生人数之间的关系;④分数与除数的关系,分数的分子相当于被除数,分数的分母相当于除数;⑤分数可以表示除不尽的除法算式的结果,即商
教师回答具体全面,与分数的意义直接相关,如回答分数的意义可表示一个数、比、度量、运算、商,并就具体的意义进行相应阐述给7分	分数的意义:把单位"1"平均分成若干份,表示其中的一份或者几份用分数表示,具体来说,分数有两个层面的含义:一是因分数产生于分均分,所以它表示部分与整体的关系,也就是分率;二是分数产生于生活中的度量以及除法的计算,当度量不能得到整数的结果或者计算不能得到整数的商时,就可以用分数表示,也就是说,分数也表示实际的数量,与整数的意义是一样的

2. 确定问卷评分等级

根据问卷评分标准进行评分,由两名评分者在保持内部一致的情况下根据表 2-16 的相关要求对教师回答的每个题进行赋分评价,评定教师的 PCK 等级水平。该问卷共有18道题,各有6道题考察教师的学科知识、学生知识、教学策略与表征知识,根据每个维度下 6 道题的总分来评定教师某一方面的水平,之后再根据18道题的总分来评估教师 PCK 的整体水平。

四、信度分析

评分者根据教师回答内容的详略情况、思考角度等进行评分,但评分者较易受外在因素的干扰,从而会影响评分的客观性,因此,有必要提高评分者之间的一致性,以保证评价的可信性。所以在评分之前,笔者与两名评分者共同研读了 PCK 调查问卷及评分手册,并结合本次研究,讨论了其具体用法和相关要求。随机选择30 份问卷进行试评,以进一步明确具体的评分标准,并列出相应标准的具体示例作为参考。当评分者之间出现分歧时,可咨询笔者和相关专家,并最终给出评分。本次研究评分者的信度为 0.91(>0.80),表明其具有较高程度的一致性,评价结果可信。

第三章 学科教学知识测量与评价的多元工具

舒尔曼指出，PCK 是最能区分学科专家与教学专家、高成效教师与低成效教师的知识[1]，这为促进教师专业发展及其研究提供了新视角。许多学者指出，开发与完善 PCK 的测评工具有助于对教师知识和能力进行检视。罗伯特·卡尔森较早探索了 PCK 的测量工具[2]。之后，学者在科学和数学领域对其展开了广泛探讨。目前关于 PCK 测量与评价的研究有调查型和量规型两种。本章将梳理国内外有关 PCK 测量与评价的代表性研究，进而为该领域研究提供参考。

第一节 学科教学知识测量与评价的内涵与意义

PCK 测量与评价已成为教师专业知识领域中的重要研究议题，该类研究可以让教师了解自身知识现状，为教师教育机构更好地设计课程、培养高质量教师提供依据，并为政策制定者和教师甄选工作提供意见参考。

一、学科教学知识测量与评价的内涵及关系

1. 学科教学知识测量的内涵

测量是指"用一定规则给事物属性指派数字或符号的过程"[3]。广义而言，教育测量是依据一定的法则（标准）用数值来描述教育领域内事物的属性，是事实判

---

[1] Shulman L S.Those who understand: Knowledge growth in teaching[J]. Educational Researcher, 1986, 15 (2): 4-14.
[2] Carlson R E. Assessing teachers' pedagogical content knowledge: Item development issues[J]. Journal of Personnel Evaluation in Education, 1990, 4 (2): 157-163.
[3] 张敏强. 教育测量学[M]. 北京：人民教育出版社，1998：17.

断的过程。① 狭义而言，教育测量是在学校教育影响下，对学生的学业、智能及其他有关教育的心理属性等各方面从量的规定性上予以确定和描述的过程。②

PCK 测量是依据一定的原理法则，用数值描述 PCK 的属性（即 PCK 与能力水平），并进行事实判断的过程。PCK 测量可提供量化资料，从数量上表征 PCK。

2. 学科教学知识评价的内涵

斯塔弗尔比姆指出，评价是为决策提供有用信息的过程。③克龙巴赫认为，评价是"为获取教育活动的决策资料，对参与教育活动的各个部分的状态、机能、成果等情报进行收集、整理和提供的过程"④。我国教育评价专家陈玉琨认为，"教育评价是对教育活动满足社会与个体需要的程度做出判断的活动，是对教育活动现实的（已经取得的）或潜在的（还未取得，但有可能取得的）价值做出判断，以期达到教育价值增值的过程"⑤。可见，PCK 评价是通过全面搜集和处理 PCK 的信息，从而做出价值判断、改进教师专业知识及决策的过程。

3. 学科教学知识测量与评价的关系

从本质上看，PCK 测量是一个事实判断的过程，从数量上描述现象，并对 PCK 测量中的有关属性分配数值，关心的是效果的数量化。PCK 评价则是一个价值判断的过程，是从价值上解释现象，最终最大限度地发挥目标及其价值的作用。测量为评价提供依据，是其信息的主要来源，测量的结果只有通过评价才能获得实际意义，从而成为对 PCK 改进有参考价值的信息。

二、学科教学知识测量与评价的意义

1. 是检核教师质量的重要依据之一

PCK 越来越被认为是评价合格教师或教学质量的要素之一。已有一些国家将其写入文件方案，如英国政府文件《教学资格：合格教师及职初教师培训专业标准》中提及了关于教师 PCK 方面的要求。2003 年，美国国家教师教育资格鉴定委员会和国家数学教师委员会项目标准中均强调，数学教师在拿到证照前，需能够陈

---

① 金娣，王钢. 教育评价与测量[M]. 北京：教育科学出版社，2007：7.
② 黄光扬. 教育测量与评价[M]. 上海：华东师范大学出版社，2002：3.
③ 斯塔弗尔比姆. 方案评价的 CIPP 模式//瞿葆奎. 教育学文集·教育评价[C]. 北京：人民教育出版社，1998：298.
④ 克龙巴赫. 通过评价改进教程//瞿葆奎. 教育学文集·教育评价[C]. 北京：人民教育出版社，1998：164.
⑤ 陈玉琨. 教育评价学[M]. 北京：人民教育出版社，1999：7.

述对有关学科知识、PCK 和专业知识与技能的理解。①

2. 能够为相关利益方提供信息参考

PCK 测量与评价的最根本目的是为利益方提供教师 PCK 现状的准确信息，如教师个体信息、学校（或培养单位）内部分层或整体信息、教育系统区域或整体信息。这些测评信息有助于了解教师 PCK 的样貌、纵横水平，进而分析其原因，据此做出教师整体专业发展工作的规划与部署，为教育行政部门开展政策制定、调整及教师教育改革行动提供参考。

3. 能够为教师教育改革提供导向

测量与评价是教育改革中的一个重要元素，政策制定者需要用各种测量数据和分析结果来建立一套基准，并基于此实施必要的教育变革。PCK 测量与评价可为不同层次的教育教学决策提供信息导向，教师个体可根据测评结果调整自己的专业知识发展规划与行动，学校可根据测评结果适时调整本校教师专业发展的工作规划，并做出促进教师专业进一步发展的决定和行动，教育行政部门、教育理论工作者要根据测评信息调整教师教育的发展方向，进一步改革教师教育实践。

4. 具有信息诊断和激励改进的功能

根据 PCK 的测量与评价结果，可进一步判断教师的教学能力等，为人员聘用、职称考核、教学能力测定等提供诊断信息，为相关部门确认、筛选、管理服务、专业发展等提供教育决策参考。基于反馈信息，相关组织可以及时调整、改正不利于教师专业发展目标实现的行为，协调教育活动和工作的过程，进而促进教师专业知识水平的提升并实现其专业素养的优化与完善。

第二节 学科教学知识测量与评价的调查型研究

PCK 调查型测量主要采用选择题和任务情境式的开放题，对被调查者进行纸笔测试，测量结果主要以分数形式呈现。卡尔森是较早开发 PCK 测量工具的研究者，目前较具代表性的研究是以黑尔（Hill）和鲍（Ball）为首的密歇根团队所形成的系列研究成果，以及"教师专业能力、认知活动教学和学生数学素养发展"

---

① 王萍. 美国中小学教师教育发展研究[D]. 武汉：华中师范大学，2012.

（Professional Competence of Teachers，Cognitively Activating Instruction，and the Development of Students' Mathematical Literacy，COACTIV）项目团队，这些测量框架被研究者多次引用和借鉴。

一、选择题类型的调查型研究

选择题类型的 PCK 测量主要通过被试选择认同的选项来完成，所设选项通常会有对错之分，目的在于测量教师 PCK 的不同水平。调查的结果多采用分数形式呈现。

1. 最早探索学科教学知识测量的研究

1990 年，卡尔森开始研究 PCK 的测量工具，以适应当时执照制度考核标准的需要，力求将教学知识指向特定的学科内容，避免出现同时测试教学知识与学科知识的情况，尝试开发一些有利于测试职前教师 PCK 的题目，并称其为"基于资料的题目"（materials-based item）。[1]这些资料大都出现在教师日常教学中，如学生作业、教学设计、个性化的教育项目、学业成就反馈、学习活动的描述等。基于资料的题目在选项设置、需要设置上要具有一定的"迷惑性"，旨在区分恰当与否，而非正确与否。例如，给定一份学生作业，被试必须要能够提供给学生最恰当的评价或合适的反馈信息，进而基于此改进教学活动；并且还需给出一个针对学生学习活动的描述，同时被试要能够识别出学生需要的技能，以及能使学生顺利完成活动或者最无用的技能。

2. 特定内容教学知识的测量

克洛姆里（Kromrey）和伦弗罗（Renfrow）较早使用选择题对教师 PCK 进行测量[2]，为 PCK 测量的相关研究提供了良好的开端。他们在研究中将 PCK 称为特定内容教学（content-specific pedagogical，C-P）知识，并将其与内容知识和一般教学法知识进行了区分（表 3-1）。在该研究中，对教学知识进行测量的题目 P，主要测量的是学生的概念表达知识，是针对学困生开展的数学教学。因此，教师在回答问题时需要掌握数学内容知识，以及一般教学法知识和教授学习障碍学生的具体

---

[1] Carlson R E. Assessing teachers' pedagogical content knowledge: Item development issues[J]. Journal of Personnel Evaluation in Education，1990，4（2）：157-163.

[2] Kromrey J D, Renfrow D D. Using multiple choice examination items to measure teachers' content-specific pedagogical knowledge[R]. Boston：Paper presented at the annual meeting of the Eastern Educational Research Association，1991：16.

教学技巧。对内容知识进行测量的题目 C，主要测量的是教师对于在教学中通过使用媒体以达到预期效果的知识。而对特定内容教学知识进行测量的题目 C-P，则主要测量媒体在特定教学设置中的应用，衡量内容知识与教学知识的融合程度，其中能否正确回答出题目依赖教师对教育情境中内容的处理。克洛姆里和伦弗罗开发的题目 C-P 包含测量教师在教育情境中对内容知识做出正确反馈的题目。他们强调题目 C-P 测量的是知识与学科教学行为的表现及学科实践之间的关系，反映的是教授内容时的过程，而不是学科的非教学实践。题目分为 4 个子维度：错误诊断、与学习者的交流（评价学生作业，模拟教师和学生之间的对话作为刺激，以呈现学生的困惑）、教学组织（侧重于教师的教学计划）、学习者特征。尽管这 4 个子维度并不能穷尽 PCK 的要素，但确实能够反映教师 PCK 的总体情况。

表 3-1　克洛姆里和伦弗罗用于测量概念表征的题目

题目 P	题目 C-P
根据当前的研究，教授概念最为有效的方法是提供以下事项： A. 概念、举例、非实例 B. 口头训练与实践 C. 视觉、听觉和动手操作 D. 书面练习工作单	史蒂文斯教师将向一年级 A 班的学生介绍加法。对她来说，要遵循的最好步骤如下： A. 认识"加数"以及"和"；理解"+"的意义；计算 10 以内的加法；理解重组后个位和十位的位值 B. 估计"和"；理解"+"的意义；理解个位和十位的位值；计算 10 以内的加法 C. 求一个加数；理解个位和十位的位值；理解"+"的意义；理解重组后十位和个位的位值 D. 辨别加数以及"和"；会估计"和"；理解个位和十位的位值；计算 10 以内的加法

资料来源：Kromrey J D, Renfrow D D. Using multiple choice examination items to measure teachers' content-specific pedagogical knowledge[R]. Boston：Paper presented at the annual meeting of the Eastern Educational Research Association, 1991：16.

3. 学科教学知识大规模测量工具的研制

关于美国教师教育数学教学中的测量维度，可通过该国各评估机构的标准找出其关注的焦点，如州际新教师评估和支持联盟（Interstate New Teacher Assessment and Support Consortium，INTASC）、专业教学标准国家委员会（National Board for Professional Teaching Standards，NBPTS）、国家数学教师委员会（National Council of Teachers of Mathematics，NCTM）。为保障教师在入职前取得资格证，教育考试中心在 38 个州应用了 PRAXIS 测试[①]，其他州也开发并应用了类似的测试。其中，

[①] PRAXIS 测试是针对有志从事教师、教学行业的人们的相关知识及能力水平的一项测试。PRAXIS 系列测试包括 PRAXIS I 和 PRAXIS II 两个部分：前者类似一个职业预备考察，考察的内容包括考生的阅读、写作和数学水平，旨在将人们领入教师这个领域；而后者的考察对应一门特定的学科，旨在考察从教必备的教育和教学方面的知识、能力与技巧。

美国 NBPTS 和 NCTM 的文件标准中均提到教师拥有关于"作为学习者的学生"知识的重要性，要求教师具备识别"学生带入每个学科中的先在概念和知识背景"的能力。有效教师拥有关于学生数学思想和思考方面的独特知识，而当时较少有研究对其进行定义和测量。[1]鲍、黑尔、席林（Schilling）、肯尼迪等主要从事小学数学教师知识方面的研究。其中黑尔等基于教师教育和学习教学、教师知识的研究，进一步开发了测量数学教师用于教学的数学知识（mathematics knowledge for teaching，MKT）的工具。MKT 即教师不仅需要具备基本的计算知识与技能，还需要能够把每一步过程解释给学生，并能诊断学生在过程中的失误，能够理解非标准但是正确的过程步骤。席林和黑尔认为，教师不仅需要具备内容知识，还需要具备能够解释的知识以及有关学生学习错误的知识[2]，而黑尔等使用的 MKT 与 PCK 的内涵十分相近（图 3-1）。

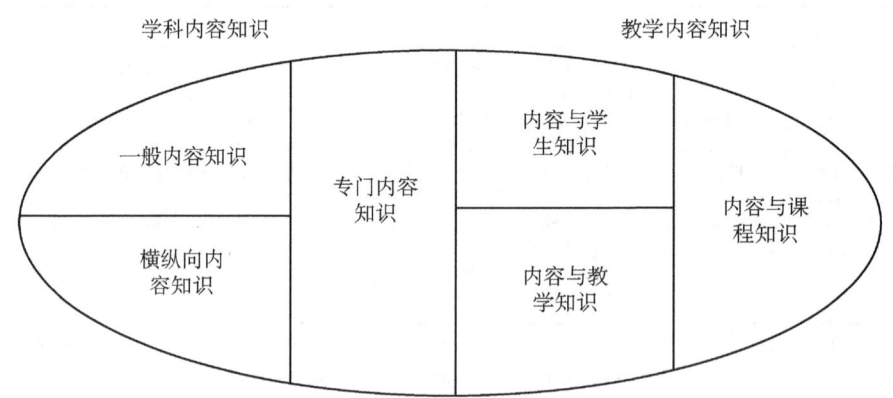

图 3-1　黑尔等提出的数学学科教学知识结构
资料来源：Hill H C，Ball D L，Schilling S G. Unpacking pedagogical content knowledge: Conceptualizing and measuring teachers' topic-specific knowledge of students[J]. Journal for Research in Mathematics Education，2008，39（4）：372-400.

黑尔等从 2001 年开始大量编制能够表征小学数学教学知识的选择题（表 3-2），尝试测量教师教学内容知识的发展与变化，致力于探索出什么样的数学知识能够帮助学生学习数学、教学工作中需要什么样的数学学科知识，以及如何满足这种需要，以此探寻 PCK 的本质和成分。[3]在工具编制的过程中，一些开放式问题的答案

---

[1] Hill H C，Ball D L，Schilling S G. Unpacking pedagogical content knowledge: Conceptualizing and measuring teachers' topic-specific knowledge of students[J]. Journal for Research in Mathematics Education，2008，39（4）：372-400.

[2] Schilling S G，Hill H C. Assessing measures of mathematical knowledge for teaching: A validity argument approach[J]. Measurement Interdiplinary Research & Perspectives，2007，5（2-3）：70-80.

[3] Hill H C，Schilling S G，Ball D L. Developing measures of teachers' mathematics knowledge for teaching[J]. The Elementary School Journal，2004，105（1）：11-30.

区分得并不明显，故考虑在题目开发过程中增加一些未参与过儿童数学教育的人员不知道的信息进行区分（如数学专家知道理论，但不知道如何教，也不知道某一年级学生的水平和常犯的错误）。黑尔等的测量工具分为 4 个维度：①学生常犯的错误（能够识别错误并给出相应的解释，能够知道学生在某一内容上易出现的错误）。②学生对内容的理解（能够充分理解学生的学习成就和表现，并能确定哪些学生理解得较好）。③学生的发展进程/顺序（能够针对不同年龄段识别问题类型、主题、数学活动的难易程度，知道学生应该先学什么，知道特定年级学生应该学什么）。④学生常用的计算策略。

表 3-2　黑尔等的 PCK 测量样例

问题	选项
1）一天早上，艾伦准备上课的时候发现自己有点困惑：他知道 10 的 2 次方等于 100，但他不知道 10 的多少次方等于 1。他问隔壁的贝瑞，贝瑞应该告诉他什么？（单项选择）	a）0 b）1 c）10 的任何次方都不能等于 1 d）-1 e）我不确定
2）您和邦妮一起学习时让她数出 23 个跳棋，她成功地做到了。然后，您让她呈现给您"23"中的"3"代表几个跳棋时，她数出了 3 个跳棋。接下来，您让她呈现给您"23"中的"2"代表几个跳棋时，她数出了 2 个跳棋。此时，邦妮出现了什么问题？（单项选择）	a）邦妮不知道 23 有多大 b）邦妮认为 2 和 20 是一样的 c）邦妮不理解数字 23 中数位的意思 d）以上皆是

资料来源：Hill H C，Schilling S G，Ball D L. Developing measures of teachers' mathematics knowledge for teaching[J]. The Elementary School Journal，2004，105（1）：11-30.

测试题以题库档案形式放在加利福尼亚数学专业发展中心，为避免题目记忆所带来的对前后测数据的影响，在测验中，第一组教师用 A 卷前测，B 卷后测；下一组用 B 卷前测，C 卷后测；再下一组用 C 卷前测，A 卷为后测，依此类推。每组卷中均包含：①数字与运算的专门内容知识；②数字与运算的学生和内容知识；③图形、函数、代数的常规内容知识。研究结果表明，教师具备学生和内容知识，能够运用学科内容与学生相结合的知识，非数学教师（非教师、数学家）在回应题目时更多依靠数学知识，较少关注学生的思维，1.5%的数学家提到了学生思维，而 41%的教师样本提到了学生思维。[1]根据上述结果可以得出：一般内容知识是每个成年人都应拥有的知识，而专门内容知识是小学教学所需要的知识。

此外，国际教学成就评价委员会成立的 21 世纪数学教学（Mathematics Teaching in the 21st Century，MT21）项目组于 2003—2006 年在 8 个国家开展了中学数学教

---

[1] Hill H C，Schilling S G，Ball D L. Developing measures of teachers' mathematics knowledge for teaching[J]. The Elementary School Journal，2004，105（1）：11-30.

师知识的国际比较研究（主要为职前和实习中学教师），进而分析相关国家的教师教育有效性。测查采用选择题的形式，测查内容包括：①数学内容：计算、代数、函数、几何、推测；②数学活动：运算法则、问题解决、建立模型。[1]

二、开放式纸笔测验型调查研究

开放式纸笔测验型的 PCK 调查研究多采用任务情境题的方式进行，对作答情况的分析多采用计分的形式进行。

1. COACTIV 项目团队的研究

克劳斯（Krauss）等认为，PCK 是一种关于表征的知识、学生思维的知识以及解决数学任务多样化方法的知识，他们欲通过"教师专业能力、认知活动教学和学生数学素养发展"项目获取较为广泛的教师能力、人格变量以及在中学数学教学情境下与工作有关的变量。他们首先将测量工具分为了数学任务的知识、学生迷思概念和学习困难的知识、数学特定教学策略的知识 3 个维度，然后将德国 10 年级的 198 名教师按照不同中学体制分为了两组（分别为中学毕业后升高中和升入职业技术学校的），他们的职前培训不同（学术取向教师经历的是 4 年或 5 年的大学学习加 2 年的实践教学，技术取向教师经历的是 3 年或 4 年的大学学习加 2 年的实践教学，在学科内容深广度上也有区分）。工具为开放式问卷，主要涉及在数学教学中起中心作用的任务。他们强调教师需要重视学生的先在知识和已有概念，这是教师教学取得成功的关键。该研究由 8 个人组成评价组对测量结果进行评价，给予等级评定，其中每 2 个人评定一个测试。[2] 其中有关学科教学知识和内容知识的测量样题如表 3-3 所示。

表 3-3　COACTIV 项目中学科教学知识和内容知识的测量样题及作答

知识类别	样题	样题作答（得分正确）
CK	0.999999…=1 是真的吗？请详细说明你的答案	让 0.999999…=a 然后 $10a-a=9.99\cdots-0.99$ $\qquad\quad\;\; 9a \qquad\quad\; 9$ $a=1$；因此，这个表述是正确的

---

[1] Krauss S，Baumert J，Blum W. Secondary mathematics teachers' pedagogical content knowledge and content knowledge: Validation of the COACTIV constructs[J]. ZDM: The International Journal on Mathematics Education，2008，40（5）：873-892.

[2] Krauss S，Baumert J，Blum W. Secondary mathematics teachers' pedagogical content knowledge and content knowledge: Validation of the COACTIV constructs[J]. ZDM: The International Journal on Mathematics Education，2008，40（5）：873-892.

续表

知识类别	样题	样题作答（得分正确）
PCK：任务	当边长增加两倍时，正方形的面积是如何变化的，请展示你的推理 请尽可能用不同的方法来解决这个问题，并写下理由	【代数做法】原广场面积为 a^2；新广场面积为 $(3a)^2=9a^2$，是原广场面积的 9 倍 【几何做法】是原广场面积的 9 倍
PCK：学生	平行四边形的面积可以用它的底的长度乘以它的高度来计算。请画一个学生可能无法应用这个公式的平行四边形	注意：在这个教师的回答中，最重要的一点是，如果高度在给定的平行四边形之外，学生可能会出现问题
PCK：教学	一个学生说：我不理解为什么 $(-1)\times(-1)=1$ 请列出尽可能多的方法来为你的学生解释这个数学事实	"永久性原则"虽然不能证明这个说法，但可以用来说明两个负数相乘背后的逻辑，从而促进概念的理解 $3\times(-1)=-3$ $2\times(-1)=-2$ $1\times(-1)=-1$ $0\times(-1)=0$ $(-1)\times(-1)=1$ $(-2)\times(-1)=2$

资料来源：Krauss S，Baumert J，Blum W. Secondary mathematics teachers' pedagogical content knowledge and content knowledge Validation of the COACTIV constructs[J]. ZDM：The International Journal on Mathematics Education，2008，40（5）：873-892.

COACTIV 是一个为期 3 年的项目，最终发现了学生的学业成就与教师之间的关系。教师的专业会影响学生的学业成就，其中数学专业教师所教学生的成绩优于生物/化学专业但从事数学教学的教师班级中学生的成绩。非学术取向学校的数学教师的行为表现较差，且专业知识不强的教师只会把 PK 与 CK 简单联系使用。在大学的教师教育中更多是发展教师的 PK 而较少发展教师的 CK，这似乎是在用 PK 去发展教师的 PCK，充分说明解释的知识和学生思维的知识是数学教师 PCK 的核心要素。

2. 林及其团队的研究

利姆（Lim）及其研究团队认为，MPCK 包含一般教学知识、对学科的深刻理解及对数学特定教学知识原则的深度把握，通过问卷对职前教师进行前测与后测两次测试，可以考察其在培训项目中的成长。[1]该问卷主要探寻了四方面的内容，

---

[1] Lim-teo S K，Chua K G，Cheang W K，et al. The development of diploma in education student teachers' mathematics pedagogical content knowledge[J]. International Journal of Science and Mathematics Education，2007，5（2）：237-261.

即教师自身对数学结构和关系的理解,为了进行解释而表示(多个或可替代的)概念,对学习者数学任务的决策分析能力、理解能力以及针对学生学习困难和迷思概念采取的恰当行动。测量的学科内容有整数、分数与小数、图形与几何和图形的测量;分析采用分数和等级双重分析形式。结果表明,在培训项目初期,教师的 PCK 水平比较低,特别是有关数学结构方面的知识,培训后有一些提升。该问卷主要由 16 个子项目组成,按照主题内容和 MPCK 结构分布,如表 3-4 所示。其中 MPCK 具体样题如图 3-2 所示。

表 3-4 关于 MPCK 测量工具的相关内容

MPCK 组成成分主题内容	整数	分数和小数	图形与几何	图形的测量
(a) 教师自身对数学结构和关系的理解	1	5	9	13
(b) 为了进行解释而表示(多个或可替代的)概念	2	6	11	14
(c) 对学习者数学任务的决策分析能力、理解能力	3	7	10	15
(d) 针对学生学习困难和迷思概念采取的恰当行动	4	8	12	16

注:表格中的 1—16 是 16 个子项目在 MPCK 主题内容和具体领域中的分布情况

> 1. 一个小学生展示了把 $\frac{1}{8}$ 转化成 12.5% 的过程
>
> $$\frac{1}{8} = 0.125 \times 100 = 12.5\%$$
>
> 你觉得这个小学生写的哪里出错了呢?如果有,解释错在哪里。

图 3-2 利姆及其研究团队的 MPCK 样题

资料来源:Lim-teo S K,Chua K G,Cheang W K,et al. The development of diploma in education student teachers' mathematics pedagogical content knowledge [J]. International Journal of Science and Mathematics Education,2007,5(2):237-261.

3. 马云鹏团队的研究

2008 年,马云鹏带领团队从教师专业知识入手对教师专业素质进行了实证研究,开发了中学语文、数学、英语、物理、化学、生物、体育、信息技术和小学语文、数学、英语等多个学科的教师知识测查工具,其中均包括对 PCK 的测量。[1]

(1) 学科教学知识测量的框架基础

该研究基于舒尔曼对 PCK 的界定,在编制各科 PCK 题目时至少涵盖了 PCK 的两大核心要素,即教师能了解学生在学习特定的某一学科知识时要借助的知识准备,能预知学生可能遇到哪些学习和认知方面的困难及容易犯的典型错误;教师善于采用多样化的教学表征方式来帮助学生有效理解和掌握特定的某一学科知识。

---

[1] 马云鹏,赵冬臣. 教师专业知识发展研究[M]. 北京:教育科学出版社,2020:1.

（2）学科教学知识测量的题型

大样本 PCK 测量是采用纸笔测验进行的，题型有主观题（情境题）和客观题（选择题）。PCK 测量是整个教师知识问卷中的一个组成部分，包含 3—4 个题目，题目数量适中，多采用情境题形式（图 3-3），教师作答时长平均约为 20 分钟。

第四部分：数学教学知识

39. 一位学生在计算 26×53 时，其竖式过程如下。你怎样向学生解释他的错误？把你向学生解释的语言写在下面。

```
      26
  ×   53
  ───────
      78
     130
  ───────
     208
```

图 3-3　马云鹏研究团队的 PCK 测查样题

资料来源：马云鹏. 教师知识调查研究报告[R]. 长春：东北师范大学，2016.

（3）学科教学知识测量的评价标准

对情境题的评分较为复杂。首先，多位评分者共同研讨评分标准并对部分试题预评分；其次，每道题至少由两位有一定经验的评分者评定。正式评分时，对比两位评分者给出的分数，若不一致的较多，则有必要重新评分；若不一致的较少，可忽略不一致评分，或把不一致评分挑选出来，取平均分，或经由评分者商讨，重新评分，直至得出一致评分。

三、关于调查型学科教学知识测量与评价的反思

纵观国内外的相关研究不难发现，在测查工具研制伊始，学者能够在 PCK 的核心要素上达成共识，较为强调学生知识，特别是学生思维作为 PCK 核心要素的重要性。尽管他们在理论上将 PCK 与 CK 分列开来，但在实际测量中 PCK 与 CK 是紧密联系的，题目设置中也没有一道题是单纯针对 PCK 的。

巴克斯特（Baxter）和莱德曼（Lederman）质疑当时的一些测量工具并未完全达到测量 PCK 的目的。① 克洛姆里和伦弗罗也指出，对 PCK 的测量要难于对学科知识和教学知识的测量。② 哈泰尔（Haertel）对选择题测试的质疑在于它的效度差，

---

① Baxter J A, Lederman N G. Assessment and measurement of pedagogical content knowledge//Gess-Newsome J, Lederman N G（Eds.）. Examining Pedagogical Content Knowledge[M]. Netherlands：Kluwer Academic Publishers，1999：147-161.

② Kromrey J D, Renfrow D D. Using multiple choice examination items to measure teachers' content-specific pedagogical knowledge[R]. Boston：Paper presented at the annual meeting of the Eastern Educational Research Association，1991：20.

教学中的主要技能并不能通过测量得到体现，教师在教学中的主要技能并不能够通过测量得到体现，并且教学过程中教师一些不好的策略或表征也未必能被测量出来。[1]选择题类型的测量节省时间，较适合大样本调查，但暗示性、限制性较强，在设置上不能保证给定选项包含教师的教学经验或教学知识，因此无法测量教师的完整思维过程。

情境式纸笔测试更能测量教师个人的教学经验与方法，教师可针对特定情境下的特定主题深入阐述自身的思考，但也产生了工作强度较大及客观评分较难等问题。教师在回答开放式问题时，可能并没有充分表达自己，在某种程度上，这种调查"压力"往往会影响作答的详细程度及质量。

第三节　学科教学知识测量与评价的量规型研究

由于不满意教师研究未能探究出教师知识的本质，大量关于教师知识的描述性研究涌现出来。量规型测量旨在弥补不能对调查对象进行全面系统评价的不足，通过特定任务测量教师在阐述、分析和设计教学等方面的综合表现，采用纸笔测试、观察、访谈等来搜集教师知识的相关数据，评价结果以程度或水平等级描述为主，但评价对象规模不宜过大。

一、学科教学知识量规型的代表性研究

（一）学科教学知识多元式量规评价

帕克通过搜集在美国国家委员会认证（National Board Certification，NBC）进程中所提交的教师"档案"来探讨准教师的PCK。[2]除此之外，帕克还对基于五边形PCK模式开发的PCK现状表进行分析，结果表明，NBC项目对准教师在以探究为主的教学、实施创新的教学策略、学生学习评价、学生理解等方面均有影响。

帕克等用2个学期对7名高中生物教师有关光合作用和遗传主题的33堂课程进行录像，在课堂观察前后分别进行访谈并搜集相关资料，通过PCK量规分析表

---

[1] Haertel E. New forms of teacher asessment[J]. Review of Research in Education，1991，17：3-29.
[2] Park S，Oliver J S. National Board Certification（NBC）as a catalyst for teachers' learning about teaching：The effects of the NBC process on candidate teachers' PCK development[J]. Journal of Research in Science Teaching，2008，45（7）：812-834.

(表 3-5)和创新型教学观察协定表对教师的行为表现评定等级。结果表明,教师 PCK 水平与教师教学改革程度关系密切。①

表 3-5 PCK 量规分析表

	子维度	等级水平（1—4 表示等级水平）			
		有限的（1）	基本的（2）	熟练的（3）	杰出的（4）
计划	包括迷思概念在内的先在知识的理解（P-UPK）	不包括迷思概念在内的先在知识的理解	有限	充分	娴熟
	基于先在知识的教学策略（P-ISPK）	没有对学生先在概念包括迷思概念的理解与教学策略和表征进行整合	有限的整合	恰当的方式	有效的
	有关学习困难的理解（P-LD）	没有对学习困难的理解	有限的	充分的	娴熟的
	适合学习困难的教学策略（P-ISLD）	没有对适合学习困难的教学策略的整合	有限的整合	恰当的方式	有效的
实施	通过提问来促进学生理解（I-QSU）	无提问	少量提问	一些提问	很多提问
	自觉地挑战迷思概念或解决已发现的学习困难（I-SMLD）	没有意识到或试图挑战学生的迷思概念或解决在教学中发现的学习困难	很少	一些	很多
	教学策略和表征与学生理解之间联系合理（I-RISR）	没有合理的教学策略和表征与学生的理解相联系	薄弱	充分的	牢固
反思	聚焦学生理解（R-SU）	没有关注学生的理解和迷思概念以及学习困难	很少	一些	很多
	基于对学生理解的理解来完善教学策略和表征（R-IS）	没有试图基于学生的新理解改变教学策略和表征	很少	一些	很多

资料来源：Park S, Jang J Y, Chen Y C, et al. Is pedagogical content knowledge（PCK）necessary for reformed science teaching? Evidence from an empirical study[J]. Research in Science Education, 2011, 41（2）: 245-260.

（二）学科教学知识的任务情境量规评价

黑尔和鲍认为,准教师需要具有一定的学科领域知识与技能、能够分析学生的作业、能够基于对学生的理解和迷思设计课程,这也是测量工具的 3 个维度。基于康涅狄格州学业成就考试中的数学题目,以及学生对这些题目的作答情况,他们采用开放式任务测查了职前教师反馈学生学习的能力、基于学生数学思维进行课程设计的能力。②图 3-4 提供了一个表现性评价任务和 4 名学生对任务的反应,参与调查的教师首先阅读这项任务以及 4 名学生针对此任务作出的反应,写下自己对每一个指标点的回复阐述。表 3-6 和表 3-7 分别为黑尔和鲍教师知识测量研中的评价指标量规等级。该测量工具能够测量教师的知识与能力,并能够反映出教师基于

---

① Park S, Jang J Y, Chen Y C, et al. Is pedagogical content knowledge（PCK）necessary for reformed science teaching? Evidence from an empirical study[J]. Research in Science Education, 2011, 41（2）: 245-260.

② Hill H C, Ball D L. Learning mathematics for teaching: Results from California's mathematics professional development institutes[J]. Journal for Research in Mathematics Education, 2004, 35（5）: 330-351.

学生对数学的需要进行课程设计的能力，可应用于教师的准入考核。

样题 康涅狄格州学业成就考试中的测试题目与 10 年级 4 名学生的作答情况

【题目】药物缓解疼痛的数学公式为 $C=3t/(4+t^2)$，纵轴代表药物在血液中的浓度，运用图形解释图中曲线接下来会发生什么（即 9 个小时后），通过至少 2 个有效的时间给出你的结论。

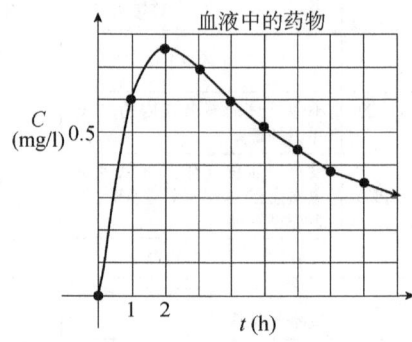

图 3-4　黑尔和鲍的教师知识测量研究样题

资料来源：Hill H C，Ball D L. Learning mathematics for teaching：Results from California's mathematics professional development institutes[J]. Journal for Research in Mathematics Education，2004，35（5）：330-351.

表 3-6　黑尔和鲍的教师知识测量研究中的评价指标

评价指标	提示语
1a. 内容知识与技能	根据任务和学生的反应，列出学生需要的内容知识和技能，以便为表现性评价任务创建高质量的答复
1b. 对学生作品的分析	分析 4 名学生的反应，写出学生的长处和短处。一定要确保学生掌握所学内容知识和技能，并为每个学生的作品提供具体的例子
1c. 对学生的反馈	就他们对内容知识的理解，为 4 名学生提出建设性的反馈意见，且反馈意见必须体现出对这些学生发展水平的认识。用学生作品中的具体例子来支持你的反馈

表 3-7　黑尔和鲍的教师知识测量研究中的量规等级

量规指标	达标（3）	可接受（2）	不可接受（1）
1a. 内容知识和技能	评价学生表现性任务所需的内容知识和技能是清晰、透彻、准确的	评价学生表现性任务所需的内容知识和技能侧重于相关技能，稍有不准确之处	评价学生表现性任务所需的内容知识和技能侧重于不相关技能，而不是内容概念，且不准确
1b. 对学生作品的分析	对学生作品的分析准确、综合，包括全部学生对任务的回应，且收集了学生在内容知识和技能方面的优势与劣势的具体例子	对学生作品的分析大多准确、综合，包括全部学生对任务的回应，且收集了学生在内容知识和技能方面的优势与劣势的具体例子	对学生作品的分析既不准确也不综合，学生在内容知识和技能方面的优势与劣势的例子不完整，关注较低水平的技能
1c. 对学生的反馈	提供给学生的反馈建立在学生内容知识和技能的基础上；能结合学生作品中的具体例子给出建设性和发展性的意见	提供给学生的反馈建立在学生内容知识和技能的基础上；能结合学生作品中的一般例子给出恰当的发展性意见	提供给学生的反馈和建议没有建立在学生内容知识和技能的基础上；极少结合学生作品实例

资料来源：Hill H C，Ball D L. Learning mathematics for teaching：Results from California's mathematics professional development institutes[J]. Journal for Research in Mathematics Education，2004，35（5）：330-351.

（三）学科教学知识观察与访谈式等级量规表

李（Lee）等的研究主要考察在不同培育模式下，初任教师群体的 PCK 水平是否不同，PCK 水平是否会在一年的教学中有所变化。[①]该研究观察和访谈了 5 位教龄在 10 年以上且有实习指导经历的教师，并结合量规分析表（表 3-8）对这些教师的行为表现进行等级描述，进而评价教师技能和知识水平。结果显示，不同培育模式下的教师除在前测与后测中有关"学生学习方法的变化"知识方面存在显著差异外，在其他题目上均没有显著差异，但经过一年的实践后，不同培育模式下的教师在 PCK 各个类别项目上均有所提升。研究结果表明，由于 PCK 的本质较为复杂，PCK 的发展需要经历一定的教学过程，拥有扎实的科学知识并不能保证拥有较高的 PCK 水平。

表 3-8 Lee 等的 PCK 研究中的量规分析表

知识类别	元素	水平		
		有限的	基础的	熟练的
第 1 类：学生学习知识	1. 先在知识	教师不了解学生的先在知识，也没有这样的认知，且不把它纳入教案中	教师了解学生的先在知识，并以有限的方式加以利用	教师基于学生的先在知识构建基于这一知识的课程
	2. 学生学习方法的变化	教师对学生在学习过程中的变化考虑有限，并只采用了一种教学方法	备课时，教师承认学生学习方法的变化，并采用了不同的教学方法，但缺乏学生的参与	教师承认学生学习方法的变化，并允许学生以自己的方式参与到学习中
	3. 具体科学概念下的学生学习困难	教师对学生与课程相关的学习困难的理解有限，在备课或教学过程中很少或没有试图解决这些困难	教师认识到学生的学习困难，对课程进行了有限的修改	教师在备课过程中考虑到了学生的学习困难，并在课堂上进行解决
第 2 类：教学策略知识	4. 科学探究（具体的科学策略）	教师实施一门课程，以验证先前涵盖的概念或指导学生如何继续上课。没有课堂探究的基本特征	教师采用科学探究的教学方法，探讨课堂提问的基本特征（包括1—3），其中包括让学习者参与以科学为导向的问题；在回答问题时提供证据；从证据中解释说明；将解释与科学知识联系起来并证明解释的合理性	教师采用科学探究的教学方式，将课堂提问的 5 个基本特征融合到课堂教学中（包括4—5）
	5. 表征	教师使用各种表征（如插图、实例、模型、类比和演示）以及无效、不科学的或与学生知识和经验无关的材料	教师使用的表征和材料在教学上是无效的，在科学上是不准确的，试图与学生的先在知识和经验联系起来	教师使用的表征在教学上是有效的，在科学上是准确的，并且与学生先在知识和经验有很好的联系

资料来源：Lee E, Brown M N, Luft J A, et al. Assessing beginning secondary science teachers' PCK: Pilot year results[J]. School Science and Mathematics, 2007, 107（2）：52-60.

[①] Lee E, Brown M N, Luft J A, et al. Assessing beginning secondary science teachers，PCK：Pilot year results[J]. School Science and Mathematics，2007，107（2）：52-60.

（四）学科教学知识观察与问卷式评价

美国埃里克森学院研究团队认为，PCK 主要由教学内容知识、学生知识以及教学策略知识三个要素组成，每个要素中包含 3 种能力（表 3-9），并采用视频课堂观察和问卷调查相结合的方式，研发出测评教师 PCK 的工具，根据该工具（表 3-10）进行 7 分三等级制评价，测量并划分教师的 PCK 水平。

表 3-9　美国埃里克森学院团队研究中 PCK 的三要素及所涉及的教师能力

PCK 三要素	教师能力	对应问题
教学内容知识	识别核心概念的能力 掌握概念关系的能力 掌握概念发展的能力	本次活动想要传授给学生哪些核心概念？ 本次活动还出现了哪些概念？ 参加这个活动时，学生应具有哪些准备性知识？
学生知识	判断学生理解概念水平的能力 安排下一步课程的能力 预测学生学习困难的能力	根据所看视频，若您是这位任课教师，您认为学生是否明白该活动所传授的核心概念？请描述学生的具体行为来支持您的观点。 针对同样的概念，下一步您会怎么教？为什么？ 在学习这些概念时，学生容易出现哪些误解？
教学策略知识	鉴别有效教学策略的能力 调整教学策略来适应能力较弱的学生的能力 调整教学策略来适应能力较强的学生的能力	为了促进学生对所学知识的理解，视频中的教师应使用什么样的语言和行为？这些教学策略有效吗？请说出理由。 为了满足能力较弱学生的需求，教师是如何调整这一活动的？请说出理由。 为了满足能力较强学生的需求，教师是如何调整这一活动的？请说出理由

资料来源：转引自汤杰英，周兢. 测评教师学科教学知识的工具开发——基于对美国埃里克森学院所开发工具的介绍和验证[J]. 教育科学，2013，29（5）：86-90.

表 3-10　美国埃里克森学院团队研究中的 PCK 评分标准维度表

水平	基本不能或只能粗略理解 PCK 的构成要素		笼统或有限地理解 PCK 的构成要素			明确并有延伸地理解 PCK 的构成要素	
	1	2	3	4	5	6	7
水平 1：回答与否	1.1 不能回答		3.1 笼统地回答		5.1 具体地回答		7.1 具体地回答
水平 2：与学科相关程度	1.2 完全不相关		3.2 大致相关		5.2 与学科直接相关		7.2 与核心概念直接相关
水平 3：对 PCK 的理解程度	1.3 没有批判性证明或分析性思考		3.3 有过程性的理解		5.3 有一些批判性证明或分析性思考		7.3 能够将过程与概念联系起来理解

资料来源：转引自汤杰英，周兢. 测评教师学科教学知识的工具开发——基于对美国埃里克森学院所开发工具的介绍和验证[J].教育科学，2013，29（5）：86-90.

汤杰英以上海市 165 名幼儿教师为研究对象对该工具进行了验证，选择了美术、数学、语言三个学科的教学主题，对结果进行信度、效度分析，发现该问卷虽然开发于美国，但也适用于中国。[①]郑芳芳运用该工具对高中新手化学教师的 PCK

[①] 汤杰英. 幼儿教师领域教学知识（PCK）的测评[J]. 上海教育科研，2017（1）：77-82.

进行调查,得出了湖北省高中新手化学教师在甲烷教学主题下的 PCK 水平。[①]

(五)学科教学知识问卷与访谈式评价

科里斯等对 79 名德国职前教师、67 名中国职前教师进行了开放式问卷调查(图 3-5),并访谈了其中 22 名德国职前教师和 6 名中国职前教师(图 3-6),以比较他们的学科内容知识与 PCK 水平。[②]基于 MT21 理论框架,科里斯等将测量维度分为数学知识和 PCK,其中数学知识部分包括理解命题定理、知道命题定理、建立正规的等式(关系)、判断前证明、判断学科相关证明的充分性并提供证据;PCK 部分包括在数学教学中关于证明的教学反思、知道多种证明。该研究旨在调查德国和中国职前数学教师在论证与推理领域有什么样的数学知识和 PCK,以及数学知识与 PCK 之间的联系有哪些,数学知识和 PCK 有哪些异同。结果发现,中国的职前教师擅长数学知识,而德国的职前教师擅长 PCK 且其与学科知识联系紧密。此外,他们采用内容分析法将问卷与访谈题目答案按等级给定分数(表 3-11)。

---

4)几何证明

阅读下面的语句
如果你把一个正方形的边长加倍,那么每条对角线的长度也会加倍。
给出以下答案前证明
用同样大小的方格,如果你用四个方格做一个正方形,那么得到的正方形边长是方格长度的两倍。并且你可以看到,正方形每条对角线的长度是方格对角线的两倍,因为两个方格的两条对角线是直接放在一起的。

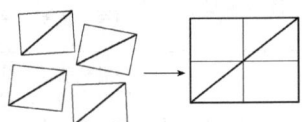

(a)请为第 14 页顶部关于方格和对角线的表述建立一个正规的等式关系(数学知识,进行证明)
(b)在数学课中,前证明是否足以作为唯一的证明?请解释一下你的立场(教学内容知识,数学教学中的教学反思)
(c)请分别给出形式证明和前证明的利弊(数学教学中的教学思考)
(d)对于任何矩形,可以根据第 14 页顶部关于正方形对角线长度的前证明和形式证明进行推广吗?请给出一个简短的解释(数学知识,进行证明)

图 3-5 科里斯等的研究中的 PCK 问卷调查样题

资料来源:Corleis A,Schwarz B,Kaiser G,et al. Content and pedagogical content knowledge in argumentation and proof of future teachers:A comparative case study in Germany and Hong Kong[J]. ZDM:The International Journal on Mathematics Education,2008,40(5):813-832.

[①] 郑芳芳. 美国埃里克森学院开发工具在教师 PCK 测评研究中的应用——以高中新手化学教师在甲烷教学主题下的 PCK 测评为例[D]. 武汉:华中师范大学,2015.

[②] Corleis A,Schwarz B,Kaiser G,et al. Content and pedagogical content knowledge in argumentation and proof of future teachers: A comparative case study in Germany and Hong Kong[J]. ZDM:The International Journal on Mathematics Education,2008,40(5):813-832.

> （Ⅰ）下面的定理是成立的
> 在任何三角形中，A 和 B 两个边的长度之和总是大于或等于第三边的长度 C。
> (a) 下列语句是否等同于上述定理？
> 　（i）在任何三角形 ABC 中，A 到 B 的距离总是小于或等于 A 到 C 及 C 到 B 的距离之和
> 　（ii）没有比直接路线更短的路线（数学知识，理解定理）
> (b) 请为这个定理建立一个正规的等式关系。
> (c) 你知道这个定理吗？如果知道的话，你能说出吗？（数学知识，理解定理）
> (d) 该表述是否仅对 A、B 和 C 的一个组合有效？（数学知识，理解定理）
> (e) 表述中的相等究竟在什么时候有效？（数学知识，理解定理）

图 3-6　科里斯等研究中的 PCK 访谈样题

资料来源：Corleis A，Schwarz B，Kaiser G，et al. Content and pedagogical content knowledge in argumentation and proof of future teachers: A comparative case study in Germany and Hong Kong[J]. ZDM：The International Journal on Mathematics Education，2008，40（5）：813-832.

表 3-11　科里斯等的研究中的 PCK 评分编码准则

PCK 评分编码等级	定义	编码规则
+2	在数学知识领域中，非常强的证明能力可以通过两种证明的充分演绎和归纳表现出来	①一个充分概括的前证明，其中包括一个解释性草图（甚至没有评论）或相应的口头解释 ②一个形式证明的充分概括，包括通过引用数学定理（交线的定理等）和相应的变量来解释，其中至少等式的转换或变换应该是可识别的；也可以给出草图，但这不是必要的 ③只有在专门用于解释前证明的一般性情况下才会考虑草图
+1	在数学知识领域中，较强的证明能力可以通过一种证明的充分演绎和归纳表现出来	关于之前提到的"充分"，一种证明的一般性（论证）必须充分演绎，而另一种证明只能作为一种尝试或不进行演绎
0	在数学知识领域中，一般的证明能力可以通过试图归纳或充分归纳一种证明，同时对另外一种证明进行错误归纳表现出来	①作为尝试前证明的归纳可以在口头陈述中发现，但这些陈述不足以成为一个完整的归纳证明。证明的归纳在语言陈述中是显而易见的，在这里只概括地描述了归纳（如使用"毕达哥拉斯定理"），它仍然没有基于数学语言的算术解释 ②一种证明、对两种证明的归纳、一种证明的归纳，以及没有进行另一种证明，这就是导致这种编码的原因 ③一种证明的归纳被充分演绎，但是另一种证明的做法是不正确的
-1	在数学知识领域中，在不进行归纳的情况下，归纳可能用于至少一种证明，或对一种证明进行了错误归纳，同时对另一种证明没有或者进行了错误的归纳，体现了较低的证明能力	①证明的归纳仅作为尝试或者不进行归纳，或者另一种证明的归纳是不正确的 ②这两类证明毫无疑问是可归纳的，或者只一类证明定然是可归纳的，而另一类证明不能归纳
-2	在数学知识领域中，句子无法进行归纳，或对句子的归纳与两种证明的错误归纳相结合，体现了非常低的证明能力	①至少一类证明无须归纳 ②两种证明的归纳都是错误的

资料来源：Corleis A，Schwarz B，Kaiser G，et al. Content and pedagogical content knowledge in argumentation and proof of future teachers: A comparative case study in Germany and Hong Kong[J]. ZDM：The International Journal on Mathematics Education，2008，40（5）：813-832.

（六）基于学生的视角研究教师的学科教学知识

段晓琳是中国台湾地区最早研究教师 PCK 的学者，她的研究主要依托中学科学学科，并于 2000 年开发出了"学生对教师学科教学知觉问卷"（students perception of teachers' knowledge questionnaire），旨在测量教师的教学技能（instructional repertoire，IR）、表征技能（representational repertoire，RR）、学科知识、有关理解学生的知识。调查问卷采用利克特 5 点计分法，如表 3-12 所示。

表 3-12　学生对教师学科教学知觉问卷的样题

测量维度	题目	从来没有	很少发生	偶尔发生	经常发生	总是发生
IR	3. 我的老师使用不同的教学活动提升我的学习兴趣	1	2	3	4	5
	4. 我的老师使用适当的模型帮助我理解概念	1	2	3	4	5
RR	10. 我的老师使用适当的图解和图表来解释概念	1	2	3	4	5
	11. 我的老师通过演示来呈现概念	1	2	3	4	5
SMK	17. 我的老师熟悉科学原理或理论发展的进程	1	2	3	4	5
	19. 我的老师理解科学与科技间的关系	1	2	3	4	5
KUS	23. 我的老师提出的问题，可评估我对该主题的了解程度	1	2	3	4	5
	24. 我的老师所使用的测量方法，可测出我的理解程度	1	2	3	4	5

资料来源：Tuan H L, Chang H P, Wang K H, et al. The development of an instrument for assessing students' perceptions of teachers' knowledge[J]. International Journal of Science Education，2000，22（4）：385-398.

此后，张士忠在段晓琳研究的基础上，形成了"大学生知觉教师 PCK"调查工具。[①]通过 6 个班的学生对 6 名大学新教师不同阶段的 PCK 情况的反馈，并结合教师研习工作坊和访谈等方式进行调查，结果显示，4 名新教师在期中、期末的得分差异显著，PCK 水平得到有效提升，但 6 名新教师在教学策略与表征知识及学生知识上的得分普遍较低，在学科知识及教学目标与情境知识上的得分较高。但该研究对段晓琳研究的改进存在 PCK 概念与教师知识概念的混淆问题，这也是该领域相关研究过程中常存在的问题。

[①] Jang S J，Guan S Y，Hsieh H F. Developing an instrument for assessing college students' perceptions of teachers' pedagogical content knowledge[J]. Procedia Social and Behavioral Sciences，2009，1（1）：596-606.

二、关于学科教学知识量规型评价的反思

量规是为评价、指导、管控和改进学习行为而设计的某种标准或一套标准[①]，它从与评价目标相关的多个方面详细规定评级指标，每一个指标由几个等级组成，包括评价标准和等级两个维度。其中，评价标准是量规作为评价工具的基本前提，因为它清楚地传达了研究者是如何评价参与者表现的。量规通常以二维表格的形式呈现。制定客观的评价标准是设计量规的关键环节，评价标准具有详细的评估信息及样例参照，能在一定程度上保证量规评价的客观性，但仍需要对量规的有效性和可靠性进行检验，只有这样，才能使用量规来定义"质量"并反馈关于"质量"的相关信息。帕克等指出，他们在研究中所使用的 PCK 量规存在一些问题，如由于针对特定教学主题开发 PCK 量规较为耗时耗力，不易实现，故他们所设计的 PCK 量规没有明确表明只针对特定教学主题，开展评价时需将量规与各学科内容及主题结合起来，研究者还需依据教师言行与信念做出推断。[②]因此，对评分者进行筛选和培训尤为重要，只有这样，才能够保障 PCK 测量与评价的有效性和可信性。

尽管量规能够使评级更加迅速简捷，且具有操作性好、准确度高的特点，但是一个好的量规仍然需要时间来构建。PCK 概念具有复杂性，研究者需要结合自身对测量评价的看法，反复对量规的评分标准或方法进行修改，这也给评价工作带来了挑战。

第四节 学科教学知识测量与评价研究的反思

PCK 越来越多地被作为框架应用于了解教师的学科知识、学生知识和教学策略等的整合情况，目的在于促进教师的专业发展，提升教育教学品质。PCK 工具的开发能够为未来教师知识测量提供概念框架、测量工具与标准的借鉴与参考，发挥评价的后续功能，以及能够为职前培养和职后培训的课程设置提供更有针对性的专业指南，为教育工作部门甄别和选拔教师或教学人才提供标准与意见参考，为教师的教学实践提供诊断与完善的事实依据，进而提升教师教育教学质量，更好地促进学生的发展与成长。高品质的测量研究通常会在理论框架、研究问题与设计、

---

① 钟志贤，王觅，林安琪. 量规：一种现代教学评价的方法[J]. 中国远程教育，2007，10：43.

② Park S, Jang J Y, Chen Y C, et al. Is pedagogical content knowledge（PCK）necessary for reformed science teaching? Evidence from an empirical study[J]. Research Science Education，2011，41：245-260.

数据搜集、分析方法间建立紧密的联系。我国的 PCK 测量研究仍在各种诉求中探索前行，还有许多问题值得我们进一步思考和探究。

一、学科教学知识测量与评价的对象

很多学者和教师教育机构致力于测量教师的能力。然而，确定教师是否能够胜任教学不是一个简单的工作。舒尔曼强调，教师要具备与内容有关的课程和教学策略能力，即 PCK。[①]巴克斯特（Baxter）和莱德曼（Lederman）指出，PCK 并不局限在教师对某一特定主题教学"知道什么"上，也包括"教师在课堂上做什么"，以及他们在具体主题教学中行为表现的原因。[②]鲍（Ball）等指出，PCK 不仅关注教师通过类比和例子向学生传授核心的科学概念，而且关注教师对感兴趣的领域的理解（如科学的本质）及学习（如建构主义）、对学生及其学习方式的理解以及教学的相关背景等。[③]

一些学者通过测量与评价的方式来探讨教师 PCK 的内涵，认为要明确评价什么（即 PCK 的成分和内涵结构），依据什么样的框架去评价，怎样评价（即方法）。前者决定我们如何设计工具，研究者对 PCK 的观点直接决定研究的方向。此外，测量 PCK 时我们还需要考虑教师的知识、信念、行动原因。[④]

作为教学的专业人员，教师既需要具备学科内容知识，同时还需要具备教育教学知识，而想要从事教师这个职业，就不能把两种知识简单地相加。这种"双专业性"和"复杂性"反映在 PCK 中，即 PCK 的融合性。它是多种知识的多元整合，它的组成部分间没有明显的边界，不是知识的简单相加，而是知识的相互融合、相互嵌套。正如古德蒙兹多蒂尔强调的，"PCK 是学科和教学两种知识融合的结果，PCK 是教师将自己的学科知识以及有关学生、课堂文化和课程知识重组而形成的"[⑤]。各个相关成分的相互融合对发展 PCK 至关重要。基于众多研究者的测量经验，如果抛开 CK 来单独实施 PCK 的测量似乎不现实，因此，对 PCK 的测量与评

---

① Shulman L S. Those who understand knowledge growth in teaching [J]. Educational Researcher, 1986, 15 (2): 4-14.

② Baxter J A, Lederman N G. Assessment and measurement of pedagogical content knowledge//Gess-New Some J, Lederman N (Eds.). Examining Pedagogical Content Knowledge[M]. Netherlands: Kluwer Academic Publishers, 1999: 147-161.

③ Ball D L, Thames M H, Phelps G. Content knowledge for teaching: What makes it special?[J]. Journal of Teacher Education, 2008, 59 (5): 389-407.

④ Gess-Newsome J. Pedagogical Content Knowledge: An Introduction and Orientation[M]. Dordrecht: Kluwer Academic Publishers, 1999: 7.

⑤ Gudmundsdottir S. Values in pedagogical content knowledge[J]. Journal of Teacher Education, 1990, 41 (3): 44-52.

价需要在特定学科知识下对其相关核心要素进行测量与评价,并深入分析其相互关系与作用,进而整体评估 PCK。

二、学科教学知识测量与评价的困境

近年来,人们越来越关注科学和数学教育工作者的 PCK 现状,并努力寻找有效的方法来评估和增强职前教师和在职教师的 PCK,这是一个巨大的挑战。

1. 学科教学知识具有一定的复杂性

PCK 测量与评价的挑战和教学的复杂性、PCK 概念化的难度密切相关,因此,开展大规模的 PCK 测量与评价具有一定挑战性。教师 PCK 具有复杂性,教师的全部思维和行为只是我们观察到的 PCK 的一小部分,因而,PCK 不能通过一种方法或工具进行全面测量①,需要结合多种方法才能搜集关于教师所知道的、相信的、所教授的内容以及产生该教学行为背后的原因等信息②。

2. 学科教学知识具有一定的缄默性

PCK 是一种缄默性知识,不能被直接观察到。我们只能看到教师在教学中使用的例子,而观察不到他们经过筛选决定不用的例子,教师不是时刻都可以用语言来表述自己的 PCK 的,也较难用语言来描述自己的想法和信念。一些教师并未意识到自己所具有的知识,因而难以将其与特定学生、事件、教师联系起来。同时进行 PCK 的测量时需要通过对教师所教授的一系列或一单元课程进行考察才能全面把握教师 PCK 的现状。

3. 缺乏系统全面的学科教学知识评估工具

很多研究指出,目前缺乏较为完善的、能对教师的知识和能力进行全面、系统测评的工具。对于如何判断一名教师 PCK 水平的高低,并没有一个明确的标准。PCK 这一专业知识的开发需要时间、反思、经验以及对实践和学生工作的综合分析;而且 PCK 不能简单地从课程中学习,或者通过分析工具来开发。PCK 测量工具的开发、实施和分析比较耗时,测量以质性为主,更多依赖于认知技术,如访谈、概念图等,这些均需要一定的分析解码。而纸笔测验工具则需考虑内容的全面性、

---

① Kagan D M. Ways of evaluating teacher cognition: Inferences concerning the goldilocks principle[J]. Review of Educational Research, 1990, 60 (3): 419-469.

② Baxter J A, Lederman N G.Assessment and measurement of pedagogical content knowledge//Gess-Newsome J, Lederman N G (Eds.). Examining Pedagogical Content Knowledge[M]. The Netherlands: Kluwer, 1990: 147-161.

代表性和作答时间等问题。

三、学科教学知识测量与评价的发展路径

回顾上述关于 PCK 测量与评价的研究，不难发现其与特定学科内容联系紧密。开发一个有效的 PCK 测评工具，需要确定在课堂教学中我们期望教师做哪些事情，而有能力的教师在课程设计上应该使学生将已有知识与新知识联系起来，且能够将这些学科知识解释给学生，做到因材施教。

1. 明确学科教学知识内涵，构建合理框架

关于 PCK 工具的开发，研究者需要思考的问题是：PCK 的概念内涵是什么？基于的理论框架是什么？维度设置有哪些？测量要素有哪些？测量标准是什么？分析数据的方法是什么？评价标准是什么？如何对数据做出科学合理的阐释？

PCK 是通过教师内部综合理解与外部行为实施共同建构的知识，由教师的所知、所行以及教学行为背后的原因组成。它是教师在特定的教学情境中，基于对学生和特定学科内容的综合理解，选择教学策略与表征，将学科知识转化为学生能够理解的知识的过程中所使用的知识。PCK 不是多种知识的叠加，而是由学科定位知识、课程知识、评价知识、学生知识和教学策略与表征知识整合形成的新知识，因而，上述任何一种知识都不能成为 PCK，如将其分解为若干种知识分别测量，则得出的结果也并非 PCK。虽然 PCK 的定义不断地被丰富和重塑，但学者在如下两个要素上达成共识：教学内容表征和有关特定学生学习困难的教学策略知识，基于学科内容对学生理解的知识。

2. 克服学科教学知识复杂性，提升工具品质

PCK 的复杂性使得开展全面、准确的测量工作受到极大挑战。PCK 具有缄默性，教师无法直接告诉研究者"我在使用 PCK"，研究者需将其与特定的学生、内容、事件等联系起来间接分析。PCK 不容易被观察和测量，单一工具和方法的测量均具有局限性，需通过多种途径搜集教师知道什么、做了什么及其行动的原因等信息，也必须通过观察一系列课程或一个单元课程全面把握教师的 PCK。

PCK 测量需要与特定内容联系。众多 PCK 测量经验告诉我们，抛开学科知识而单独实施 PCK 测量是不现实的。许多研究者虽然可以在理论上将 PCK 与内容知识分开，但在测量中却发现二者紧密相连，且设置的题目也均是基于特定内容知识下的 PCK 测量题。

PCK 测量的题目编制要科学合理。PCK 测量难于对学科知识和教学知识进行测量，其题目较长，需要描述片段细节，题目中包含学生、特定内容和教学情境等信息。编制选择题型不是设置正确答案（教学策略和内容知识均正确）或错误答案（教学策略或内容知识有一者错误或二者均错误），由于正误较容易判断出来，即使教师在实践中教学方法错误，但在测量中也可能会选择正确选项，因此无法反映教师的真实水平，而理想的选项是要区分恰当与否。对于任务情境题，需要尽可能涉及测量 PCK 的几个维度，工具形成后仍需多次预测和调试，才能保证信度和效度。

3. 开发学科教学知识测量与评价的多元工具

PCK 研究推动着学者去寻求一种能够测量"教师知道什么"的方法。"教师知道什么"能够帮助我们了解教师关于学科知识、教学和学生等方面的理解，以及这些理解是如何组织的。然而，测量工作面临的重要任务是测量数据由谁评价、怎么评价、如何对数据做出科学合理的解释。任务情境式测量和专项综合分析型测量必须在评价标准的建立上做深入考量，这样才能保证结论的可信性。因此，虽然选择题型的测量在编制上需要做很多工作，但在评价方面，相对于任务情境题来说较为容易。尽管 PCK 已被认为是评价教师和教学质量的重要标准之一，但现有研究中缺乏较为完善的工具，所以仍需研究者开发多元化工具来对教师进行全面的评估。

第四章 小学数学教师学科教学知识结构综合分析

本章根据 PCK 的框架结构,分析了 17 节小学数学课堂中反映出的 PCK 相关要素知识的反应频次、要素间联系、整合类型以及整合水平,以了解教师在做教学决策时对 PCK 的相关要素选择和整合的情况。根据 PCK 相关要素的整合程度,可将教师 PCK 划分为相关要素知识完整型和缺失型两种,以进一步探究小学数学教师的 PCK 结构。

第一节 小学数学教师学科教学知识相关频次统计

基于 17 节课堂教学中所反映出来的 PCK 整体情况,本节分析了参与研究的 4 名小学数学教师 PCK 的相关要素知识反应频次、要素间联系及类型。

一、学科教学知识相关要素知识频次统计

通过对课堂教学中 PCK 的相关要素知识反应频次进行统计,笔者总结出了每节课堂教学中 PCK 的相关要素知识反应频次情况,如表 4-1 所示。

表 4-1 小学数学教师 PCK 相关要素反应频次统计表

序号	课堂教学	OT	KSU	KIR	KC	KA
1	CN1	9	11	11	2	8
2	CN2	1	5	5	0	3
3	CN3	2	5	4	1	3
4	CN4	3	8	6	0	3
5	CN5	4	8	5	3	7
6	GN1	6	9	8	1	2

续表

序号	课堂教学	OT	KSU	KIR	KC	KA
7	GN2	2	7	5	0	2
8	XN1	4	5	5	1	4
9	XN2	4	6	6	2	2
10	XN3	5	7	7	1	4
11	XN4	6	8	7	2	6
12	XN5	5	7	7	1	3
13	MN2	6	12	11	5	7
14	MN5	6	8	6	0	3
	小计	63	106	93	19	57
15	MN1	6	12	12	5	7
16	MN3	6	11	11	6	6
17	MN4	9	12	12	7	8
	总计	84	141	128	37	78

注：MN1 一课融合了 2 课时的内容，且借鉴了全国第七届深化小学数学教学改革观摩交流会中赵老师的教学设计，因此不将其作为分析对象，只做参考。由于 MN1、MN2、MN3、NM4 都是同一主题的教学，且 MN2 与 MN3、MN4 十分接近，为避免重复计数而影响整体结果，只将 MN2 作为分析对象。后文关于 PCK 反应类型的统计筛选方式同此。

通过上述频次分析发现，教师在做教学决策时所反映出来的 PCK 相关要素知识情况如下。

1. 教师在做教学决策时最关注关于学生理解的知识

通过分析发现，在所有相关要素知识中，反应频次最高的是关于学生理解的知识（106 次），其次是教学策略与表征知识（93 次），反应频次最低的是课程知识（19 次）。这说明教师在做教学决策时考虑最多的是关于学生理解的知识，如教师会考虑学生已有的知识基础、在学习中可能会遇到的学习困难、有哪些概念容易混淆等。例如，G 老师在访谈中提及："去年，我的教学在这块儿就遇到困难了，学生对身份证号中'X'代表什么不是很清楚，当时我也忽略了这个问题。后来上网查了之后才给孩子补充的，这次估计还会有这方面的问题，如果孩子没提出来，我就会提问。"（GN2-Ib）

2. 教师在做教学决策时较关注教学策略与表征知识

教师在做教学决策时较多考虑教学策略与表征知识，会根据课堂教学内容、实际情境需要、学情而选用适当的教学决策。例如，在 XN1 课上，教师采用旧知带动新知的方法让学生对比学习相似概念；CN1 课上，教师通过"拳头法"和歌谣来帮助学生记忆大小月；GN1 课上，教师让学生通过把大数化成熟悉事物的方法来感受大数。

3. 教师在做教学决策时较少关注课程知识

与 PCK 相关的其他几个要素的反应频次相比，课程知识的反应频次较低，说明教师在做教学决策时较少考虑课程知识，这也从另一个角度说明，与关于学生理解的知识和教学策略知识相比，课程知识在 PCK 中并不占据核心位置。课程知识常需要教师花费较多时间去积累、思考与设计，因此，教师为了节省时间和精力而不过多地关注。例如，G 老师采用教材中现成的情境不加铺垫地直接呈现给学生，较少去搜集或准备相关教学素材帮助学生理解与学习。在访谈中，当问到教师"本节课的重难点、教学目标"时，其中，C 老师、G 老师还需去翻书或查阅相关的内容，甚至 G 老师会说"不知道""我给忘了"。即使 G 老师在写教案时考虑到了课程知识，但实际上并没有将其真正内化到自己的教学中，而是选择一些课程媒材来辅助教学。虽然一些教师会考虑本学科内部的纵向课程，但较少关注课程间的横向联系。

不难发现，在做教学决策时，教师并不会对 PCK 所有相关要素知识进行均等考虑，也不是在做每个教学决策时都将所有相关知识进行整合应用。这说明，教师在做教学决策时并不需要应用和整合 PCK 所有相关要素知识，而是根据教学需要有所筛选。

二、学科教学知识相关知识联系频次统计

PCK-SoEM 结构图中的要素间联系存在不当或错误，因此，在分析 PCK 相关知识联系频次时，可以从整体联系和有效联系角度进行统计。如表 4-2 所示，括号内数值为有效频次，没有括号的表示总体频次均为有效频次。

表 4-2 PCK 相关知识联系总体频次与有效反应频次统计表

要素关联		KIR-KSU	OT-KIR	OT-KSU	KA-KSU	KA-KIR	OT-KA	KC-KSU	KC-KIR	OT-KC	KC-KA
课堂教学	MN3	11	6	6	6	6	4	6	6	4	5
	MN4	12	9	9	8	8	6	7	7	7	4
	MN1	12（10）	6	6	7	7（6）	4	5	5	4	3（4）
	MN2	11（10）	6	6	7	6（7）	4	5	5	4	4（3）
	CN5	5	4	4	7	4	3	3	3	3	2

续表

要素关联		KIR-KSU	OT-KIR	OT-KSU	KA-KSU	KA-KIR	OT-KA	KC-KSU	KC-KIR	OT-KC	KC-KA
课堂教学	CN1	11（9）	9（8）	9（8）	6	8	6	2	2	2	2
	XN4	7（6）	6	6	6（5）	5（4）	4	2	2	2	1
	XN1	6	4	4	5	5	3	1（0）	1（0）	1（0）	1（0）
	XN3	7	5	5	4	4	3	1	1	1	1
	XN2	6（5）	4	4	2（1）	2	1	2	2	2	0
	XN5	7（6）	5	5	3	3	2	1	1	1	1
	CN3	5（3）	2	2	3	3	1	1	1	1	1
	GN1	8（6）	6	6	2	1	1	1	1	1	0
	CN2	2	3	1	3	3	1	0	0	0	0
	CN4	6（5）	3	3	3	1	1	0	0	0	0
	MN5	6	6	6	3	1	1	0	0	0	0
	GN2	5（2）	2	2	2	0	0	0	0	0	0
总计		127（111）	86（85）	84（83）	77（75）	67（66）	45	37（36）	37（36）	33（32）	23（22）

通过对表 4-2 进行分析发现，在教学中，教师 PCK 的相关知识联系包括以下几个方面的内容。

1. 公开课中呈现的学科教学知识相关要素和联系较为全面

教师 PCK 相关要素知识反映较为全面的有 9 节课堂教学，其中 MN1、MN2、MN3、MN4、CN1 为公开课，另外 4 节为常态课。其余课堂教学均存在不同程度的相关要素知识缺失，特别是 GN2 课堂的教师 PCK 相关要素知识和联系缺失较为严重。可见，在公开课中，教师的 PCK 相关要素知识整合充分，要素间联系频次较高。教师若对教学进行精心设计与准备，就能基于深入思考 PCK 相关要素知识并加以整合应用做出教学决策，如 CN5 一课虽不是公开课，但教师表示"花了很多时间去准备这节课，并且动用了较多资源，设计了有趣的教学方式，我认为是比较满意的一节课"（CN5-Ia），该课反映出教师的 PCK 结构较为完整。可见，教师的教学态度、备课情况、相关知识积累、对教学的研究等直接影响 PCK 相关要素知识的反应和联系频次，进而影响 PCK 结构。

2. 教学策略与表征知识和关于学生理解的知识间的联系在学科教学知识结构中占主要地位

在对 10 对联系的分析中，教学策略与表征知识和关于学生理解的知识之间的联系频次最高（KIR-KSU），在 PCK 结构中处于核心位置，但同时也是教师在应用

PCK 做教学决策时较易出现失误的 1 对联系，有效率为 87.4%，低于其他联系的有效率。通过对出现失误的联系进行进一步分析发现，教师在做决策时并没有恰当地考虑有关学生的知识，或是虽然考虑了，却没有选择恰当的教学策略进行表征。例如，XN4 这一节课本是教 6 年级学生学正负数，而教师却用网络上现成的 4 年级同一主题的内容进行讲授，显然不当。

3. 学科教学知识结构中与课程知识有关的联系较少

教师 PCK 结构中与课程知识有关联的反应频次较低或缺失，其中较易缺失的几对联系均与课程知识有关，即课程知识与关于学生理解的知识之间的联系、课程知识与教学策略知识之间的联系、学科教学定位知识与课程知识之间的联系、课程知识与关于学习评价的知识之间的联系。这说明教师在做教学决策时较少将课程知识与 PCK 的其他相关知识相联系。从表 4-3 中可见，教师应用 PCK 做教学决策时最容易缺失的是 KC-KA，即教师较少将课程知识与评价知识相结合做出教学决策。课堂观察中也发现，教师在评价时较多采用提问、习题等方式，较少与课程知识结合发挥有效评价的功能。

表 4-3　PCK 相关知识联系反应频次对照统计表

要素关联		KIR-KSU	OT-KIR	OT-KSU	KA-KSU	KA-KIR	OT-KA	KC-KSU	KC-KIR	OT-KC	KC-KA
统计信息	总频次	127	86	84	77	67	45	37	37	33	23
	有效频次	111	85	83	75	66	45	36	36	32	22
	有效率（%）	87.4	98.8	98.8	97.4	98.5	100.0	97.3	97.3	97.0	95.7

三、学科教学知识结构中典型结构分析

通过统计教师在做每一个教学决策时所应用的 PCK 相关要素知识的整合情况，分析出教师 PCK 结构中存在如下几种典型结构（表 4-4）。

表 4-4　PCK 结构子类型反应频次统计表

子类型种类		子类型 A	子类型 B	子类型 C	子类型 D	子类型 E	子类型 F	子类型 G	子类型 H
课堂教学	CN1	2	0	0	4	2	3	0	0
	CN2	0	0	0	1	2	0	2	0
	CN3	0	2	0	1	1	0	2	1
	CN4	0	0	0	1	0	2	3	2
	CN5	2	1	0	1	1	0	0	3
	GN1	0	1	0	1	0	4	2	1

续表

子类型种类		子类型 A	子类型 B	子类型 C	子类型 D	子类型 E	子类型 F	子类型 G	子类型 H
课堂教学	GN2	0	0	0	0	0	2	3	2
	XN1	1	0	0	2	1	1	0	0
	XN2	0	2	0	1	1	1	1	0
	XN3	1	0	0	2	1	2	1	0
	XN4	1	1	0	3	1	1	0	1
	XN5	0	1	0	2	1	2	1	0
	MN2	3	1	1	1	1	1	3	1
	MN5	0	0	0	1	0	5	0	2
	小计	10	9	1	21	12	24	18	13
	MN1	2	2	1	2	2	0	3	0
	MN3	3	1	2	1	0	1	3	1
	MN4	4	3	0	2	2	0	1	0
总计		19	15	4	26	16	25	25	14

通过分析发现，PCK 结构中存在 8 种子类型结构（图 4-1），其中子类型 F、D、G 的反应频次较高，说明它们是 PCK 结构中最常用的结构类型。其中在 59% 的教学决策中，教师使用了学科教学定位知识，说明在教学中，教师的大部分教学决策是有目的和有根据的，遵循着特定的教学定位。在 53% 的教学决策中，教师思考并使用了评价知识，说明超过一半的教学决策是与评价紧密联系的。因此，教学中的适时评价对教师了解学生的学习现状及决定下一步教学策略与行动起着关键性导向作用，教师可根据评价结果决定是按照既定的教学策略展开，还是根据学生的反馈做适时调试与更改。

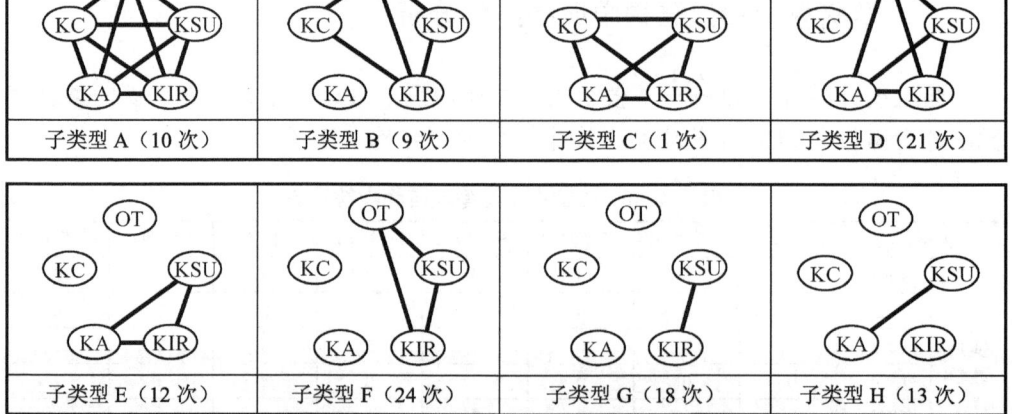

图 4-1　PCK-SoEM 结构图子类型统计图

对 PCK 结构子类型的反应频次按照由高到低的顺序进行分析，结果如下。

1. 学科教学知识结构——子类型 F

子类型 F 的发生频次最高，是教师在做教学决策时通常使用的 PCK 结构类型，即教师基于学科定位知识的指导和对学生的理解来选择教学策略与表征，特别是在传授新知识时。例如，在 XN1 一课的新知学习环节，教师基于书上习题，讲解复式折线统计图，并让学生总结其定义。教师认为，"学生通过做习题已经对复式折线统计图有一个初步理解了，引导学生自己总结出定义，既是对知识内容的提升，也有助于学生形成知识体系，养成良好的学习习惯"（XN1-Ia）。教师在这样的学科教学定位的指引下，基于对学生的理解，选择让学生先做习题再总结的教学策略。

2. 学科教学知识结构——子类型 D

子类型 D 也是教师在做教学决策时常用的 PCK 结构类型之一，即教师在学科定位知识的指导下，基于对学生的理解，通过评价手段了解学生对新知识或已有知识的掌握情况，以此决定下一步的教学进程。例如，在 CN1 课上，教师在讲授了大小月后，通过游戏来检验学生对大小月的掌握情况。教师认为"孩子年龄比较小，喜欢丰富多彩的活动，而游戏是他们比较喜欢的形式，因此，我设计了一个游戏：女孩儿代表小月，男孩儿代表大月，我随机说出一个月份，满足条件的就坐下。这样既能调动他们学习的积极性，又能让他们在有趣的游戏中复习知识。通过他们的表现，我就能大致了解他们是否掌握了大小月"（CN1-Ib）。正是因为教师了解学生的学习特点，才选用游戏的方式来检测学生的学习情况。

3. 学科教学知识结构——子类型 G

子类型 G 表现为一般的教学策略与表征，没有较为明显的学科定位指导。常表现为教师简单地单向度讲授，特别是当学生提出问题。教师较有针对性解答时教师会使用该类型。

4. 学科教学知识结构——子类型 H

子类型 H 表现为教师采用了简单式评价，如对学生的学习情况做出"好""对""错"等判断，而不会对学生产生迷思或学习困难的原因进行深入剖析或做出策略回应。教师没有根据课堂上学生的学习情况实施有针对性的分层评价，也没有寻找一些资源对学习进行拓展,来促进学生更好地学习,而是较为简单机械地布置书后现成习题。

5. 学科教学知识结构——子类型 E

子类型 E 与子类型 D 较为相似,即教师在学科定位知识的指导下,基于对学生的理解,通过评价手段了解学生对新知识或已有知识的掌握情况,来决定下一步的教学进程。区别在于子类型 E 中缺少明显的学科定位知识的指导,其行动背后缺少理念、信念层面的支撑或外显化表现。

6. 学科教学知识结构——子类型 A

子类型 A 是 PCK 完整的整合结构,指教师在一定的学科定位知识的指导下,基于对学生和相关课程知识的理解,通过评价手段了解学生对新知识或已有知识的掌握情况,以此来决定下一步的具体教学策略与进程。例如,在"生活中的负数"一课中,教师认为"温度的变化是学生能够体验到的,且温度计的使用和零摄氏度的认识是学生科学课中学习过的。通过冷热之间差异的比较,有利于学生理解正负数的意义"(MN3-P)。这里体现了教师对课程知识(学科间的横向课程)的整合应用。再如,教师认为"本学期学生的科学课教材中已经出现了'温度'一课,在科学课上,学生已经对此有了一定认识"(MN3-Ib)。M 老师在引入温度时,通过系列提问来确认学生对该内容的掌握情况(MN3-O)。其指出:"设计本节课的教学时,对于负数的产生及意义是根据学生已有知识进行过渡的,这样既节省了课堂上的有效时间,又把数学知识同其他学科进行了整合,提高了课堂效率;也让学生意识到,学科间的知识可以互相促进或应用,从而形成完整的知识体系。"(MN3-Ib)

7. 学科教学知识结构——子类型 B

子类型 B 在子类型 F 的基础上整合了课程知识,体现出教师在一定学科定位知识的指导下,基于对学生的理解和课程的相关情况采用了相应的教学策略表征。该类型的 PCK 结构能够展现出教师的教学策略与行动,更多出现在讲授环节。

8. 学科教学知识结构——子类型 C

子类型 C 在研究中的反应频次为 1,与完整结构的子类型 A 相比,教师在应用 PCK 开展教学时并未受到学科定位知识的指导。

第二节 小学数学教师学科教学知识的相关知识现状

根据教师 PCK 相关要素知识的完整程度和要素之间的联系，可将其划分为缺失型和完整型，并结合每种类型中相关要素间的联系频次、联系质量及 PCK 水平，对其进行详细分析。

一、学科教学知识相关知识缺失型分析

在所有课堂教学中，有 4 节课反映出 PCK 缺失课程知识以及与课程知识相关的要素知识联系。根据课堂教学中所反映出的 PCK 相关要素知识联系的缺失情况，笔者进一步将 PCK 类型划分为课程知识缺失型和 PCK 相关知识联系严重缺失型。

（一）学科教学知识之课程知识缺失型分析

分析显示，3 节课堂教学（CN2、CN4、MN5）中缺失课程知识，并缺失与其相关的 4 对联系（KC-KSU、KC-KIR、OT-KC、KC-KA）。教师在这 3 节课堂教学的设计与实施阶段没有将课程知识融入其中的特征，也没有与其他相关知识加以联系做出教学决策，表现为注重知识点层面的讲授式教学。此外，KA-KIR 和 OT-KA 联系得也不够紧密（表 4-5）。

表 4-5 课程知识缺失型 PCK 统计表

要素关联		KIR-KSU	OT-KIR	OT-KSU	KA-KSU	KA-KIR	OT-KA	KC-KSU	KC-KIR	OT-KC	KC-KA	总频次	PCK分数	水平	不恰当	错误
课堂教学	CN2	2	3	1	3	3	1	0	0	0	0	13	32	2−	3	0
	CN4	6	3	3	3	1	1	0	0	0	0	17	40	2+	1	0
	MN5	6	6	6	3	1	1	0	0	0	0	23	47	3−	0	0

表 4-5 的内容显示，这些课堂教学中反映出来的 PCK 总频次较低，分数也不高，相关要素知识间联系失当比例较高，导致 PCK 整体水平不高，进而影响整体教学质量。MN5 虽然存在缺失和频次仅为 1 的联系，但其他几对联系频次较高且恰当，因而整体来看 PCK 水平和分数较高。

通过分析发现，能将课程知识整合到 PCK 结构中的教师，一般在教学设计与做出教育决策时能对课程知识给予关注，说明该教师拥有较高水平的 PCK，并对教学进行了更深层次的思考。相反，不能将课程知识整合到 PCK 结构中的教师，

往往在教学中更关注特定内容的独立教学,而不是将这些内容放置到整个知识体系中加以思考,缺少较高的教学站位,也缺少帮助学生建构知识纵横体系的教学意识和整体的教学观。

(二)学科教学知识之相关知识联系严重缺失型分析

在所有的课堂教学观察中,GN2 是其中相关要素知识和要素间联系缺失最严重的一课,PCK 中相关要素知识的联系不恰当且错误的比例较高,课堂教学中反映出来的 PCK 总频次较低,PCK 分数和水平也较低(表 4-6)。

表 4-6 相关知识联系严重缺失型 PCK 统计表

要素关联		KIR-KSU	OT-KIR	OT-KSU	KA-KIR	KA-KSU	OT-KA	KC-KSU	KC-KIR	OT-KC	KC-KA	总频次	PCK 分数	水平	不恰当	错误
课堂教学	GN2	5	2	2	2	0	0	0	0	0	0	36	24	2	1	2

通过对课堂教学观察和访谈进行分析发现,教师并没有对该课进行充分准备,思考得也不够全面、深入,因而呈现出的 PCK 水平较低。可见,教师的教学态度和准备程度是教学有效性的前提保障,直接决定教学的质量。

二、学科教学知识相关知识完整型分析

通过对相关要素知识和要素间联系进行完整性分析,结果显示,13 节课堂教学所反映出的 PCK 相关要素知识是完整的,但其中有 4 节课堂教学所反映出来的 PCK 缺失了一对联系,即 KC-KA 联系。因此,可按照要素知识联系缺失与否,将 PCK 划分为联系完整型和联系缺失型。

(一)学科教学知识中相关要素知识联系完整型分析

在表 4-7 中,课堂教学反映出的 PCK 相关要素知识联系完整,相关要素知识间联系反应的总频次与 PCK 的分数和水平呈正相关,即总频次高,则 PCK 的分数和水平也高。这些课堂教学中反映出来的 PCK 结构与其他课堂教学相比表现更完整,但进一步对其进行分析会发现,XN1、XN3 的 KC-KA 联系不够紧密,反应频次仅为 1,且其 PCK 分数和水平也较低。虽然 MN1、MN2、MN3、MN4、CN1 的知识要素间反应频次较高,且 PCK 的分数和水平也较高,但这些均为公开课。由此可见,教师在做教学决策时,思考 PCK 的相关知识越充分、整合运用越合理,则相关要素知识间联系越紧密,PCK 水平越高,教学质量和效果也就越好。

表 4-7　相关知识联系完整型 PCK 统计表

要素关联		KIR-KSU	OT-KIR	OT-KSU	KA-KSU	KA-KIR	OT-KA	KC-KSU	KC-KIR	OT-KC	KC-KA	总频次	PCK分数	水平	不恰当	错误
课堂教学	XN1	6	4	4	5	5	3	1	1	1	1	31	43	2+	0	0
	XN3	7	5	5	4	4	3	1	1	1	1	32	47	3-	0	0
	CN5	5	4	4	7	4	3	3	3	3	2	38	47	3-	0	0
	CN1	11	9	9	6	8	6	2	2	2	2	57	47	3-	4	0
	MN1	12	6	6	7	7	4	5	5	4	3	59	50	3-	2	0
	MN2	11	6	6	7	6	4	5	5	4	4	58	52	3-	1	0
	XN4	7	6	6	5	4	2	2	2	2	1	41	58	3+	3	0
	MN3	11	6	6	6	6	4	6	6	4	5	60	59	3+	0	4
	MN4	12	9	9	8	6	7	7	7	4	7	77	62	3+	0	0

（二）学科教学知识中相关要素知识联系缺失型分析

表 4-8 中的课堂教学反映出的 PCK 相关要素知识较完整，但缺少 KC-KA 联系，且与课程知识相关的其他联系也不够紧密，反应频次较低。此外，OT-KA 联系得也不够紧密，反应频次除 XN5 外，其他均为 1。特别是 CN3、GN1 中的联系频次较低，尤其 OT-KA、KC-KSU、KC-KIR、OT-KC、KC-KA 联系不够紧密。这些联系频次直接影响了 PCK 水平，进而影响了课堂教学质量。可见，PCK 相关要素知识间联系不紧密或缺失对 PCK 整体水平有一定的影响。

表 4-8　相关知识联系缺失型 PCK 统计表

要素关联		KIR-KSU	OT-KIR	OT-KSU	KA-KSU	KA-KIR	OT-KA	KC-KSU	KC-KIR	OT-KC	KC-KA	总频次	PCK分数	水平	不恰当	错误
课堂教学	CN3	5	2	2	3	3	1	1	1	1	0	19	36	2	2	0
	GN1	8	6	6	2	1	1	1	1	1	0	27	40	2+	2	0
	XN2	6	4	4	3	3	1	1	1	1	0	25	50	3-	1	2
	XN5	7	5	5	3	3	2	1	1	1	0	28	50	3-	1	0

三、小结

综上，所有课堂教学中的 PCK 均没有达到水平 4，PCK 水平达到 3+的有 3 节课（占比为 17.6%），其中两节（MN3、MN4）为公开课，MN4 一课是 M 老师经过 3 次不同班级同一主题教学后修改而成的。PCK 水平达到 3-的有 8 节（占比为 47.1%），在常态课教学中，教师的 PCK 得分最高的为 XN4 一课，为 58 分，说明教师的 PCK 水平主要集中在 3+的水平，即接近熟练的水平。PCK 水平处于 2+、2、2-的分别有 3 次、2 次、1 次，这表明仍有教师反映出的 PCK 处于基本水平（表 4-9）。

表 4-9 课堂教学 PCK 水平统计总表

	PCK 水平	3+	3-	2+	2	2-
统计信息	课堂教学	XN4、MN3、MN4	XN3、CN5、CN1、MN1、MN2、XN2、XN5、MN5	XN1、GN1、CN4	CN3、GN2	CN2
	总计/占比（%）	3（17.6）	8（47.1）	3（17.6）	2（11.8）	1（5.9）

通过分析不难发现，课堂教学中 PCK 联系的总频次与 PCK 水平有着正向联系，即总频次越高，相关要素间的联系越紧密，PCK 分数越高，相应的 PCK 水平也就越高。可见，PCK 相关要素知识联系的紧密程度直接影响 PCK 的水平和质量。

第三节 小学数学教师学科教学知识总体结构特征

基于 14 节课堂教学的 PCK-SoEM 结构图和 PCK 相关要素及要素联系频次的统计（表 4-10），笔者绘制了 PCK-SoEM 结构总图（图 4-2），并基于此来探究小学数学教师 PCK 的结构及特征。

表 4-10 PCK 相关要素及要素联系频次统计表

	要素	KSU		OT		KIR		KA		KC	
统计信息	要素频次	106		94		63		57		19	
	联系	KSU-KIR	OT-KSU	OT-KIR	KA-KSU	KA-KIR	OT-KA	KC-KSU	KC-KIR	KC-OT	KC-KA
	联系频次	96	63	63	56	47	31	25	19	18	10

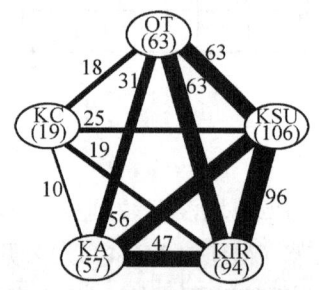

图 4-2 PCK-SoEM 结构总图
注：图中线条的粗细表示 PCK 相关要素间联系频次的多寡

一、学科教学知识结构中的 8 种子类型结构

本书的理论假设是 PCK 的 5 种相关要素知识中至少有两种要素彼此间是联系的，按照排列组合方法计算，理论上 PCK 存在 26 种子类型结构，但本次研究仅发现 8 种子类型结构（图 4-1）。其中子类型 F 的发生频次最高，子类型 D 次之，说明子类型 F、D 在 PCK 整体结构和水平中占据重要位置。

子类型 F 的发生频次最高，是教师做教学决策时常使用的典型结构，表现为教师在课堂教学中进行新知识传授时，基于特定学科定位知识的指导，综合对学生的理解，选择较为适切的教学策略表征，实施教学行动。

子类型 D 也是教师在做教学决策时常用的 PCK 结构类型，是教师在特定学科定位知识的指导下，基于对学生的理解，通过评价手段来了解学生对已有知识的掌握情况或对新知识的学习进度等，并将这种评价结果作为推进教学进程和选择教学策略与表征的依据。

此外，子类型 G 发生的频次也较高。子类型 G 是教师简单地单向度讲授时常使用的 PCK 结构类型，没有明显的学科定位指导，特别是在学生提出问题或教师直接讲授时使用。

二、学科教学知识是基于特定内容和特定学生的相关知识整合

教师的 PCK 具有独特性，不同主题教学表现出不同的相关知识整合形式，所有课堂教学（17 节）中未呈现出完全一致的 PCK-SoEM 结构图，即使在同一主题教学下，PCK 也因教育对象和教师的不同而不同。如图 4-3 所示，GN1 与 XN2、GN2 与 XN3 分别是同一主题下教师 G、X 各自班级的教学，虽然主题相同，但教学环境与授课对象不同，教师的教学设计与实施也不同，因而呈现出的 PCK-SoEM 结构图差别较大。

图 4-4 中是 M 老师针对"生活中的负数"这一相同主题在不同班级教学时所呈现出的 PCK-SoEM 结构图，因授课对象变了，教师在教学中所呈现的 PCK-SoEM 结构图也不尽相同。这充分说明 PCK 的结构具有独特性，"一份教案走天下"的机械式教学是行不通的，教师只有将教学设计与生动变化的学生紧密结合，才能创造出合格的教学行动。

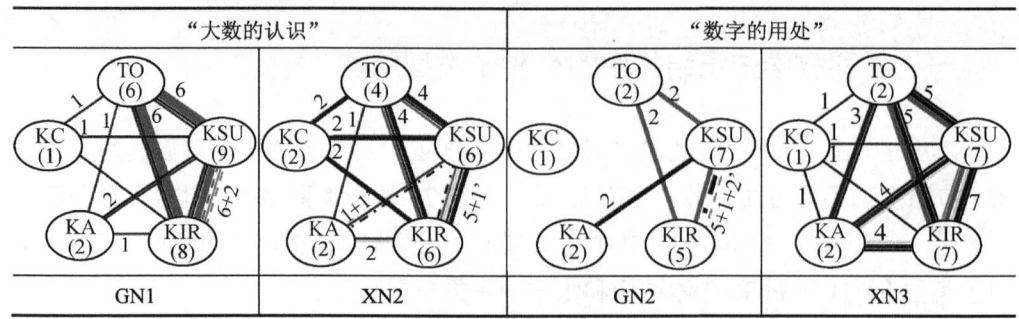

图 4-3　G、X 老师相同主题教学的 PCK-SoEM 结构对比图
注：图中线条的粗细表示 PCK 相关要素间联系频次的多寡

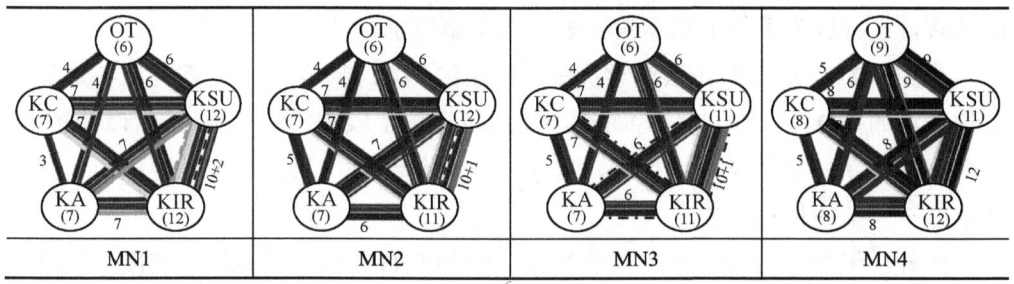

图 4-4　M 老师针对"生活中的负数"在不同班级教学时的 PCK-SoEM 结构图对比
注：图中线条的粗细表示 PCK 相关要素间联系频次的多寡

PCK-SoEM 结构图之间的差别也进一步验证了帕克的研究结论以及舒尔曼、威尔等对 PCK 内涵的讨论，即 PCK 一定是基于特定主题和特定教育对象的知识，与特定内容相联系。PCK 不能被轻而易举地从一个学科迁移到另一个学科，如数学教师不能很好地教授化学内容，因而 PCK 又是基于学科所特有的一种知识。对 PCK 的研究是探寻教师在特定教学情境中做出教学决策和推理的本质内涵，而这里的特定教学情境又与教学内容、教学对象紧密相关。这也符合格罗斯曼、科克伦、威尔等在讨论 PCK 内涵、结构及发展 PCK 的研究时强调的情境重要性观点。

三、教学策略知识与有关学生理解的知识联系最为紧密，影响学科教学知识质量

从图 4-2 和表 4-10 中不难发现，在所有联系中，KSU-KIR 的反应频次最高，说明这两种知识在 PCK 相关要素知识中的联系最为紧密，但也较易与其他 PCK 相关要素知识发生失误或不当的联系（表 4-3），因而对 PCK 质量有重要影响。教学

策略是为学生学习服务的，教师需要在教学策略与对学生的理解之间建立起合理的联系，以此来保障学生的学习效果与成就。教师需要理解学生的学习，而这种理解并非泛化的，应存在于特定的学习情境和学习内容中，教师对学生学习状况掌握越精准、越全面，就越能选择恰当的教学策略，从而有效地解决问题。反之，通过教学策略与行动也能进一步反观学生学习情况，从而做出相应的教学调试。

四、有关学生理解的知识是学科教学知识中的核心知识

有关学生理解的知识在所有相关要素知识中反应频次最高，均与其他要素发生联系，说明 KSU 在教师将学科知识转化成学生理解的知识的过程中起关键作用。例如，学生在课堂上提出的问题能够促使教师更好地反思所教授的学科知识，从而寻求适合的策略进行解答。学生在课堂上的学习表现是教师选择或调整教学策略的依据；学生的作业表现和考试成绩是教师反思学生学习与自身教学的基点。这意味着教师 PCK 水平的提高不仅在于学科知识水平的提高，更在于对学生理解程度的加深，这种理解不仅包括对学生的学习特点、多样性、学习需要和已有知识等的一般性理解，更包括对学生在学习中产生的学习行为倾向、常见学习困难和迷思类型的理解与把握。因此，掌握学生在遇到某些学习问题时是如何思考的，能帮助教师更有针对性、适时恰当地选择教学策略，实施高质量的教学行动，促进学生的学习与成长。

五、课程知识较易缺失，且与评价知识联系不紧密

课程知识较易在 PCK 结构中缺失，说明教师在做教学决策时对课程知识考虑不足，较习惯接受或应用现成的知识经验，而且教师在评价时也较少联系课程知识，缺少将课程知识进行纵横地联系或基于课程知识开展评价。目前，课程要素在教师教学中处于"游离"状态，教师不考虑或较少主动考虑课程知识，一些教师仅利用教材提供的情境进行教学，在整合教学资源和创设更佳的课程环境方面的能力有待提升。在访谈中，当问及"对于本节课，《义务教育数学课程标准（2011年版）》是如何要求的"时，有教师表示"已好多年不看该课程标准了"或表示"该课程标准没什么用"，可见，课程标准的重要性与地位远不及教学参考书。课程知识与具体"怎么教"之间虽然没有最直接的联系，但它是指导具体教学的"风向标"，如果不能很好地把握课程知识，一些教学决策势必会"走偏"或"误入歧途"，从而影响教学效果和学生学习成效。教师对课程知识的把握与理解能够体现教师

在教学中的站位,如教师能否从整体上审视自身教学,能否注重学科内部及学科之间的联系;并且课程知识与评价知识之间的联系与整合能够反映出教师做教学决策时对学生的学习期待,进而帮助学生建构起系统的知识体系与结构。

六、学科教学定位知识影响学科教学知识相关要素知识的整合结构

学科教学定位知识与教学策略知识和有关学生理解的知识联系较为紧密,与课程知识和评价知识联系较少。但由于学科教学定位知识不易被直接观察到,通常需要研究者进行深入分析才可获取。OT-KIR之间有密切联系,学科教学定位知识是关于学科教学目的和信念的统领性、观念性的知识,是教学决策的基础,在教学中起到概念地图的作用。教师对公开课教学的定位往往较为多元,相比在常态课中所展现出的教学定位知识要更为丰富或高层次。在公开课中,教师呈现的PCK相关要素知识整合程度高,相关要素知识联系紧密,PCK水平也较高;而在常态课中,教师仅重视知识与技能、较为忠实地呈现教材中的课例(如GN1、GN2),所呈现出的PCK相关要素知识的整合程度较低,且相关要素知识之间的联系也不够紧密,PCK水平不高。反之,认同并有效落实新课程理念的教师(X老师、M老师)的PCK相关要素知识整合程度高,相关要素知识联系紧密,PCK水平也较高。

第五章　小学数学教师学科教学知识的结构类型及成因分析

通过第四章的内容我们可以清晰地看到，教师在做教学决策时考虑的相关要素知识不同，并且考虑的程度和整合相关要素知识的程度也有所不同。依据课堂教学中反映出的 PCK 相关知识的整合程度和要素知识间联系的频次，可将 PCK 结构划分为完整型和缺失型。根据对整合方式的进一步分析，前者具体表现为自主整合和机械整合两种结构特征，后者具体表现为松散缺失和低效缺失两种结构特征。本书的研究对象是在尽可能满足最大信息饱和程度的原则下，通过有目的地严格筛选而得到的，因此，他们所表现出来的 PCK 结构特征具有典型性。每位教师整体上侧重表现为其中一种 PCK 结构特征。本章主要基于课堂教学中教师的教学决策和每节课的 PCK-SoEM 结构图，结合教师在课堂教学中所反映出来的 PCK 分数、PCK 等级水平、PCK 相关要素知识反应频次及要素间联系的缺失状况展开深入分析，详细阐述四种 PCK 结构的特征及原因。

第一节　自主整合型学科教学知识结构特征及成因分析

M 老师拥有 18 年的教学经验，有 1—6 年级完整的教学经历，能恰当地根据自身教学定位和学生需要进行 PCK 相关要素知识的整合，且其教学具有针对性，失误较少。虽然公开课和常态课均能较好地完成既定目标，但侧重点较为不同。教师只有对学生的先在知识、学习困难、迷思概念以及特点的掌握较为全面，教学预设充分，才能抓住关键点生成新的教学行动。根据 M 老师对 PCK 相关要素知识的反应频次（表 5-1）、PCK 相关要素知识的联系及水平（表 5-2），以及 M 老师利用 PCK 做教学决策时所应用的相关知识的具体内容的外显化关系图（图 5-1），笔者发现 M 老师在教学中的 PCK 结构特征主要表现为自主整合型。

表 5-1 M 老师的 PCK 相关要素知识反应频次统计表

序号	课堂教学	OT	KSU	KIR	KC	KA
1	MN1	6	12	12	5	7
2	MN2	6	12	11	5	7
3	MN3	6	11	11	6	6
4	MN4	9	12	12	7	8
5	MN5	6	8	6	0	3

表 5-2 M 老师的 PCK 相关要素知识联系及水平统计表

要素关联		KIR-KSU	OT-KIR	OT-KSU	KA-KSU	KA-KIR	OT-KA	KC-KSU	KC-KIR	OT-KC	KC-KA	总频次	PCK 分数	水平	不恰当	错误
课堂教学	MN1	12	6	6	7	7	4	5	5	4	3	59	50	3−	2	0
	MN2	11	6	6	7	6	4	5	5	4	4	58	52	3−	1	0
	MN3	11	6	6	6	6	4	6	6	4	5	60	59	3+	0	4
	MN4	12	9	9	8	8	6	7	7	7	4	77	62	3+	0	0
	MN5	6	6	6	3	1	1	0	0	0	0	23	47	3−	0	0

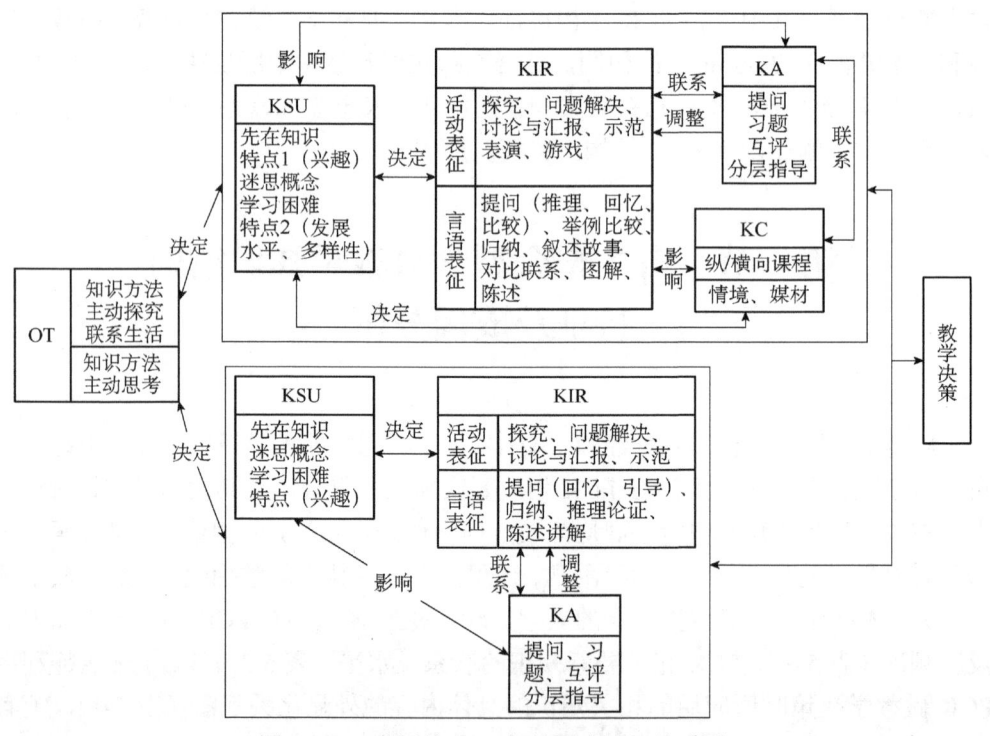

图 5-1 M 老师的 PCK 相关要素知识关系图

一、自主整合型学科教学知识结构特征描述

1. 选择性整合学科教学知识相关要素知识，水平接近"熟练"

针对不同的教学内容，教师有不同的学科教学定位，有选择地对相关要素知识进行整合来设计和实施教学较为恰当，因为公开课与常态课的 PCK 整合程度有所差别。M 老师的教学能力得到了校长和同事的肯定，无论是公开课，还是常态课，M 老师都能达成既定的教学目标，但她对待公开课和常态课的教学定位有所差别，对于公开课，她更注重学生从知识与技能到过程与方法，再到情感、态度与价值观的全面发展。在 MN2 课上，M 老师让学生主动探究，自觉培养创造力、动手操作的能力，让学生"感受相反意义量的冲突"，在复杂的情境中主动产生解决问题的意愿，并能选用恰当的语言表达自己的意思、阐明自己的观点和推理、分析步骤以及结论。例如，在表示 3 组相反意义量的数字任务中，M 老师"鼓励学生发挥想象力，自主探究，当学生意识到表示的复杂性后，会产生寻求统一表示的迫切欲望，并为之努力，进而为负数学习做铺垫"（MN1-Ib）。M 老师让学生通过收看全国天气预报，让学生感受温度与地理位置的关系，感受祖国的幅员辽阔；通过了解负数产生的历史，让学生感受和体会先哲的智慧。但 M 老师也表示这种课耗时费力，不能经常开展。她认为常态课应更多关注学生关于知识点和规则方法的学习以及解题能力、学习习惯与技能的培养，应追求"扎实"。

对于"数据告诉我"一课，按照《义务教育数学课程标准（2011 年版）》的要求，应该让学生在简单的数据调查、收集、整理和分析中，了解通过各种途径收集信息的方法，初步体验统计的意义；能根据统计表中的数据回答一些简单的问题，能与同伴交流自己的想法；提高收集、整理和利用信息的能力，利用已学知识解决实际问题的能力；让学生体会到生活中处处有数学，培养学生的环保节约意识（MN5-IY）。

但实际上，M 老师对本节课的定位侧重于学习习惯和运算技能的培养，让学生用整整一节课练习了一道大数计算的习题。

在常态课 MN5 中，M 老师明确表示该课的教学定位为知识方法的习得和主动思考能力的培养，因此，这节课呈现出的教师 PCK 结构缺乏课程知识及与其相关的联系（图 5-2）。在公开课 MN2 中，M 老师多次整合课程知识，创设有利于学生学习的情境，并选择恰当的课程媒体材料，帮助学生学习学科知识，如温度情境的创设、在大号温度计上操作温度等。此外，M 老师还通过两次新旧知识的对比，帮

助学生以旧知带动新知的学习。例如，在认识正负号时，M 老师引导学生对正负号与加减号进行对比，理解本节课中的"+""−"不是之前学习的加减号，而是分别表示正负。在读数环节，M 老师故意将"+100"前面的正号去掉，让学生回忆之前讲过的正数前的"+"可以省略的这一知识点。在学习中，M 老师还简单涉及了将要学习的小数，为学生后续的学习做了铺垫。M 老师通过 3 次适时地呈现数学史，如应用多媒体技术辅助讲述负数的历史，来帮助学生了解相关的知识。

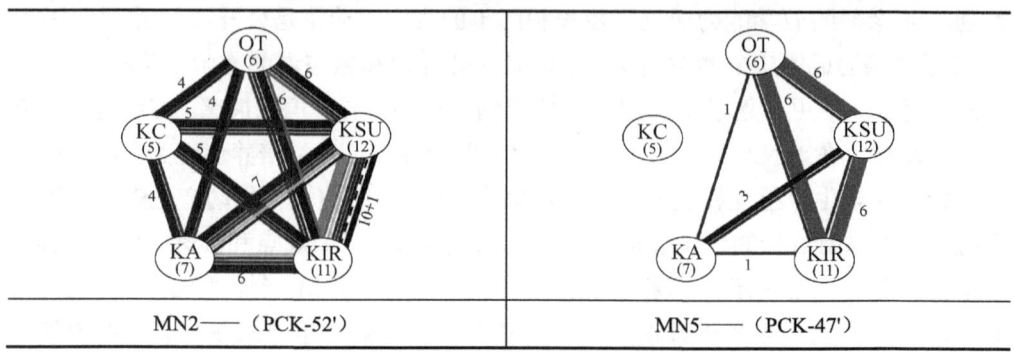

图 5-2　M 老师的 PCK-SoEM 结构图

注：图中线条的粗细表示 PCK 相关要素间联系频次的多寡

总之，M 老师对 PCK 相关要素知识考虑得较为周全和恰当，其在课堂中呈现的 PCK 水平接近"熟练"等级。

2. 有关学生理解的知识掌握得较好，能够充分预设教学

M 老师能熟练掌握学生的整体情况，如学生的特点、已有知识基础、在特定内容学习中可能会出现的学习困难或迷思等，并据此充分地预设学生的学习反馈及教学策略，且在关注群体学习的同时也能关照到个体的学习。在 MN5 一课中，M 老师基于授课经验发现学生在大数计算方面普遍存在问题，如"单位不统一""做题不够细心"等。因此，她认为有必要拿出一节课来练习一道题，以培养学生认真仔细做题的习惯，使其熟练掌握做题规律。其实这道题中把大数改成两位数一点儿都不难，没有一个孩子会做错，所以说，算理不难，多少方法也不是很重要，重要的是怎么能让孩子做到细心、计算时不漏 0、单位统一……让孩子养成非常好的学习习惯，这个是最重要的（MN5-Ia）。

可见，M 老师认为掌握规则、规律十分重要，倡导学生自主学习，主动发现问题、解决问题。在教学设计中，M 老师不断预设学生关于教学的多种反馈，在经过 3 次课堂教学实践和反思后，在最后一次课堂教学设计中预设得更为详细。例如，

在"创设情境,引入新知"环节,M老师从哈尔滨冰雪大世界入手,引出两种相对应的量,即零上温度和零下温度。M老师预设的师生对话如下(MN4-E#1):

师:今天是老师第一次和大家合作,先送给大家一份礼物——哈尔滨的冰雪大世界。请大家猜一猜冰雪大世界的温度会是多少?

预设1:

生(全体):零下20度、零下30度……(教师写板书,内容为学生说的温度)

师:(如果学生均说出零下温度时,主动反问)你们都说是零下温度,那老师猜是零上温度,如零上10度、零上5度,行么?

生A:行。

师:(出示海南的照片与冰雪大世界形成对比)你们猜猜海南这个时候的温度是多少呢?哈尔滨这个时候的温度也是零上,行么?

生B:不行。

师:(海南照片可以不出现)为什么不行呢?说说你的理由。

生C:太热了(若没说出零度,零度意义的呈现可在下个环节出现)。

生D:零度时,会呈现出冰水混合物的状态。

(师介绍零度的由来,帮助学生理解零度分界点的意义)

预设2:

生(全体):零下50度、零下60度……(教师写板书,内容为学生说的温度)

师:对比今天的温度,大家想象一下零下50度是什么样子的。去年,新疆维吾尔自治区出现了连续几天零下40度的气温,冻死了很多牲口,给人们的生活带来了极大的困难,这是比较罕见的现象。零下50度、零下60度这样的气温很少在哈尔滨出现,大家再想想。

预设3:

生(全体):零上5度,零上10度……(教师写板书,内容为学生说的温度)

师:(当学生说出零上温度时,出示海南的照片,形成强烈的对比,并提问)这个时候海南的温度是多少呢?

生A:零上20度……

师:那哈尔滨可能是零上吗?

生(全体):不可能。

师:为什么不可能呢?

生B:太热了(若没说出零度,零度意义的呈现可在下个环节出现)。

生C:零度时,会呈现出冰水混合物的状态。

（师介绍零度的由来，帮助学生理解零度分界点的意义）

M 老师认为，只有当预设丰富的时候，她才能自如地回答学生的各种问题，不忠实于教案设计，而是根据学生的反应随机调整教学，并且这种调整是在其掌控范围内的，能更有效率地引导学生在恰当的环节学习，符合学生的学习需要，提高效率，使得教学更加科学合理（MN4-Ia）。

通过分析发现，M 老师的教学设计呈现出"多路径线性"的特征。如图 5-3 所示，其中 $E_{\#1}$ 表示某个教学片段，1、2、3 等代表教学片段中的教学环节，A、B、C 表示学生的反馈类型预设，因此 KIR_{1a} 表示第一个教学环节针对学生 A 反馈类型的策略。"多路径线性"教学设计的优势在于，教师在教学前尽可能详尽地考虑学生的各种反馈类型，通过分析学生的先在概念、可能出现的迷思概念和学习困难等做出周密的教学预案。

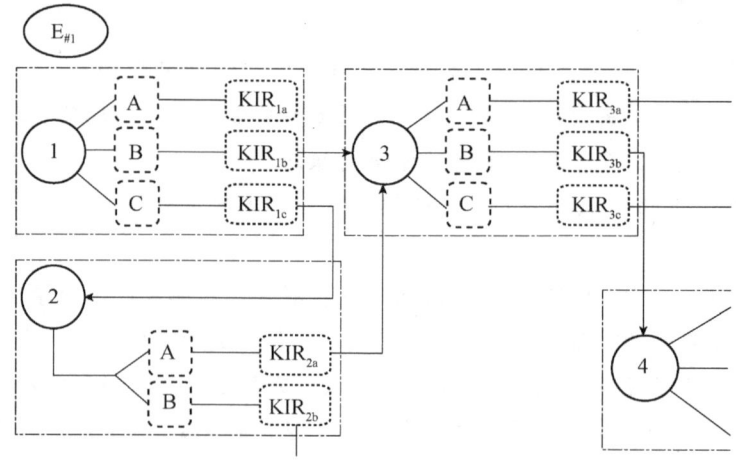

图 5-3　M 老师的"多路径线性"教案设计图
注：▭ 表示学生反馈类型预设　▭ 表示针对反馈类型的策略

3. 教学策略知识与学生知识联系紧密，策略表征恰当多元

教师的教学决策主要建基于对学生学习现状的把握，M 老师的知识较为系统化，她能采用丰富多元、恰当的策略进行表征，并根据学生的反馈及时调试教学策略，整节课堂的生成性较好。

在 MN2 一课中，M 老师采用了活动式表征，鼓励学生自主探究，让学生如"用喜欢的方式表达意义相反的量"。针对小学生年龄小、好动、易疲劳、有意注意保持时间短的特点，M 老师设计了卡片读数游戏来巩固正负数的读法。通过用肢体语言表征零度这一关键温度分割点，为较难的知识"陡坡"搭建阶梯，激发学生的学习兴趣，从而较好地完成了教学目标。M 老师借助具体形象的特大号温度计来帮助学生理解温度的数值高低,并进行比较,总结规律,这样从直观到抽象的设计符合学生的年龄特点。此外,M老师还运用了举例、比较、提问、归纳、叙述故事、对比联系、图解、陈述等,其中提问主要采用推理、回忆、比较的方式进行(图5-1)。

针对学生在课堂上提出的问题,M老师能够适时地设计新的教学环节和调整策略表征。例如,在MN5一课上,M老师认真观察学生的作答情况,并掌握典型错误。由于某题有多种解题方法,M老师就选择了2名学生到展台上进行讲解,由他们展示不同的作答方法,但这两名学生的作答不完全正确,存在学生易犯的典型错误。因此,教师在讲解过程中可以不断地提出问题进行质疑,使学生更加明确错因,避免再次犯错。该课既有探究和示范讲解的活动表征,也有归纳、推理论证、陈述讲解、提问的言语表征,教师的提问以回忆和引导为主。

4. 较好地整合了评价知识,且方法多元,指向教与学

M老师在设计评价时能充分考虑课程的相关要求,并适当考虑在纵横联系课程知识的背景下实施评价。还能够采用恰当的策略评价学生的学习进度和水平,不仅能将评价指向学生学习,还能指向教学,以为接下来的教学实施和调整提供依据。评价形式较为多样,如学生自评、生生互评、教评生等;评价方法较为多元,如分层指导、梯次练习、有技巧的提问等,在注重知识评价的同时,也注重能力评价、结果评价与发展性评价相结合。在MN5一课上,M老师选择典型的例题让学生练习,通过第一轮指向教学的评价发现学生存在的问题,并及时提醒学生解决;通过第二轮指向学习的师生评价来评价学生的作答情况;第三轮为指向学习的多维评价,采用学生自评和师评生相结合以及生生互评来巩固知识与技能的学习。在ME2一课上,M老师在引导学生复习"大数的读法"时并没有按照常规方法直接出题,而是让学生自己编几个大数,然后让同桌或前后桌的同学来回答。让学生在出题的过程中进行思考,在对他人评价的过程中学会知识、习得技能,这样有利于教会孩子学会提问、乐于提问。

二、自主整合型学科教学知识结构的成因分析

1. 在理解阶段全面思考学科教学知识的相关要素知识

M老师对教学定位的思考较为清晰、准确,并以此作为教学设计的导向。面对不同的教学对象,M老师能主动去了解和把握他们的先在知识、学习困难、迷思概念及学习特点等相关信息,并且能够根据他们的现状对教学内容进行二次开

发,从而避免出现学生"失语"现象。M老师能够详细地思考该特定内容在学科教学体系中的位置及其与其他知识的联系,尽可能地将它们联系起来,帮助学生建立完整的知识体系。M老师能够根据教学内容设计出丰富、多元的教学情境,在情境中开展生动的教学活动,且教学评价的方法与维度也逐渐多元及丰富,能够与教和学紧密地联系起来。

2. 将适切整合的学科教学知识相关要素知识转化为有效的教学行动

只有适切地整合PCK相关知识,才能形成正确合理的教学行动。M老师在教学情境中寻找机会了解学生的学习和思考过程,进而选择恰当的教学策略做出教学决策。M老师能够熟练把握教学主题,将自己对教学的思考和设计转化为有效的教学行动,且每次都能将自己对教学的反思、对教学策略的调整以及对教学的重新设计与思考付诸行动。此外,M老师能够很好地落实已设计的教学定位,如注重对学生学习方法的培养,倡导学生自动探究和思考,希望学生能够将学习的知识与生活相联系。此外,M老师也能够较好地将特定的教学内容放入特定方法中进行教授。

3. 系统完备的学科知识结构是有效设计和实施教学策略的前提保障

M老师从教小学数学18年,有1—6年级完整的教学经历,系统、完整地掌握了小学数学全学程的教学内容。M老师的教科书上比较全面地记载了每节课的教学要点和注意事项,而这些是在教学参考书上看不到的。M老师善于梳理、总结特定主题或领域的知识要点(图5-4、图5-5),来帮助学生将其理解并内化为结构化的知识体系,M老师表示她在六七年前就这么做了。

第五单元 除法

1、除数是两位数的除法的笔算法则。
　　除数是两位,先看前两位,两位不够看三位,除到哪位商哪位。
2、除数是两位数的除法,一般把除数看作和它接近的整十数来试商;试商大了要调小,试商小了要调大。
3、在有余数的除法算式中,余数一定比除数小。被除数=商×除数+余数。
4、三位数除以两位数,商可能是一位数,也可能是两位数。
5、商的变化规律:
　　A. 在除法算式中,除数不变,被除数扩大或缩小几倍,商就扩大或缩小几倍。
　　　（即除数不变,被除数和商的变化相同）
　　B. 在除法算式中,被除数不变,除数扩大或缩小几倍,商就缩小或扩大几倍。
　　　（即被除数不变,除数和商的变化相反）
6、商不变性质:在除法算式中,被除数与除数同时扩大（或缩小）相同的倍数（0除外）,商不变。
7、混合运算
　　A、在没有括号的混合运算中,如果只含有加减法或只含有乘除法应从左往右计算;如果含有加减法和乘除法应先算乘除法,再算加减法。
　　B、在有括号的混合运算中,应先算括号里面的。

图5-4　M老师关于除法单元的知识结构梳理

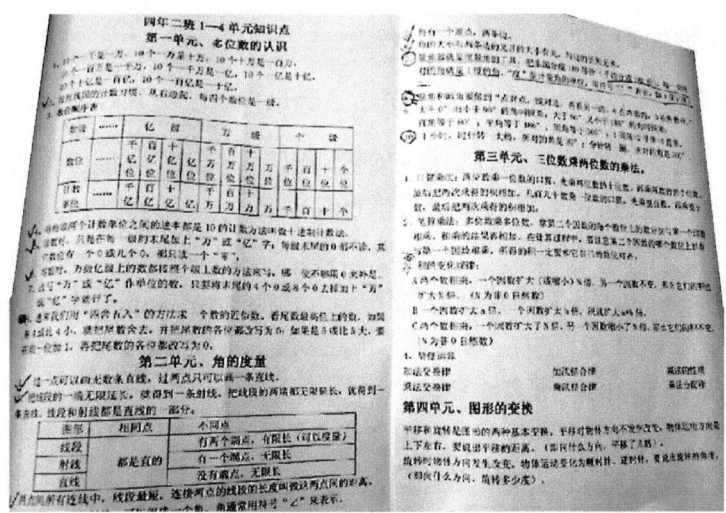

图 5-5　M 老师对期末复习各单元知识点的梳理

M 老师认为，这样的梳理（图 5-5）在期末考试复习时有用。她要求学生反复背诵并理解规则，通过原理讲解、具体例子的分析和黑板示范，帮助学生理解每一个知识点。除此之外，她能够在复习完知识点后，马上举例诠释，直接联系到书上对应的习题，并且提出有梯次的问题来检验学生的学习效果。M 老师自信地表示所有的题都在她心里，她不用准备，可以随时拿出来。可见，系统、完备的学科知识有助于教师正确理解特定学科知识的内容本质、更适切地设计和实施教学策略。

4. 充分重视有关学生知识的积累及其在教学中的地位与功能

M 老师在 18 年的教学经历中十分重视关于学生知识的积累，熟悉各年级学生的学习状况和特点，详细把握了特定内容下学生的先在知识、学习困难、迷思概念等，能根据学生的学习情况预设和调整教学策略表征。例如，M 老师能将课程知识的纵横联系融合到课堂教学中，帮助学生在知识体系中习得和巩固新的知识。她表示，她知道学生哪里容易出问题，所以她就这样提问，以引起他们的注意、重视和思考。在教学前，她都会适时地通过一些方式对学生的先在知识进行了解和检测，如早自习集体小测试、课间和学生聊天、主动了解学生在其他学科中学习的内容，并记录与自己教学有关的内容，以此作为教学设计的参考，以真正达到更好地为学生"量身定做"教学的目的。她还会在教学进程中通过一些评价来检查学生的学习情况，以此作为开展下一步教学的信息参考。M 老师认为，学生的迷思概念和困难点在教学中很有价值，是教学中应突破的关键点，收集和总结学生在考试和作业中的错题、困难题等，并将其形成自测卷，能够帮助学生消除迷思、解决困难、熟练准确地掌握知识，进而达成学习目标。

5. 反思性实践是提升学科教学知识水平和优化教学决策的关键因素

反思是对自身信念的省察过程，既能更好地引导实践，亦能评价教学策略和教学过程的有效性。反思性实践包含对教学过程以及教学行为背后的思考，而非简单地对教学本身的评估。M 老师所在学校校长表示，M 老师的反思能力和学习能力很强，很会学习和思考，能够较好地内化自己学到的东西，然后将其迁移应用到教学中（I-P3）。在课后访谈中，M 老师总能主动、即时地反思当节课的教学，并能够全面地给出下一步的改进方法和策略。

教师主观改进的意愿和反思是提升 PCK 水平的关键因素。M 老师通过不断的反思来处理、生成和筛选有关或无关课上、课下的问题，确定哪些应教、哪些不应教。M 老师既能主动参与设计问题情境，形成融洽的师生关系，并基于反思提炼问题，以此来选择合适的解决策略；也能基于对教学经验的反思，面向学生创造有价值的知识，在复杂情境的问题解决过程中形成实践性认知。M 老师能在反思性教学中持续开展与教学素材和教学情境的"对话"，并能通过学习共同体开展"反省性思维"的教学活动，在课堂中实现了共享"实践智慧"。

第二节 机械整合型学科教学知识结构特征及成因分析

X 老师是其所在学校公认的积极上进型优秀年轻教师，教龄为 6 年。她重视学生的全面发展，不仅关注学生在知识与技能、过程与方法方面的发展，也关注学生情感、态度与价值观的形成，对新课程改革的理念落实得比较好。X 老师善于学习，在教学计划阶段思考得较为深入，教学设计得较为科学，能较多地考虑到学生的先在知识、学习困难和迷思概念以及学生的多样性。虽然 X 老师对 PCK 的一些要素考虑得不够周全，选择的教学策略较为机械，但总体表现较为恰当。根据 X 老师对 PCK 相关要素知识的反应频次（表 5-3）、PCK 相关要素知识联系及水平（表 5-4）、X 老师对教学的思考、利用 PCK 做教学决策时所应用的相关知识的具体内容进行外显化呈现的关系图（图 5-6），该教师在教学中的 PCK 结构特征主要表现为机械整合型。

表 5-3　X 老师的 PCK 相关要素知识反应频次统计表

序号	课堂教学	OT	KSU	KIR	KC	KA
1	XN1	4	5	5	1	4
2	XN2	4	6	6	2	2
3	XN3	5	7	7	1	4
4	XN4	6	8	7	2	6
5	XN5	5	7	7	1	3

表 5-4　X 老师的 PCK 相关要素知识联系及水平表

要素关联		KIR-KSU	OT-KIR	OT-KSU	KA-KSU	KA-KIR	OT-KA	KC-KSU	KC-KIR	OT-KC	KC-KA	总频次	PCK分数	水平	不恰当	错误
课堂教学	XN1	6	4	4	5	5	3	1	1	1	1	31	43	2+	0	0
	XN2	6	4	4	2	1	2	2	2	0		25	50	3−	0	2
	XN3	7	5	5	4	4	3	1	1	1	1	32	47	3−	0	0
	XN4	7	6	6	6	5	4	2	2	2	1	41	58	3+	3	0
	XN5	7	5	5	3	3	2	1	1	1		28	50	3−	1	0

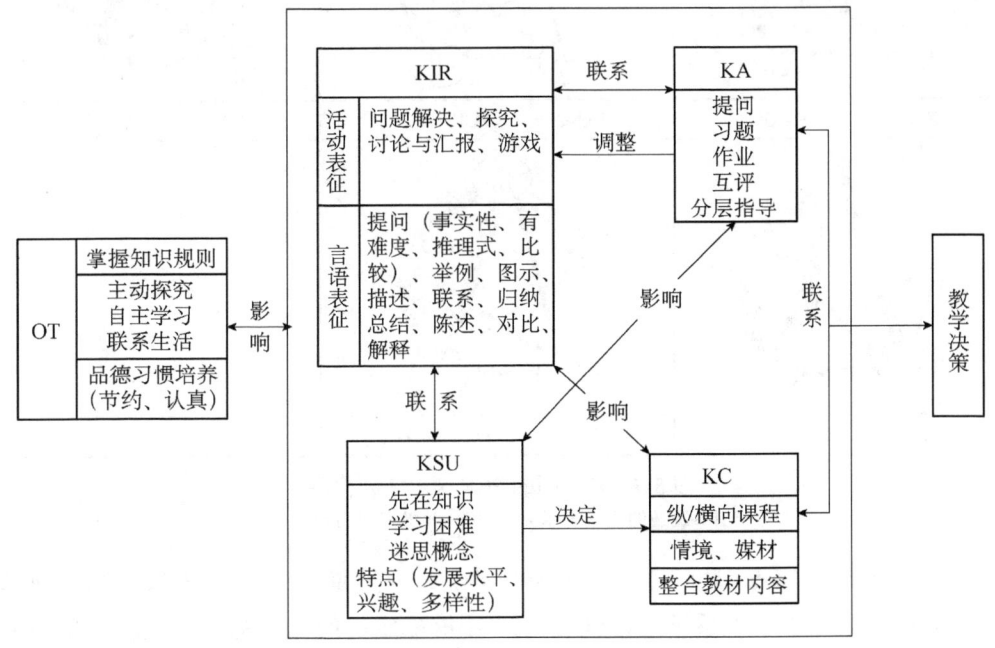

图 5-6　X 老师 PCK 相关要素知识关系图

一、机械整合型学科教学知识结构特征描述

1. 学科教学知识相关要素知识整合得较为完整，但总水平不够稳定

X老师的PCK-SoEM结构图（图5-7）较为完整。针对数学课程的定位，除了应让学生掌握相应的知识外，她认为还应培养学生独立思考的意识和思维能力，自主探究、合作创新精神，以及解决生活中的实际问题的能力。因此，X老师在现有教材的基础上精心丰富自己的教学设计，方法意识较强。她认为有的学生学完了，题也做过了，遇到题还是不会就是方法的问题（XN4-Ib）；同时X老师注重"考试技能"的培养，但该考试技能并非答对题、考高分，更多地体现为对学科思维的训练。

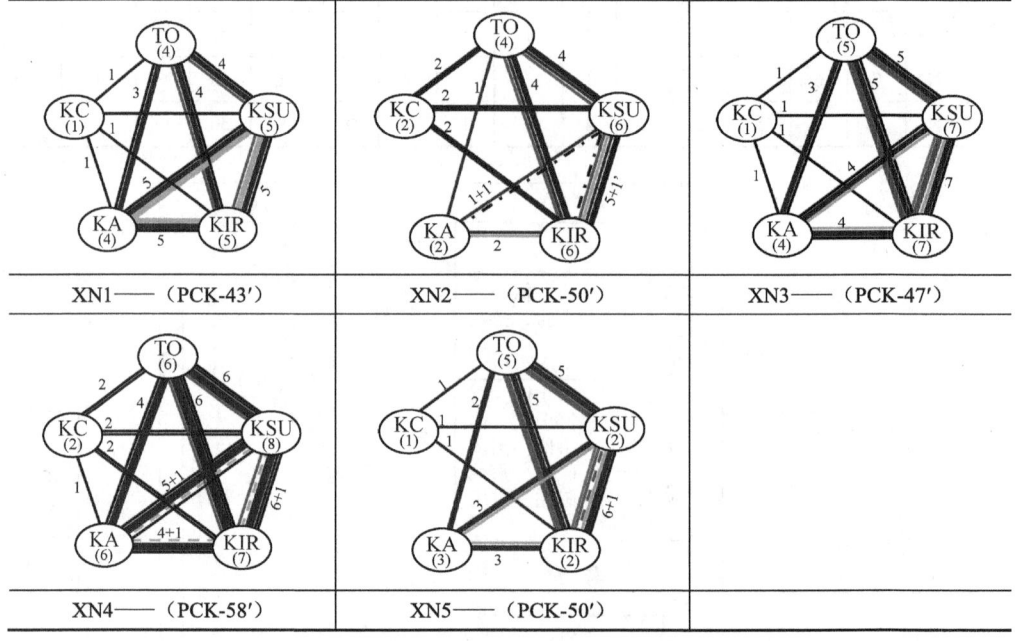

图 5-7　X老师的PCK-SoEM结构图
注：图中线条的粗细表示PCK相关要素间联系频次的多寡

从图5-7、表5-5中可以看出，在教学中，X老师整合PCK相关要素知识的水平不高，且存在要素联系不当、PCK水平不够稳定的问题。总体而言，X老师基本处于接近"熟练"的等级。

表 5-5　X 老师 PCK 水平描述与频次统计表

课堂教学		XN1	XN2	XN3	XN4	XN5
统计信息	PCK 总分数	43	50	47	58	50
	PCK 水平描述	2+	3−	3−	3+	3−
	要素联系频次	27	25	32	41	28
	要素联系缺失频次	0	1	0	0	1

2. 对有关学生理解的知识有一定了解，但不深入透彻

在教学设计与实施环节，X 老师首要考虑的是学生的先在知识，其次是学习困难（图 5-6），并对学生的先在知识、关于特定内容学习的迷思和学习困难有一定把握，但由于教学经验不丰富，其在教学中对学生整体的分析与把握还不够深入透彻。

关于"正负数"一课，X 老师在课前访谈中谈道：

> 学生在 4 年级已经学习过正负数，但是有些学生比较"健忘"，因而有必要用几个习题来回顾一下。学生在符号（正负号）这块儿容易混淆，如在−1−1 这个式子中，学生分不清哪个符号是负号、哪个符号是减号（XN4-Ib）。

在实际教学中，通过几道题的练习，X 老师发现学生对 4 年级学过的内容掌握得较好，但在"观察范围"这一课的学习中存在一定困难，因此，在确定观察范围的时候，教师谈道：

> 墙是具有一定厚度的，学生有时候会将障碍点确定到墙中间这个点，但实际上这个点在墙头，挨着墙角内部的这个点我们是看不到的，因此存在误差（XN5-Ib）。

有时候教师也会低估学生的能力，如在"大数的认识"一课中，与学生计算 250 万千克大米可以装载进多少辆卡车后，X 老师直接说道：

> 250 辆卡车得组成多么壮观的车队啊！而我们这节课学的一个最重要的知识点就是：将整体拆分成大致相等的部分。一起来读一遍……（XN2-O）

在课后访谈中，X 老师表示：

> （学生需要）明白这节课的重点在哪儿，如果这节课我没有揭示这个知识点，学生就不知道这节课的学习目的是什么，也不会提炼出这个知识点，那教学目标也就无法实现了。（XN2-Ia）。

在"复式折线统计图"（XN1）一课，X老师提问有关"复式条形统计图"的知识点时，几个学生没有完整回答问题，X老师便武断地判定学生回家没背，而没有深入分析学生未掌握该知识点的本质原因。

3. 教学策略与表征知识呈现多元化，但个别不够适切

X老师的教学设计和实施基本遵循"创设情境、激发兴趣—自主探究、独立思考—巩固练习、学以致用"的模式。部分课堂教学还有"归纳总结、知识拓展"环节，能给学生留出空间和时间去主动思考、讨论和探究，并得出结论。对学生感到困难、无从解决的问题，X老师能够主动组织学生进行讨论，适时地向学生追问，化解难点，给学生充分的自主学习权利。X老师能根据学生需要采用丰富的活动和言语表征，如问题解决、探究、游戏、汇报、推理、归纳、不同类型的提问、图示等（图5-6）。

在"复式折线统计图"一课中，X老师根据学生已有生活经验和知识，将复习的"复式条形统计图"和"折线统计图"知识点及其代表图示作为"复式折线统计图"的知识框架，对比联系"折线统计图"的知识基础，采用知识迁移方法让学生归纳总结出"复式折线统计图"的含义、意义以及特点。X老师让学生独立完成书中例题，并小组探讨出画"复式折线统计图"的注意事项。在"正负数"的新课导入中，X老师采用"猜拳"游戏，不仅激发了学生的兴趣、活跃了学习气氛，还让学生初步体会了正负数的记录方法和抵消原理。在"观察范围"一课中，为了让学生能够更直观地感受观察范围的变化规律，X老师采用数形结合以及Flash动画的形式进行直观演示，并让学生在观察后总结归纳出"观察的范围随着视线观测点的变化而变化"的规律。但其教学中也存在一些策略失当的情况，特别是"死记硬背"式的机械记忆策略。例如，X老师在PPT中呈现"将整体化成大致相等的部分，通过部分的数量估算整体的数量"，同时在黑板上又抄写了一遍，接着让学生照着抄写、再背诵。X老师认为，学生读一遍、听一遍再写一遍印象就加深了。每次写都不白写，听也不白听，说也不白说（XN2-Ia）。但X老师并没有结合概念或规则做深入的学理解析和例证阐释，以让学生理解学科内容的本质。

4. 能够注重对课程知识的整合，但难度把握不当

课程知识在PCK相关要素知识整合结构中较易缺失，但X老师较为关注课程标准中的要求，注重课程的纵横联系，且在每节课中都有所体现。X老师能根据学生的兴趣、特点和自己对教学内容的理解开展教学，能对教学内容进行一定程度的拓展，尝试超越教材、优化素材，并通过选择恰当的内容让学生在单位时间内学习

更多知识，获得更多体会。

在"数据世界"一课中，X 老师依托于教材设置的"海啸后救灾工作"的情景，采用"吃、喝、住、行"这一主线，让学生一步步有条理地感受大数。在"数字用处"一课中，X 老师在教授邮政编码时，能拓展至信封书写格式，并让学生基于基本格式用自己喜欢的方式设计信封。在"正负数"一课中，X 老师能重组教材，让学生体会知识"感知—形成—应用—拓展"的过程，此外还向学生介绍"负数"形成的历史知识。在"观察范围"一课中，X 老师用 PPT 适时呈现《登鹳雀楼》中的情景，通过"欲穷千里目，更上一层楼"帮助学生更好地理解"站得高，望得远"的规律。但在个别教学环节，X 老师对现有知识和教学难度的把握不当，采用了超出学生现有接受水平的方法进行教学，造成学生出现学习困难。例如，F 教研员在访谈中表示，"计算珠穆朗玛峰和吐鲁番盆地两者相距多少米"一题过于强调负数的算理，对于学生来讲有些偏难和不必要（XN4-IF）。其在复习课中讲解"十字相乘"的方法帮助学生解题，超出了学生现有的知识理解能力，不够恰当（XE2-IXX）。

5. 注重评价知识的整合，以此促进教与学

X 老师主要采用"指向学生学习"的评价方式，通过教师评价学生、生生互评、学生自评几种方式展开，主要评价学生的先在知识和新知学习。X 老师通过评价完成对学生在知识与技能层面的学习效果的检查，主要方法有提问、习题巩固、作业评价等。特别是在教学的习题环节，教师在学生完成书后习题后，结合学生的实际情况搜集一些习题，进一步帮助学生巩固知识。在"正负数"一课中，X 老师通过 5 道不同层次的习题对学生现有知识进行检核，发现学生对已有知识掌握较好，并及时调整教学，在第三道习题基础上通过变形增加难度，让学生更好地体会正负数可以抵消的原理。X 老师的少部分评价采用"指向教学"评价，能够熟练地通过提问来探究学生的理解程度，了解学生对知识点的掌握及归纳能力，基于现有水平帮助学生进一步凝练知识点，或作为接下来教学方向和起点的依据，以此选择合适的教学策略及表征。

二、机械整合型学科教学知识结构的成因分析

1. 认同课程理念并有意识地整合学科教学知识相关要素知识

X 老师认同《义务教育数学课程标准（2011 年版）》和当下教育教学改革的一些理念，并在教学设计中有较为明显的体现。X 老师注重学生数学思维，以及独立

思考、自主探究、团队合作、交流互助精神的培养，能够将数学学习与生活实际相联系，有意识地和较为周全地思考及设计教学，并持续改进。

X 老师反对只停留在知识与技能层面的教学，更为关注学生的全面发展，在教学中时刻注重将教学"水到渠成"地升华至对学生情感、态度与价值观的培养。例如，在 XN2 一课中，通过海啸唤起学生的同情心，倡导节约用水、节约粮食、节约纸张。在 XN3 一课中，X 老师通过让学生绘制信封来培养学生勤俭节约的品性，号召学生在新年时制作手工贺卡，提倡采用节约金钱、彰显个性的祝福形式表达自己对他人的真挚祝福。通过身份证号码的学习，让学生记住父母的生日，懂得感恩。在 XN5 一课中，通过高楼挡住低楼光线的例子，既形象地描述了低楼可观测的范围，又向学生渗透了维权的意识。

2. 寻找资源充分备课，积累关于学生理解的知识

X 老师在访谈中能够很清晰、完整地阐述自己的教学设计理念、方法和教学过程及原理，能及时发现问题并寻求解决办法。例如，在 XN3 的课后访谈中，关于身份证编码问题，在上次教学时，教师未明确身份证号码中"X"的含义，虽没有学生提出疑问，但课后 X 老师查阅了资料，并及时将这一知识点补充给学生。在本次教学前，X 老师用红笔在教案上做了备注，提醒自己如果没有学生提出该问题，她将反问学生"X"的含义。

此外，X 老师能够主动去了解学生的学习基础，以及可能遇到的学习困难和迷思概念，并思考相应的教学策略。在关于 XN4 一课的访谈中，X 老师谈道：

> 这节课是在 4 年级初步认识正负数的基础上进行的深入学习，虽然我没教过 4 年级的这节课，但是我听过别人的课，并在网上找了一些（关于 4 年级教学的）资料，学生已经知道正负数的定义了。这节课主要选用他们熟悉的生活情境，让他们进一步体会正负数表示的含义及其意义。目的是让学生会用负数表示日常生活中的一些现象，知道正负数可以相互抵消。教材中设置的是用比赛计分记录胜负的情境，我把它改为让孩子石头剪刀布，这样他们应该会感兴趣，但用正负抵消的方法解决生活中的问题应该是难点，个别学生（学习起来）可能会有困难……

X 老师应具有一定的专业敏感性，善于搜集学生身边熟悉的素材，以帮助他们更好地理解教学内容。例如，有关编码问题，X 老师与学生在课堂教学中有这样的一段对话（XN3-O）：

师：住在××小区的张××，说一说你家门铃的号码是多少？

生1：8233。

师：大家来猜猜8233代表什么意思，李×！

生2：8栋23层。（学生齐声"啊"？表示质疑）

师：对吗？再猜猜。

......

生5：8号楼2单元33号。

在访谈中，X老师表示：

我朋友住××小区旁边，我去找他时也能遇到张××的家长。我发现与一般小区不太一样，这个小区的门铃编码比较规范化，楼栋、单元、房间号都有。当时我就想这个可以课上用一下。多用生活中的例子，也有利于培养孩子留心观察身边事物的习惯……（XN3-Ia）。

3. 在"师傅"的教学策略与表征影响下初步形成自己的教学策略与表征

访谈中，X老师多次表示师傅常跟她说不仅自己要有方法意识，也要让学生有方法意识，以训练小学生的思维能力及逻辑推导、语言概括能力。X老师提及的这位师傅是省级骨干教师，教学口碑极佳，她所教过的学生不论是学习成绩，还是学习能力，均受到充分的肯定。X老师和她师傅在同一个年级组，在教学的第一年，只要有时间，她就会去听师傅的课，主动和师傅交流关于教学的思考与设计，所以X老师的教学设计与流程和她师傅的差别不大。在教学的第二年，她开始选择部分教学（教学中存在一定困难的、自己把握不好的）进行观摩学习，并且形成了一些自有的教学模式。在教学的第三年，X老师已能够按照自己的理解和意愿去设计课堂教学了，只有当自己对教学没有充分把握时才去听师傅的课或寻求师傅的指点，并在修订自己的教学设计后才在本班进行教学。同时X老师也表示，自己在教学中更注重学生的全面发展。

4. 主动反思教学实践，但学理性和针对性的分析能力有待提升

教师对课程教学的反思实际上也是对PCK相关要素知识整合的再审视。虽然X老师能够围绕教学方法和策略，针对学生的问题做出反应，并进行主动反思，但并不系统、深入。另外，从对X老师PCK的量规分析中可以看到，X老师只是"基本"反思关于自身对学生的理解，并基于这些理解完善教学策略和表征，而并没有达到"熟练"或"杰出"的水平。例如，在XN3这节课的课后反思中，X老师指

出:"我相信这节课唯一可能会出现困难的地方就是性别那个地方,学生很容易记混,把男单女双记为男双女单……(XN3-Ia)。"

X 老师多次表示,判断学生是否学会的方法就是做题和考试,并且认为"多背、多练"是帮助学生巩固知识的有效途径,而没有根据具体问题思考学生在特定内容学习中存在问题的本质原因及解决问题的有效策略。

5. 能够适当整合有关课程的知识,应用评价知识促进教与学

在 PCK 相关要素知识整合的过程中,X 老师能够在一定程度上关照课程知识,注重课程的纵向与横向联系;能够考虑到多学科以及学科内部的知识联系,帮助学生建立学科间的联系以及学科内部各个概念间的联系,并逐渐形成完整的知识体系;能够利用评价的改进功能促进教与学;能够在课堂教学中较为敏锐地捕捉到学生的学习发展趋势,准确地识别出学生的学习困难和迷思概念,并能通过适当的教学策略与评价策略来检验学生的学习情况,进而根据检验结果调整教学策略,促进学生更好地学习。

第三节 松散缺失型学科教学知识结构特征及成因分析

C 老师较为重视学生学习数学的思想和方法,会有意识地整合 PCK 的相关要素知识,但其 PCK 的相关要素知识结构不够稳定,而且计划阶段的教学和实施阶段的教学存在一定差别。C 老师对每节课的学科知识掌握得较好,能基于教学参考书找出教学重难点,且清楚地了解《义务教育数学课程标准(2011 年版)》中的相应要求,但有关学生的知识掌握得不够全面,没能准确把握学生的先在知识、学习困难和迷思概念,关注自身的教学多于学生的学习,在教学策略与表征知识方面存在不足。但 C 老师在研究中展现出了持续性的反思行动,且 PCK 水平在稳步提升。根据 C 老师对 PCK 相关要素知识的反应频次(表 5-6)、相关要素知识联系及 PCK 水平(表 5-7)、C 老师对教学的思考,以及利用 PCK 在做教学决策时所应用的相关知识的具体内容进行外显化呈现的关系图(图 5-8),该教师在教学中的 PCK 结构特征主要表现为松散缺失型。

表 5-6　C 老师的 PCK 相关要素知识反应频次统计表

序号	课堂教学	OT	KSU	KIR	KC	KA
1	CN1	9	11	11	2	8
2	CN2	1	5	5	0	3
3	CN3	2	5	4	1	3
4	CN4	2	8	6	0	3
5	CN5	4	8	5	3	7

表 5-7　C 老师的 PCK 相关要素知识联系及水平表

要素关联		KIR-KSU	OT-KIR	OT-KSU	KA-KSU	KA-KIR	OT-KA	KC-KSU	KC-KIR	OT-KC	KC-KA	总频次	PCK分数	水平	不恰当	错误
课堂教学	CN1	11	9	9	6	8	6	2	2	2	2	57	47	3−	4	0
	CN2	2	3	1	3	3	1	0	0	0	0	13	32	2−	3	0
	CN3	5	2	2	3	3	1	1	1	1	0	19	36	2	2	0
	CN4	6	3	3	3	3	1	0	0	0	0	17	40	2+	1	0
	CN5	5	4	4	7	4	3	3	3	3	2	38	47	3−	0	0

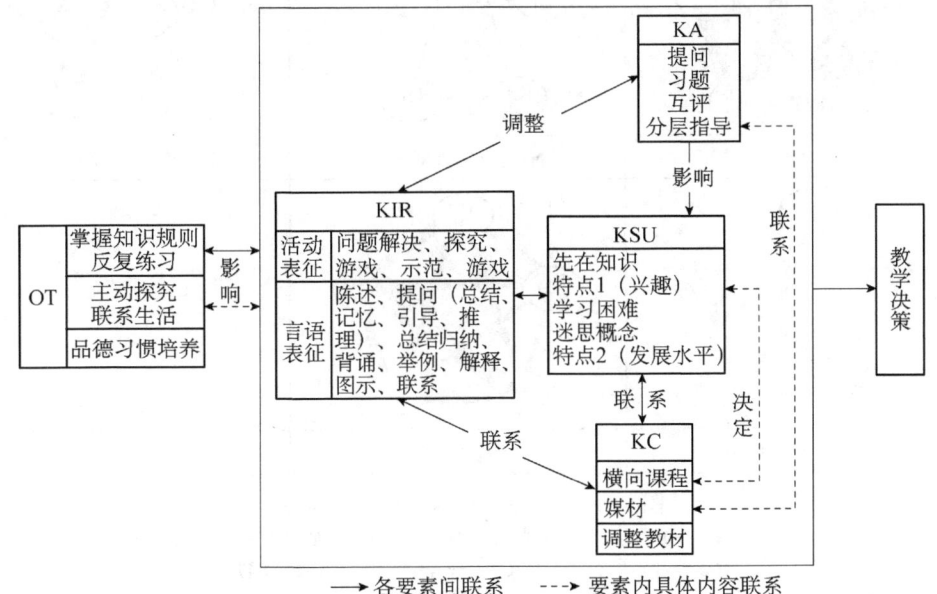

图 5-8　C 老师的 PCK 相关要素知识关系图

一、松散缺失型学科教学知识结构特征描述

1. 学科教学知识相关要素知识整合与联系在教学计划与实施阶段的呈现不一致

C 老师在教学设计阶段能主动思考 PCK 的相关要素知识，但实际呈现的 PCK

相关要素知识较为零散，缺乏必要的整合与联系（图5-9），尤其是课程知识有所缺失，即教学计划阶段所阐释的设计理念明显优于实施阶段的真实教学表征与行动。在访谈中，C老师表示学生学习数学知识的目的在于应用特定方法解决生活中的实际问题，因此，数学教学应将数学和生活紧密联系起来，以学生为本，多给他们空间去发现和探索，培养学生的创造性思维、认真的态度，但在实际教学实施阶段，C老师常采用以教师为主导的"说教"形式进行教学。在访谈中，教师常表示，学生应主动探究、思考问题，教师应基于学生的特点和不同水平加以引导。但在实际教学（如CN2、CN3、CN4）中，C老师的教学方法较为传统单一，仍以讲授为主。对于从知识内容中提炼出来的规则，教师采用重复记忆法，让学生背诵并机械地套用公式，未引导学生在理解的基础上明确问题的本质。

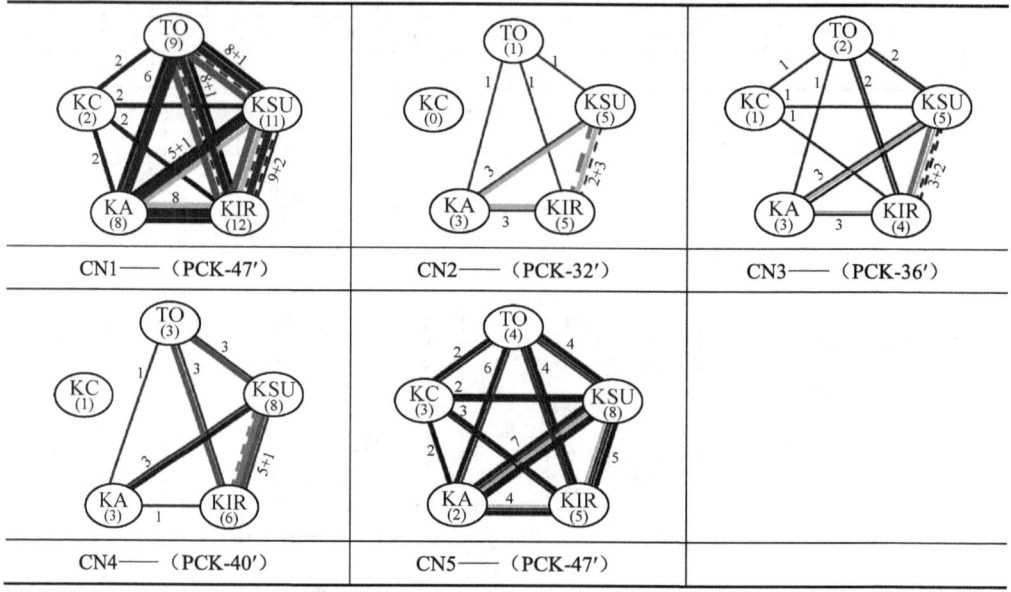

图 5-9　C 老师的 PCK-SoEM 结构图

注：以 CN1——（PCK-47'）为例，图中括号内的数值是根据 PCK 量规分析表对该课评定的分数，如 CN1 一课的 PCK 总分数为 47 分

C 老师对于 PCK 相关要素知识的整合程度处于较低水平，对于 PCK 的整合考虑不够周全，也不够恰当。例如，C 老师在公开课与常态课中所呈现的 PCK 结构图存在一定差别，公开课中 PCK 的整合程度明显好于常态课，且二者的 PCK 水平存在较大差别，不够稳定（表 5-8），其 PCK 水平处于"有限"水平和"基本"水平之间，总体处于"基本"水平。

表 5-8　C 老师 PCK 水平描述与频次统计表

课堂教学	CN1	CN2	CN3	CN4	CN5
PCK 总分数	47	32	36	40	47
PCK 水平描述	3−	2−	2	2+	3−
要素联系频次	57	14	19	17	38
要素联系缺失频次	0	4	1	4	0

2. 能够主动整合有关学生理解的知识，但不够全面、深入、有针对性

C 老师能主动思考有关学生的知识，但由于教龄较短，在学生的已有知识、学习困难、迷思概念等方面的知识储备不足。总体上看，C 老师能够在课堂教学中通过多次提问步步深入，有意识、及时地去了解学情，也能够主动通过多种间接途径去了解学生的特点、现有知识水平、学习某一知识的难点等。例如，通过与同事聊天，请教"师傅"，听同年级组其他教师的课，了解其他班级学生存在的问题，翻阅教学参考书等，C 老师能初步掌握关于学生的知识，多数情况下，会对学生的学习困难和容易出现的迷思与困惑有一定的了解和预设，但在对学情的立体化把握和系统全面性上显得不够深入，缺乏对学生个体化学习的多样性和针对性指导。

C 老师对学生先在知识及水平的把握有时不够精准。例如，在 CN2 一课上，C 老师过高地估计了学生的学习水平，认为该课内容很简单、无须多言，教学中未给学生足够的思考时间，缺少对问题的引导。教师只知道学生已经掌握了某些知识，但对学生的具体掌握情况缺乏全面、准确的把握，对学生的学习困难和迷思概念了解得不够深入。如 C 老师在 CN4 一课课前已经预设到了学生的已有知识掌握情况和易错知识内容，即学生在学 12 时计时法时容易忘记表示时间的词语，教师在教学时应在计时法互换中帮助学生以 12 为中轴做区分，但教师对基于特定学情的分析不够透彻，导致实际教学中未能抓住问题的关键进行引导。教师对学生的学习特点了解得不够充分，如在 CN1 一课中，教师预想到了学生学习的难点，但对学生的学习能力考虑不周到，在小组讨论时未提前指导学生了解表格。

3. 教学策略与表征知识的呈现较机械、缺少调试，外显策略不够恰当

在访谈中，C 老师在谈及教学设计时呈现出来的多是以"教"为起点，孤立地思考教学策略与表征的思维模式，而非以"学"为起点的思维模式。在实际教学中，C 老师较忠实于既定的教学策略，关注自身教学多于学生学习，未将学生的实时学

情与教学策略调试建立有机联系。C 老师的课堂生成性不足，教学机智不够，未能抓住学生学习错误资源引导学生生成新知，对于知识的总结、归纳与提升不足，且缺乏必要的教学调试。例如，在 CN1 一课上，C 老师了解到一些学生会用"拳头法"辨识大小月，但当学生在课堂上说出"可以用拳头（辨识大小月）"的时候，C 老师并未给学生机会来激发他们的学习热情，而是"假装学生不知道"，自顾自地讲解。C 老师虽然能基于对学生的了解设计教学策略，在解决问题的过程中，也尝试针对不同层次的学生采用不同的策略，但一些教学策略与学生实际学情脱节，未能帮助他们将新旧知识建立起良好的联系。C 老师未给学生充分自主学习的空间，对学生易错点的处理也过于简单（如直接告知而非引导发现、反复背诵等），浮于表面。在一些教学环节中采用小组合作的形式，目的在于促进学生之间的合作探究，如同桌间互相说"12 时和 24 时计时法"，但实质是低效或无效的合作，因为 C 老师并未给予学生充分的指导且未留出足够的时间，且未将小组探究的结果在全班范围内讨论。在实际教学中，C 老师试图通过问题引导学生思考，但提出的具有启发性的高阶问题并不多，也未能将"学习错误"充分转化为教学资源。C 老师对于学生的学习错误给予直接评价或纠正后，直接转入自己设计的"教学轨道"上；而非去深入地了解学生存在学习迷思的本质原因，引发"学习冲突"，进而有针对性地解决这些迷思。虽然 C 老师意识到了情感、态度与价值观在教学中的重要性，但渗透得较为机械或直接，未给学生足够的体悟与自悟空间。

4. 评价的知识较为单一，且针对性不足

C 老师的评价没有很好地实现与教学的联系，针对学生的作答，C 老师多数时候只是简单回应"对"或"错"，并没有进一步追问学生如此作答的理由。评价方法较为单一、针对性不足，没有体现对学生的激励，且评价标准不够适切。C 老师常常将"快"视为标准，让学生误以为"快"即"好"，导致在小组交流时缺少思考与有效交流，各说各的，或只是机械复述，改变了小组交流的初衷，降低了交流的质量。例如，在 CN1 一课上，学生把"小月"说成"中月"时，C 老师只是反问"对吗"，当学生回答"不对，应该是小月"后，C 老师并没有追问，而是回避了对"中月"的反馈，"教师可以利用该机会追问学生作答的根据，从而引出特殊的 2 月"（CN1-IY）。在教学中，C 老师普遍存在对学生"不够信任""不愿放手"的心理（CN5-IY），如可以给学生梳理重点内容或是做全课总结的机会，然后教师进行纠正、补充或提升，这样在培养学生学习能力的同时也能帮助教师检查学生的学习成果。

二、松散缺失型学科教学知识结构的成因分析

1. 教学设计与反思中整合的 PCK 相关要素知识未完全得以有效呈现

C 老师在教学设计和反思阶段表示出了整合 PCK 相关要素知识的意愿，但在实际教学中却较难将其转化为有效的教学行为，并且 C 老师的一些教育教学改革理念在课堂教学中并没有得到很好的落实，甚至表现出与之相悖的教学行为。"言行不一"是导致教师实际 PCK 结构松散缺失和水平不高的主要原因。基于课前访谈不难发现，C 老师能考虑到 PCK 中的相关要素知识，如能掌握所教内容中的知识点、教学重难点，但对小学阶段的整体知识体系把握得不够系统、周全。C 老师对课程标准有一定了解，并将其作为教学设计的依据，试图将相关理念融入教学，并且能基于一些特定内容阐述出对学生学习的理解。但 C 老师的 PCK 相关要素知识表现为散点式的存在，缺乏必要的有机整合、互相联系，对教法的理解也不够透彻，不能完全有针对性且适切地预设和实施教学策略与表征。由于教龄较短，C 老师没有建构起系统的教学实践和理论体系，PCK 水平不够稳定。但在参与本次研究期间，C 老师展现出了对教学进行全面评估与持续反思的意愿，PCK 水平有所提升。

2. 有关学生的知识储备不足影响教学策略与表征适切度

C 老师小学数学教龄仅 3 年，其所接受的职前培养定位于中学数学教学，实习期也没有小学教学经历，因而，有关学生的知识储备和经验积累得不足，特别是对学生的特点、多样性、发展水平、学情等了解不够。在访谈中，常听到 C 老师这样表达："我感觉这块儿可能对学生有点儿难""学生可能会出现问题吧，没教过，不太确定"。没有确凿的证据支撑自己的观点，且在教学计划阶段，对课堂教学预设不充分，未能充分根据学生的先在知识、存在的学习困难及迷思概念选择教学策略与表征。在教学实施中，又较为忠实地执行既定的教学策略，按照设计流程逐步完成，而对课堂中的生成性资源关注不够。C 老师缺乏教学机智，教学策略不灵活，表现出单向传递知识、简单完成教学流程的行为，缺乏对学生及时的关注与回应，不能很好地根据学生的真实学情来选择适切的教学策略与表征。

3. 职前与在职的专业学习对其数学教学理念与定位影响较大

教师的教学理念与思维受其职前数学教育专业学习背景的影响较大，如 C 老师毕业于数学教育专业，该专业旨在为基础教育特别是初、高中培养合格的数学教

师。受大学本科期间的数学专业课程的影响，C 老师在教学中较为重视知识和方法的教学，认为"把公式教给孩子，他们做题时往里一套就行了"（CN4-Ia）。在课堂中，C 老师常总结出一些规律、规则或是学习中的重难点给学生。例如，在 CN4 一课上，C 老师将课题"一天的时间"改为"24 时计时法与 12 时计时法的互换"。在授新课前，C 老师多会先听师傅的课，然后再进行教学设计或对之前的教学设计进行修改，如 C 老师在访谈中表示，在 CN4 一课中采用的画 24 小时时间轴（图 5-10）的方法，就是从她师傅那学来的。这说明 C 老师的一些教学行为还处于简单模仿阶段，她认为师傅教的就都是"经典的"，但是适合师傅班级学生的教学方法未必就适合她所教班级的实情，教学行为表现得较为机械刻板。C 老师职前的专业训练与在职的专业发展直接影响了她的数学教学理念与定位，进而影响了其 PCK 相关要素知识的选择与整合，以及形成合理的教学策略与表征。

图 5-10　C 老师"一天的时间"教学中画的 24 小时时间轴

4. 教学策略与表征较为传统、机械，未能有效发挥评价知识的功能

C 老师虽然可以说出当下的教育教学改革及《义务教育数学课程标准（2011 年版）》中所倡导的理念和行为方式，但是将理念转化成行动并不十分顺利，如在实际教学中，C 老师仍主要采用集中式单向度讲授的传统方法进行教学。这种传统的教学方式与新课程理念和她自己的教学设计有所相悖。在实施课堂教学时，虽然 C 老师会特意采用小组讨论、探究等学习方式，但有时却因未给学生充分的研讨时间、教学过程欠缺指导而流于形式，达不到理想的学习效果。虽然 C 老师采用层层追问的方式，力求一步一步引导学生思考和解决问题，但一些提问缺乏实效性和引导性。C老师推崇习题训练法，用大量的练习来评价学生的学习效果，以此帮助学生巩固和学会解决问题的方法，但练习应建立在充分理解知识的基础上，通过练习强化记忆、内化理解。若只靠单纯机械的模仿训练或套用公式并不能解决学生学习的实质问题，不理解知识本质的机械记忆难以达成良好的学习效果。C老师在面临教学重难点时，往往选择直接告之，缺乏培养学生独立解决问题的能力。面对学生的迷思概念，C老师只是简单地问答，没有对自己所提的问题进行筛选，未采用一些能够挑战学生迷思概念和高质量的问题来激发学生寻求答案的动机与行动，进而发挥评价的功能。

第四节 低效缺失型学科教学知识结构特征及成因分析

G老师从教16年，有一定教学经验，注重培养学生主动提问和质疑的学习态度，在一定程度上掌握了学生的先在知识、学习困难、迷思概念、兴趣和发展水平。但教学准备不够充分，较为忠实地执行教材和既定内容，有关学科知识的一些细节掌握得不够精准，教学策略不够多元、适切，一些教学策略的选择较为不恰当。G老师的PCK相关要素知识整合得不够完整、结构不稳定、整体水平偏低。根据G老师的PCK相关要素知识反应频次（表5-9）、相关要素知识联系及PCK水平（表5-10）、对教学的思考，以及利用PCK在做教学决策时所应用的相关知识的具体内容进行外显化呈现的关系图（图5-11），G老师在教学中的PCK结构特征主要表现为低效缺失型。

表5-9 G老师的PCK相关要素知识反应频次统计表

序号	课堂教学	OT	KSU	KIR	KC	KA
1	GN1	6	9	8	1	2
2	GN2	2	7	5	0	2

表5-10 G老师的PCK相关要素知识联系及水平表

要素关联		KIR-KSU	OT-KIR	OT-KSU	KA-KSU	KA-KIR	OT-KA	KC-KSU	KC-KIR	OT-KC	KC-KA	总频次	PCK分数	水平	不恰当	错误
课堂教学	GN1	8	6	6	2	1	1	1	1	1	0	27	40	2+	2	0
	GN2	5	2	2	2	0	0	0	0	0	0	11	36	2	1	2

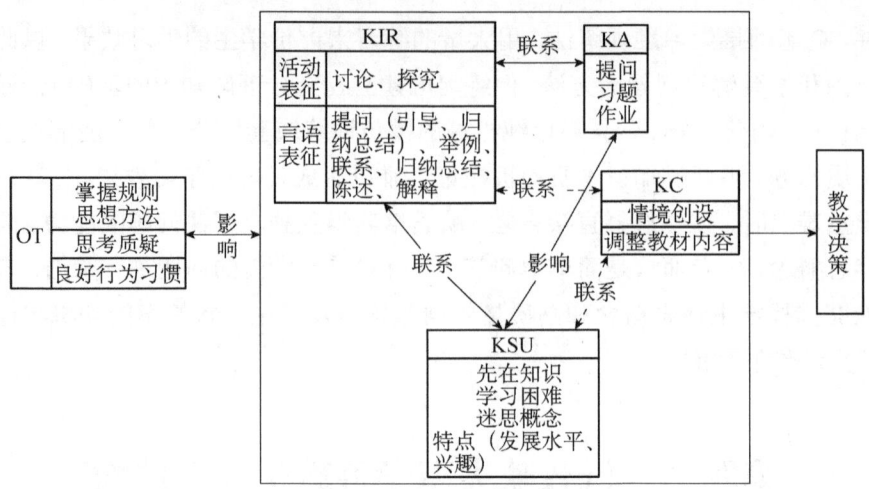

图 5-11　G 老师 PCK 相关要素知识关系图

一、低效缺失型学科教学知识结构特征描述

1. 学科教学知识相关要素知识整合不充分、联系不紧密、水平不高

G 老师在做教学决策时对 PCK 相关要素知识考虑不周全，相关要素知识联系得也不够紧密，PCK 水平低（图 5-12、表 5-11）。G 老师认为学生容易在情境中接受知识，所以教学应该从学生熟悉的事物入手，但在实际教学中，她却让学生直接读出书上有关"海啸"情境的描述，而不是通过渲染情境和相关阐述让学生自己去感受。她认为需要帮助学生将已有知识系统化，但她自己却对学科知识掌握得不够精准，在教学中对学习过程与方法的关注以及情感、态度与价值观方面的展现较为生硬。例如，在 GN1 一课上，在讲到有关水的主题的计算时，G 老师直接告诉学生要节约用水，未让学生自己体悟出这一道理，过渡得比较生硬。在设计和实施教学策略与表征时，G 老师未有效地进行相关要素知识的整合，特别是课程知识在 PCK 结构中没有得到很好的整合。

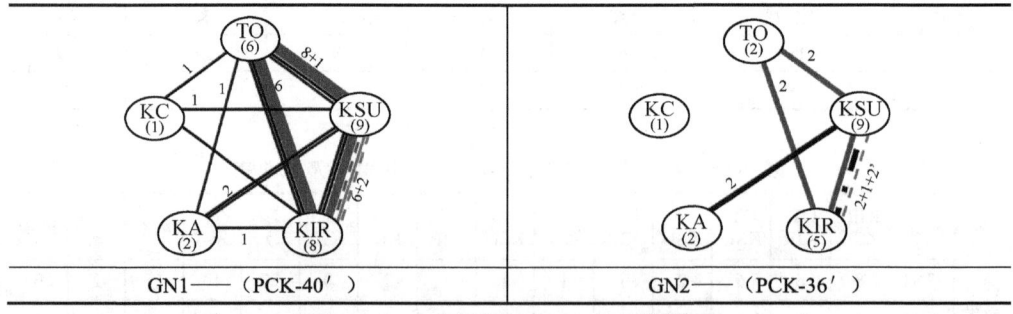

图 5-12　G 老师的 PCK-SoEM 结构图

表 5-11　G 老师的 PCK 水平描述与频次统计表

	课堂教学	GN1	GN2
统计信息	PCK 总分数	40	36
	PCK 水平描述	2+	2
	要素联系频次	27	11
	要素联系缺失频次	1	6

2. 掌握群体性的有关学生理解的知识，对特定学生的学情把握不够

G 老师从教 16 年，从事过 2—6 年级的数学教学工作，基于经验积累，其对学生的先在知识有所掌握，在一定程度上了解学生的学习困难和迷思概念。例如，在 GN1 一课中，G 老师认为结合学生熟悉的事物能够帮助他们更好地学习，也能够提醒他们利用身边熟悉的事物来理解"大数"的概念。G 老师能够通过提问来探究学生对学科知识的理解程度，且知道学生在学习某部分知识时存在的学习难点，能够随时通过有形的实物将"大数"描述出来，并在实物与对"大数"的理解之间建立联系。当有个别学生不能用恰当的方式表示大数时，G 老师能够根据学生的学习情况随时调整问题。但 G 老师对特定学生学习的多样性需求了解不足，当面对学生各种各样的提问时，显得措手不及，如 G 老师表示刚接触这个班孩子一两个月，还不是十分熟悉（GN1-Ia）。此外，G 老师也缺乏深入、详细地了解特定学生具体学情的有效策略。

3. 能将教学策略知识与有关学生理解的知识建立联系，但质量不高

虽然 G 老师在做教学决策时能够在教学策略知识与有关学生理解的知识间建立起联系，但一些策略知识仍不够多元、恰当，教学机智不足。此外，G 老师在"学习知识的规则与思想"和"培养学生的批判精神"的学科教学定位的指导下，虽然对学生的先在知识掌握得较为熟练，并能够据此预设恰当的教学策略，但对学生学习困难的了解不足，因此，G 老师在解决学生学习困难的教学策略选择与设计方面较为有限。GN1 一课基本达成了教学目标，G 老师能够做到把数学知识与生活实际紧密结合，从学生的生活经验出发，让学生体验生活中处处有数学。学生基本能用身边熟悉的事物来描述大数，能够利用已有的知识经验进行迁移。在教学表征知识方面，G 老师采用了活动表征和言语表征两种类型，其中，活动表征主要采用讨论和探究方式，但这种讨论和探究仅存在于师生间，没有小组合作及生生讨论；在言语表征方面，G 老师多以提问的方式引导学生学习知识，但缺乏对学习内容的推理总结和必要的计算。虽然 G 老师能在教学活动中关注学生生成的问题，但在根据学生的实际情况调整教学策略方面显得不够娴熟。G老师对课堂教学的组织和驾驭能力较弱，在GN1一课中出现了教学表征使用不当的情况，且对学生的多元表达和提出的各种问题没有及时加以引导，导致课堂阶段性偏离教学中心主题，浪费了部分教学时间。在习题课和复习课中，G老师能够对习题进行讲解，完成知识上的梳理，但是"不够放手，牵着学生走"，没有对相应的知识进行巩固与提升，不利于学生"举一反三"迁移能力的形成。此外，在教学过程中，G老师经常打断学生的发言，没有为学生创设一个完整的思考问题的空间，虽能对学生容易出现学习困难的问题重点强调，但是针对性不强（GE1-IH）。

4. 评价的知识呈现较为单一，与教学策略知识和课程知识缺乏紧密联系

G老师在教学中多采用书后习题、作业、学生总结的方式来评价学生对知识的掌握情况和学习效果，方式较单一，且没有与课程知识进行很好的联系和整合。G老师对学生的评价只是指向学生的学习，特别是学生的知识掌握情况。以书后习题为基础，简单地检查学生对知识的掌握情况，没有关注评价对教学策略的调适功能。G老师未能及时地对学生的回答做出评价，或试图去发掘更深层次的问题，如在GN1一课感受水的环节中，G老师未能够层层深入，引导学生感受大数。在教学中，G老师经常让学生互相评价彼此的观点或方法，虽然倡导思考问题和质疑的精神，鼓励学生要积极思考问题和勇于质疑，但生生互评的方式仅需要学生回答"你觉得他说的对吗？你认为他说得好吗？"等过于简单的问题，不够深入，没有引导学生深入分析，因此生生互评并没有达到理想的效果。对于复习课和习题课，G老师始终在传统的教学理念下开展自己的教学，并没有过多地关注学生的学习方法和体验，只是一味地讲授，多关注学习结果和"师问生答"的形式，不能照顾到全体学生的学习情况，而学生大多处于一种"知其然，不知其所以然"的状态，从而导致一些学生难以理解教师所讲的内容。此外，其课堂教学评价中也缺少鼓励性评价（GE2-IH）。

二、低效缺失型学科教学知识结构的成因分析

1. 教学准备与教学反思均不够充分，对PCK相关要素知识思考不周

G老师的教学定位知识与PCK其他相关要素知识脱节，没能很好地整合，教学准备与教学反思均不具备充分的针对性。G老师理所当然地认为凭借近20年的从教经历就能够胜任教学工作，因此，并不重视教学计划阶段的工作，在访谈中，G老师表示"很多年都不看《义务教育数学课程标准（2011年版）》了""课程标

准是形式的东西"(GN1-Ia)。笔者在实际观察中发现,虽然教师在教科书扉页上贴着"小学数学教学总目标"(兼具智力因素和非智力因素方面的要求,前者分为知识素质、技能素质、能力素质三方面,后者分为情感素质和思想素质)。但是在访谈中,一些教师并没有明确说出教学目标要求,可见这些标准对于教师而言只是"形式"。G 老师认为,像她们这样的老教师都不写教案,上课的大体流程都在头脑中。G 老师曾讲过 GN2 这节新授课,但在课前访谈时却不能准确说出该课的题目,当被问及这节课的教学重难点时却说"我还真不太知道,我还没看呢"(GN2-Ia)。可见,只有表层次的"背"课才会遗忘,而深层次的"备"课会对教学相关内容有深刻理解、会牢记内容。正因为课前准备不够充分,没有充分预设教学中学生易出现的迷思概念和学习困难及相应的解决策略,所以 G 老师在实际教学中的决策与行动较为随机、草率,课堂生成与反馈"随心所欲"。例如,在 GN1 一课中,学生需要借助熟悉的事物来感受大数,但 G 老师并没有准确掌握学生已有经验,未提前让学生去测量一袋大米的体积,而是直接给出答案,这不利于学生真切地感受物体的大小。G 老师想到可以将 500 万人的生活饮用水问题转化成生活中熟悉的瓶装水,但是并没有自己去调查或者布置学生去调查瓶装水的容积,而自己也没有确切的答案。当在访谈中被问及"您是如何知道超市里最大容积的瓶装水是 2.5 升的"时,G 老师笑着回答"我估摸着是"(GN1-Ia)。在习题课 GE2 中,G 老师未能充分利用习题课帮助学生通过梳理、巩固知识来"查缺补漏"、克服困难和解决迷思,进而构建牢固的知识体系。由于未提前熟悉习题和深入分析,G 老师仅靠过往经验临时反馈,导致习题课低效。

G 老师的教科书中虽贴有很多"反思小纸条",但其中关于学生的反思较少。在访谈中,主管教学的副校长表示,G 老师不太善于思考,想问题不够深入(I-P1)。在访谈中,G 老师在回忆每个教学决策时只是简单回顾,没有深入反思教学决策的优缺点和改进策略。通过分析发现,G 老师在教学反思阶段的 PCK 水平仅处于"有限"水平。

2. 有关学生知识中的学习困难、迷思及多样性方面积累不足

G 老师缺乏对学生已有知识、学习困难、易错概念等的精准把握,因而较难基于特定教学对象呈现适切的教学策略。教师在课堂上的提问多面向少数学生,导致一些学生存在的学习困难未得到有效解决。面对课堂上一些学生的错误想法或答案,G 老师只是简单地反问"你为什么错了?错在哪儿了",而较少去分析错因。当学生回答后 G 老师也没有追问,导致对学生产生的错误理解的正向引导不足。

教师认为判断学生是否理解、掌握某些概念的办法在于"做题",有些学生是感觉都会了,但一做题就懵(GE1-Ia)。实际上,学生只是在被动机械地接受,G老师并没有深入分析学生"懵"的原因,也没有找到解决办法。在GN2一课中,关于身份证,学生提出了很多问题,并围绕问题又谈到身份证如何辨真伪、保姆骗小孩儿、指纹验证等与课堂无关的内容,而G老师并没有在鼓励学生积极思考的同时维持课堂教学秩序,导致此类现象频发,偏离教学主题,进而影响了学生的学习进程和教学效果。

3. 教学策略知识多来源于教学参考书,缺少针对特定教学对象的策略调试

G老师能基本完成教学任务,但教学策略的选择与实施较为依赖教材和教学参考书,如教学时,G老师多将书中情境直接"塞给"学生,或照搬参考书中的流程,习题巩固也仅限于书后提供的练习题。G老师虽然能根据经验积累有关学生理解的知识,进而选择教学策略开展教学行动,但不够精准,缺乏针对性,较少呈现出其对特定教学对象群体和个体学情的把握与综合分析。G老师认为,概念、规则等在数学学习中具有指导性作用,要是这些知识都掌握不了,其他题就没法做了(GE1-Ia)。G老师更关注自己是否把这些知识、规则等"给"了学生,而较少关注"给"的策略和过程。G老师的教学策略知识呈现得较为机械,如在GN2一课中,G老师书中贴着一张从教学参考书上剪下来的案例片段:

你能讲出以下号码的含义吗?114、110、120、119、122、117、121、12315,这些特殊的电话号码数字少,简单好记,能在紧急情况下提供帮助,给我们的生活带来很多方便和好处。

实际教学过程如下:

师:并不是只有地区、性别可以编码,生活中也有很多编码,谁还能举一些生活中的例子?

生:邮编,114001。

师:还有哪些?

生:119。

师:是啊,一提到119就知道它是中国大陆地区的消防报警电话。120是中国大陆地区的急救电话号码。这些编码深入人心,意义独特,那么除了这些以外,还有什么其他方面的例子吗?

教学中教师只是机械复制参考书中的流程,虽然提到了生活中的编码,但未给予详细阐明。如果把这节课的主动权交给学生,把学生分成几组,每组一个专题,

如身份证、车牌号、图书编码等,让学生自己去搜集资料,深入了解、集中汇报,效果会更好(GN2-IXX)。可见,教师机械地复制教学策略而不根据教学对象进行调整,是不能将学科知识有效地转化成学生理解的知识的,这也会影响 PCK 水平和教学成效。

4. 学科知识系统化不足,缺乏对学科本质的理解

G 老师学科知识总体储备不足,与教学内容相关的其他学科知识也不够丰富,数学学科知识系统化程度不高,某些欠缺的学科知识也未能及时补充。例如,在 GN2 一课中,关于身份证倒数第二位数字是否可以用"0"代表女性,G 老师也不清楚,也没有及时准确地为学生解答。当课堂上学生提出的问题教师暂时没有把握回复时,G 老师就说"好,大家探究一下"。事实上,有些所谓的"探究"是 G 老师对答案的不确定,只是利用学生的探究时间自己查找答案,而这些内容应是教师必备的学科知识。G 老师认为,复习课和平时的新课定位不一样,平时的新课是针对某一个知识点或类型题,让学生去探究、去发现,但是对于复习课,她感觉是让学生有一个回忆的过程,把以前所学习的知识都回忆起来(GE1-Ia),回忆重要的不是复习,而是将知识进行系统化加工。但在复习课中,G 老师较少帮助学生将一个个散落的知识点连成一条条知识线,进而结成知识网。在教学中,G 老师呈现的多为学科内容知识,对于学科本质知识呈现不足。

第六章　小学数学教师学科教学知识现状分析

笔者基于质性研究发现，在小学数学教师的 PCK 整合结构中，反应频次最高的是有关学生理解的知识和教学策略知识，且联系最为紧密。学科教学定位知识、教学策略知识与学生知识处于 PCK 结构的核心三角，彼此间联系的质量直接决定了 PCK 的水平与质量。在其他相关知识中，课程知识中的学科知识是教师在思考教学时最常使用和整合的知识。本章基于质性研究的发现、结论及进一步的调查研究，对小学数学教师的 PCK 展开了测量与评价，并深入分析了小学数学教师 PCK 的总体现状及影响因素。

第一节　小学数学教师学科教学知识相关要素知识现状分析

PCK 测量与评价一般基于特定的学科内容而展开。在调查小学数学教师 PCK 现状时，通过向专家咨询，笔者得到了"数与代数""图形与几何"两大知识领域下六个较为重要的核心教学主题，来考察小学数学教师对每个主题下的学科知识、学生知识和教学策略知识的理解与应用，这些信息反馈有助于深入分析教师的 PCK 现状。

一、小学数学教师学科知识的现状分析

在调查工具中，Q1—Q6 测查的是小学数学教师的学科知识，其中 Q1—Q4 是对"数与代数"教学领域的测查，Q1、Q2（分数的认识、整数的认识）考察的是教师对纵向学科知识体系的掌握，Q3、Q4（小数除法、退位减法）结合具体题目考察教师对学科知识中特定内容知识的掌握；Q5、Q6（轴对称图形的认识、圆的面积）是对"图形与几何"教学领域的测查，旨在考察教师对具体学科知识点

的掌握程度。测查小学数学教师各领域不同教学主题下的学科知识水平及等级（表6-1、图6-1），并结合每个题目进行具体分析，有助于更加细致地了解教师总体的学科知识现状。

表 6-1　小学数学教师学科知识各领域水平及等级统计表

领域	水平/等级	平均水平	等级人数（人）	占比（%）	各领域学科知识总体平均水平/等级
"数与代数"（Q1—Q4）	0—2/第一等级	2.58	6	1	4.45/第二等级
	3—5/第二等级	4.47	465	87	
	6—8/第三等级	6.08	65	12	
"图形与几何"（Q5—Q6）	0—2/第一等级	2.30	11	2	3.88/第二等级
	3—5/第二等级	3.95	495	92	
	6—8/第三等级	6.05	30	6	

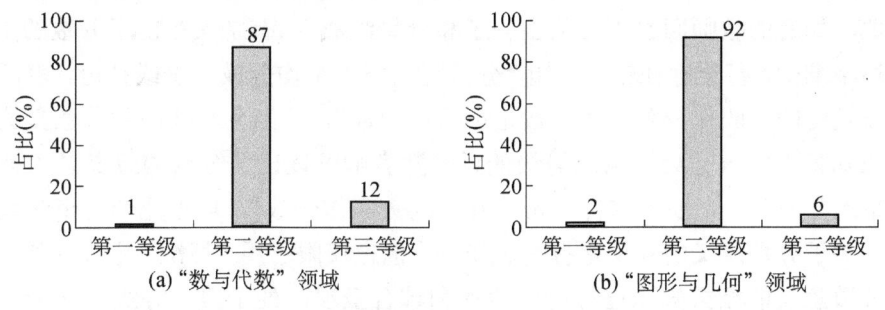

图 6-1　小学数学教师的学科知识等级水平分布图

在"数与代数"领域中的四个教学主题下，教师的学科知识平均水平为4.45，处于第二等级的中间水平。其中1%的教师的学科知识处于第一等级（但从均值水平来看，接近第二等级），87%的教师的学科知识处于第二等级，12%的教师的学科知识处于第三等级。在"图形与几何"领域中的两个教学主题下，教师的学科知识平均水平为3.88，处于第二等级的偏低水平。其中2%的教师的学科知识处于第一等级，92%的教师的学科知识处于第二等级，6%的教师的学科知识处于第三等级。由此可见，大多数小学数学教师的学科知识处于第二等级。下面将结合测查中的具体教学主题对教师的学科知识情况进行详细分析。

（一）小学数学教师各领域主题下的学科知识现状分析

1. 分数的认识：内涵理解的丰富性不够

Q1：分数的意义可以从多方面进行理解，请尽可能多地写出您的理解。

本题旨在考察教师对分数的意义的整体把握，作答情况能够反映教师关于这一核心主题的知识结构情况。测查结果显示，教师关于此题的学科知识平均水平较低，为4.13，处于第二等级的中间水平。其中，84%的教师的学科知识处于第二等级，14%的教师的学科知识处于第三等级（接近中间水平），2%的教师的学科知识处于第一等级（表6-2）。

表6-2　Q1答题水平及各等级人数统计表

水平/等级	平均水平	等级人数（人）	百分比（%）	Q1总体平均水平/等级
0—2/第一等级	1.30	10	2	4.13/第二等级
3—5/第二等级	3.86	449	84	
6—8/第三等级	6.09	77	14	

在第一等级的10人中，有1人未回答此题；有2人的作答与分数的意义完全不相关，如有的教师回答"分数由分子和分母组成"；有7人答出了分数的定义，但表述不准确，甚至存在错误，如"分数是指把1平均分成一份或几份，表示这样一份或几份的数叫作分数"、"分数是小于1的数"，这部分教师在分数意义的理解上存在知识性错误。处于第二等级的近半数教师阐述出了分数的意义是"把单位'1'平均分成几份，表示这样一份或几份的数叫作分数"，可见他们对小学数学教科书中关于分数意义的知识掌握得较牢固，但也仅限于用"标准"定义作答，并没有对分数意义的相关知识进行全面梳理和综合呈现；处于第二等级的其余教师回答出了分数还是除法的另一种写法或用于表示分率或计量单位。处于第三等级的教师能全面、系统地阐述对分数意义的多方面理解，如有教师答出分数的五个意义（图6-2）。

> 分数的意义：把单位1平均分成若干份，表示其中的一份或者几份用分数表示。具体来说，分数有两个层面的含义：一是因分数产生于平均分，所以它表示部分与整体的关系，也就是分率；二是分数产生于生活中的度量以及除法的计算，当度量不能得到整数的结果或者计算不能得到整数的商时，也需要引进一个新的数，就是分数，也就是说，分数也表示实际的数量，与整数的意义是一样的。

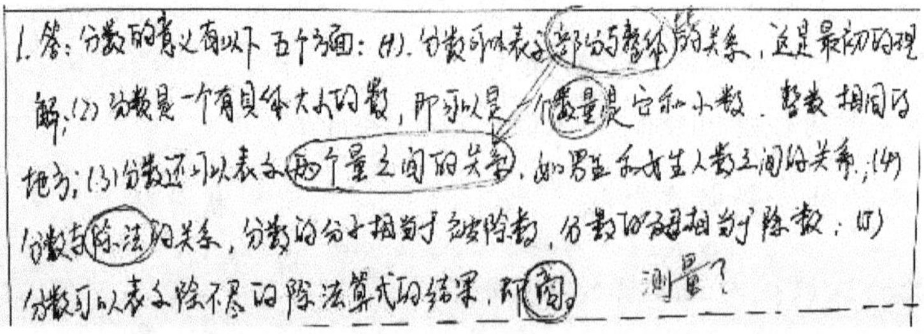

图6-2　"分数的认识"主题下学科知识处于第三等级的教师作答示例

综上可见，教师对"分数的意义"的内涵理解得不够深入透彻，大部分教师仅用教科书上的定义简单地阐述对其的理解，没有基于教科书中有关"分数的意义"的知识进行纵向联系，也没有从学科知识本质上展开深层次和系统全面的理解，未形成完整的知识体系和框架。分数是小学数学教学中的核心问题，"分数的意义"更是重中之重，关系着分数四则运算及分数乘除法的学习，对小学生而言，其既是重点，也是难点，教师应给予充分重视，并深化对其的深刻理解。对"分数的意义"的理解有两条主线："比"（即一部分与另一部分之间的关系）和"数"（即以有理数形式出现的分数，表示的是一个结果），教师只有在教学前具备了对其内涵丰富性的系统理解（图6-3），才能在教学中帮助学生从多角度认识分数，系统建构知识。

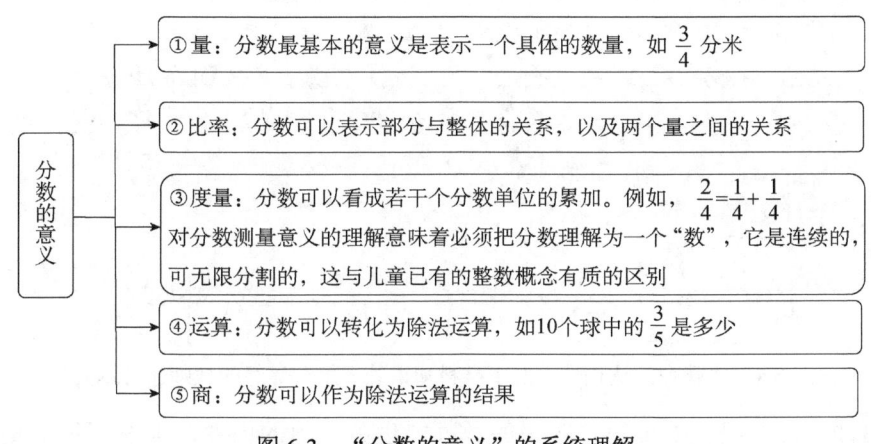

图 6-3　"分数的意义"的系统理解

2. 整数的认识：低水平占比较多

Q2：请举例说明您是如何理解位值的。

本题旨在考察教师对位值的概念和位值制的综合理解，教师关于此题的学科知识平均水平为 4.05，在"数与代数"领域下的各主题学科知识测查中水平最低，处于第二等级的中间水平。19% 的教师的学科知识处于第一等级（其中处于水平 0 和 1 的总计有 72 人，占比为 13.4%），60% 的教师的学科知识处于第二等级，21% 的教师的学科知识处于第三等级（其中处于水平 8 的有 33 人，占比为 6.2%）（表 6-3）。由此可见，本题中教师学科知识低水平占比较多，两级水平分布相对其他测查内容分化明显。

在学科知识处于第一等级的 102 人中，有 42 人作答错误或作答内容与位值毫不相关（图 6-4）。许多教师表示不理解位值这一概念，如直接回答"不太了解""对位值概念没有印象""位值就是数位？""在课本上没有出现过"等。30 人未作答此题，但作答了本主题下有关学生知识和教学策略知识的题目，由此可推测，这部分教师很可能是因为不能根据现有知识储备来表述位值内涵，才选择未答此题的。

表 6-3　Q2 答题水平及各等级人数统计表

水平/等级划分	平均水平	等级人数（人）	百分比（%）	Q2 总体平均水平/等级
0～2/第一等级	1.00	102	19	
3～5/第二等级	4.28	319	60	4.05/第二等级
6～8/第三等级	6.19	115	21	

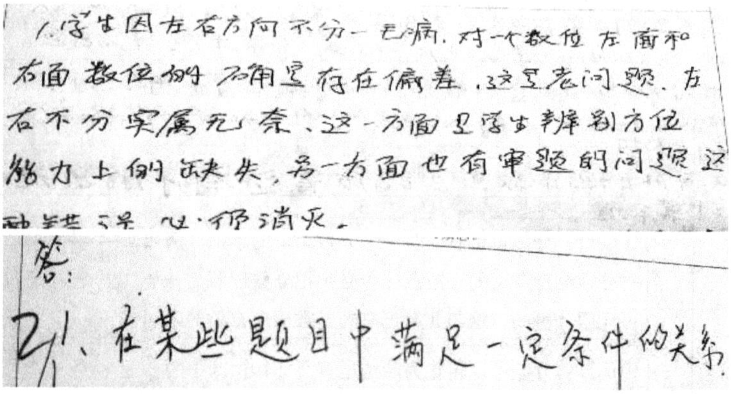
1.学生因左右方向不分一毛病，对一个数位左面和右面数位的确定存在偏差，这是表问题。左右不分实属无奈，这一方面是学生辨别方位能力上的缺失，另一方面也有审题的问题，这种粗心现象须消灭。

答：

2/1、在某些题目中满足一定条件的关系

图 6-4　“整数的认识”主题下学科知识处于第一等级的教师作答示例

通过分析发现，处于第二等级的教师能理解位值的内涵，但在表述上稍有欠缺。例如，有教师仅回答位值“是数位”“是个位、十位、百位……”“是数位上的数所表示的意义”等。一些教师采用例子说明对该内涵的理解，“如 666，第一个 6 在百位上代表 6 个百，第二个 6 在十位上代表 6 个十，第三个 6 在个位上代表 6 个一”。在学科知识处于第三等级的教师中，有 33 人能全面地解释位值的概念（图 6-5），并进行了举例说明。

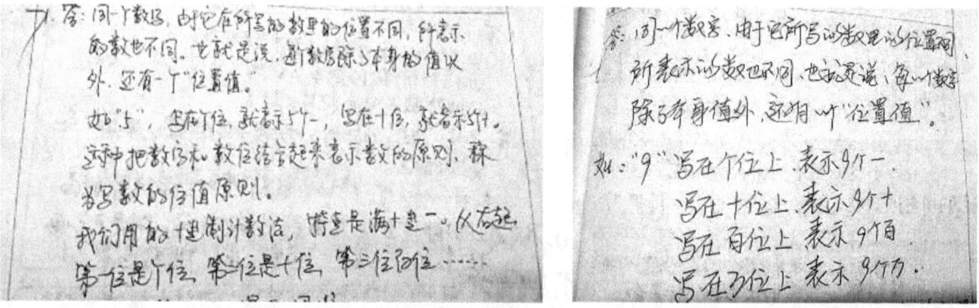
1.答：同一个数字，由于它在所写的数里的位置不同，所表示的数也不同。也就是说，每个数字除了本身的值以外，还有一个“位置值”。
如“5”，写在个位，就表示5个一，写在十位，就表示5个十。
这种把数字和数位结合起来表示数的原则，称为写数的位值原则。
我们用的十进制计数法，特点是满十进一。从右起第一位是个位，第二位是十位，第三位百位……

答：同一个数字，由于它所写的数里的位置不同，所表示的数也不同，也就是说，每一个数字除了本身值外，还有一个“位置值”。
如：“9”写在个位上，表示9个一，
写在十位上，表示9个十，
写在百位上，表示9个百，
写在万位上，表示9个万。

图 6-5　“整数的认识”主题下学科知识处于第三等级的教师答题示例

教师在有关位值概念理解方面的学科知识平均水平在"数与代数"领域中水平最低，处于第一等级的教师占比为19%。从教师的举例及阐述中能够发现，教师掌握了"数位"的相关知识，只是对"位值"这一概念较为陌生。因为这一概念在教科书中并没有明确的标识和集中阐述，也没有相应的教学单元或模块。但在小学数学的全学程中，有关位值的理解与应用始终穿插于整数认识的教学中，主要分四个阶段进行，每个阶段的教学任务有所不同（图6-6），由此可见位值的地位与重要性。

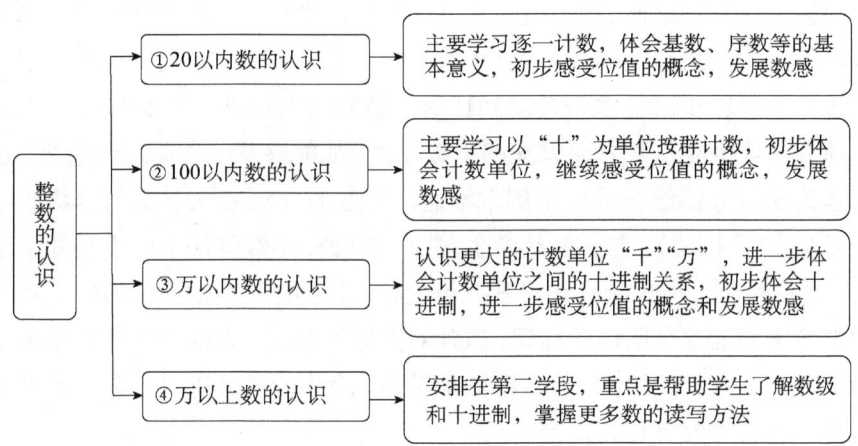

图6-6 "整数的认识"各阶段教学中有关"位值"的理解与应用

3. 小数除法：整体水平较高

Q3：以 7.8÷0.6 为例，请尽可能详细地解释您对小数除法的理解。

本题旨在考察教师对小数除法的相关理解，教师关于此题的学科知识平均水平为 4.82，在所有主题的学科知识测查题目中水平最高，处于第二等级的偏上水平。其中，教师学科知识处于第一等级的占 1%，教师学科知识处于第二等级的占 79%，教师学科知识处于第三等级的占 20%（表6-4）。

表6-4 Q3答题水平及各等级人数统计表

水平/等级划分	平均水平	等级人数（人）	百分比（%）	Q3总体平均水平/等级
0~2/第一等级	0.38	8	1	
3~5/第二等级	4.61	423	79	4.82/第二等级
6~8/第三等级	6.00	105	20	

学科知识处于第一等级的 8 人中，有 1 人的回答与题目完全不相关，有 6 人未回答此题。事实上，"小数除法"在小学阶段既是重点，也是难点，不管是学校还是区域培训都会花时间和精力开展典型课例的研究与实践。因此，教师对小数除法并不陌生，均有一定了解。学科知识处于第二等级的教师多从小数除法的基本性质和算法方面阐述相关理解。其中，绝大多数的教师能从小数除法的详细算法方面给出回答，如"先把被除数和除数扩大十倍，化为整数除法，然后按照整数除法来做"；部分教师能够指出小数除法的基本性质；还有部分教师从小数除法的意义方面进行回答，如"小数除法和整数除法意义相同，都是已知两个因数的积和其中一个因数，求另一个因数的计算"，"7.8 里面有几个 0.6"，"7.8 是 0.6 的几倍"等。但该等级的教师较少能从多个角度阐述对小数除法的理解。学科知识处于第三等级的教师大多至少能从两方面来理解小数除法，如能够从小数除法的意义、基本性质和算理算法等方面结合具体示例来阐述，有些教师还能从学生角度阐述学科知识的学习难点（图 6-7）。在所有教学主题中，教师在小数除法上的学科知识水平得分最高，说明教师对小数除法知识掌握得较好。由于有关小数除法的知识点在教科书和教学参考书上都有明确的标识，教师对其较为熟悉。大部分教师对小数除法的理解能围绕商不变的规律、与整数除法的关系、除法的意义以及小数点移动变化的规律展开，且表述内容较为恰当。

小数除法与整数除法的意义相同，都是已知两个数的积和其中一个因数，求另一个因数的运算。只不过不是整数罢了。以 7.8÷0.6 为例，可以理解为 7.8 里面有多少个 0.6，这里的 7.8 相当于有 78 个 0.1，0.6 相当于有 6 个 0.1，这样转化成整数除法。如果借助平均分来理解就不容易了，因为平均分的份数不是整数，学生理解上有点困难。在计算上，小数除法主要是依据转化的思想，利用商不变规律把小数除法转化成整数除法，这样就得出结果。只是让学生理解为什么被除数和商的小数点要对齐是难点。

小数除法的意义与整数除法的意义相同，是已知两个因数的积与其中的一个因数，求另一个因数的运算。比如 7.8÷0.6 表示已知两个因数的积是 7.8，其中一个因数是 0.6，求另一个因数。
①除数是小数的小数除法，先根据商不变规律，把除数的小数除法转化成除数是整数的小数除法，再按照除数是整数的小数除法的计算法则进行计算。除数的小数点向右移动几位，被除数的小数点也要向右移动几位。商的小数点与被除数移动后的小数点对齐。
②当被除数的小数点和除数的小数点向右移动相同的位数，位数不够时，要在被除数的末尾用"0"补足，然后按照除数是整数的小数除法进行计算。

除数是小数的除法要通过商不变的性质将其转化为除数是整数的小数除法来计算。小数除法的意义与整数除法的意义完全相同，也是已知两个因数的积与其中的一个因数，求另一个因数的运算。除数是小数的除法，先移动除数的小数点使它变成整数，除数的小数点向右移动几位，被除数的小数点也向右移动几位，然后按除数是整数的除法进行计算。所以 7.8÷0.6，可以同时将小数扩大到原数的 10 倍，商不变，从而转化为 78÷6 来进行计算。

图 6-7 "小数除法"主题下学科知识处于第三等级的教师作答示例

小数除法的知识综合性强、内容难,学习该内容需建立在掌握了小数的意义、整数除法和商不变的规律的基础上,在计算时,需要利用商不变的规律把小数除法转化成整数除法后再进行计算。小数除法的内容具体又分为除数是整数的小数除法、除数是小数的小数除法和小数的四则混合运算,对每一个知识点的学习均需建立在掌握了上一个知识点的基础上,知识点之间具有递进性,且学习顺序不能颠倒,这部分内容在小学阶段的计算教学中较难。因此,教师只有全面、综合地掌握小数除法的相关知识,明确算理和算法,才能对该知识从内容和本质上达到深入理解。

4. 退位减法:相关学科知识表述不够规范严谨

Q4:学生在学习"307-168=?"时会涉及哪些相关的知识?(请尽可能全面地用文字或图示进行说明)

本题旨在考察小学数学教师对学科知识纵向联系的掌握情况,如表 6-5 所示,教师关于此题的学科知识平均水平为 4.79,处于第二等级的偏上水平。具体而言,学科知识处于第一等级的教师占 1%,其中 2 人的作答与该题目不相关,3 人未作答。学科知识处于第二等级的教师占 77%,其中大多教师能答出相同数位对齐、退位减法、连续退位减法等知识点,但未给出详细说明;部分教师能结合测查题目详细说明算法,但未提及相关知识点的具体内容,也有教师用图示来说明测查题目中所涉及的知识点(图 6-8)。但部分教师存在表述不够严谨的问题,如"整数相加减,不够减时向前一位减起",未强调是从最低位或个位减起。学科知识处于第三等级的教师占 22%,这部分教师不仅能全面阐述测查题目中涉及的知识点,还能利用图示举例说明和详细讲解,且表述较为严谨。可见,教师对退位减法所涉及的知识点掌握较好,大部分教师能够指出退位减法中涉及的知识点,只是有些表述不够规范。数学是一门严谨的学科,需要教师采用严谨无误的规范表述将知识传递给学生,以避免给学生的学习造成不必要的困难或障碍。

表 6-5 Q4 答题水平及各等级人数统计表

水平/等级划分	平均水平	等级人数(人)	百分比(%)	Q4 总体平均水平/等级
0~2/第一等级	0.86	7	1	4.79/第二等级
3~5/第二等级	4.50	411	77	
6~8/第三等级	6.02	118	22	

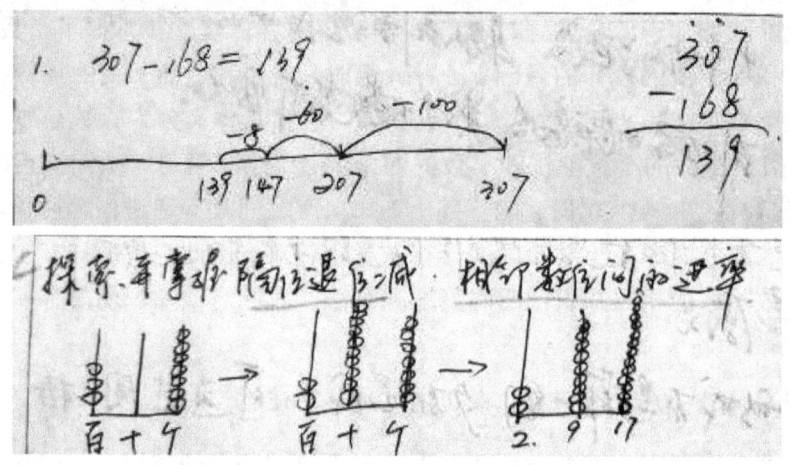

图 6-8 "退位减法"主题下学科知识处于第二等级的教师作答示例

三位数的退位减法是学生在学习了两位数减两位数的退位减法和整百、整十的三位数减三位数的减法的基础上需进一步学习的内容。三位数的退位减法是减法教学中的关键节点。同小数除法一样,退位减法相关知识的学习具有递进性,而三位数退位减法是该内容"教"与"学"中较难的部分。学生出现的学习错误较多,对教师的教学也是一种挑战,需要教师能够把有关退位减法所涉及的知识点串联起来,正确理解各种算理和算法,并能够做到规范、严谨地表述。

5. 轴对称图形的认识:基础知识夯实但缺乏系统性知识团

Q5:关于轴对称图形,您有哪些理解?(请尽可能详细地阐述)

本题旨在考察教师对轴对称图形的全面理解,如表 6-6 所示,教师关于此题的学科知识平均水平为 3.76,处于第二等级的偏低水平,在所有主题下的学科知识测查题目中水平最低。其中,绝大多数教师(93%)的学科知识处于第二等级,处于第一等级和第三等级的分别占 4%和 3%。在学科知识处于第一等级的 20 人中,有 3 人未作答此题;有 2 人的作答与题目不相关,如"自然界中存在轴对称性质的事物有很多,学生应在观察中思考";其余 15 人的作答内容与核心概念基本相关,如"小学阶段涉及的轴对称图形是一个图形","轴对称图形对折后,两部分能完全重合"。但这些作答只涉及了"完全重合",较少涉及"对称轴"或者对"对称轴"的理解出现偏差,如有教师回答"以轴为准""沿中线对折"等,或是对轴对称图形存在错误理解,认为"小学阶段涉及的轴对称图形是两个图形"。学科知识处于第二等级的教师能明确给出"一个图形沿对称轴对折,两边完全重合"的答案,而且对"对称轴"的表述较为具体,如"这条折线就是对称轴,对称轴是一条直线",但这些表述只涉及个别数学词汇,缺乏流畅的逻辑表达和过程性思考。学科知识处于第三等级的教师对该内容的阐述较为流畅、完整、具体,符合数学语言的科学性与严谨性,不仅能答出轴对称图形的定义,还能详细阐述轴对称图形的性质(图 6-9)。

表 6-6 Q5 答题水平及各等级人数统计表

水平/等级划分	平均水平	等级人数(人)	百分比(%)	Q5 总体平均水平/等级
0~2/第一等级	1.65	20	4	
3~5/第二等级	3.76	497	93	3.76/第二等级
6~8/第三等级	6.00	19	3	

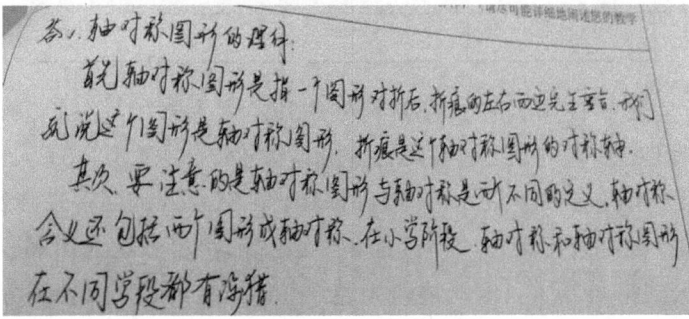

图 6-9 "轴对称图形的认识"主题下学科知识处于第三等级的教师答题示例

通过分析发现,多数教师关于轴对称图形能够答出"完全重合",但在表述上呈现为关键词的罗列,如"一定要重合""两边完全相等"等,或不能正确答出"关于某一直线成轴对称",或是回答"轴对称图形是刚体运动、离不开数学抽象",或是回答"沿一条线对折",但对"线"的含义表述模糊。仅有少数教师能够理解轴对称图形最本质的特征是被对称轴垂直平分,如"对称点连线垂直于对称轴,对应边长度相等"。这说明教师对该内容的表述仅局限于教科书中的阐述,未能将相关知识系统化形成知识团,进而转化为有一定逻辑性、严谨规范的表述。

轴对称是图形运动的结果,是发展学生空间观念的重要途径。关于轴对称图形的理解主要应包含以下五个方面:①什么样的图形是轴对称图形?如果一个图形是由关于某一条直线成轴对称的两部分组成的,这个图形就叫轴对称图形。②轴对称图形是图形运动的结果,是刚体运动。③得到一个轴对称图形离不开数学抽象,生活中的事物具有对称的特征,需要抛弃其物理属性,如颜色和内部图案,只看外部轮廓。④小学阶段涉及的轴对称图形往往指的是一个图形,它和两个图形的轴对称有区别。⑤轴对称图形最本质的特征是连接任意一组对应点的线段,都被对称轴垂直平分。

6. 圆的面积:对学科知识的本质理解有待深入

Q6:对于圆的面积公式推导,您知道哪些方法?(请尽可能详细地阐述)

本题旨在考察教师对圆的面积知识的深层次本质理解,如表6-7所示。

表6-7 Q6答题水平及各等级人数统计表

水平/等级划分	平均水平	等级人数(人)	百分比(%)	Q6总体平均水平/等级
0—2/第一等级	1.81	31	5	3.99/第二等级
3—5/第二等级	3.85	443	83	
6—8/第三等级	6.05	62	12	

教师关于此题学科知识的平均水平为3.99,处于第二等级的偏低水平。具体而言,学科知识处于第一等级的教师占5%,平均水平为1.81。31人中,有1人未作答,原因为"未教过该年级,不清楚此知识";有4人的回答未涉及题目要求的公式推导,如有教师直接列出"圆的面积"公式的字母表达式;26人的作答虽与"圆的面积"公式推导相关,但阐述较为笼统,如有教师答道"使用分割法""转化法",但未详细展开论述。学科知识处于第二等级的教师占83%,平均水平为3.85。443人中,有189人处于水平3、130人处于水平4、124人处于水平5,分布较为平均,大部分教师仅能采用文字或图文结合的形式呈现出一种推导方法,且推导过程描述得不够具体,多呈现教材中的推导示例。学科知识处于第三等级的教师占12%,平均水平为6.05。62人中,有59人处于水平6、3人处于水平7。从作答结

果中能够看出教师对该问题的过程性思考，其方法能够超越现有教材中的推导，且推导过程清晰明确，数形结合，逻辑清晰（图6-10）。

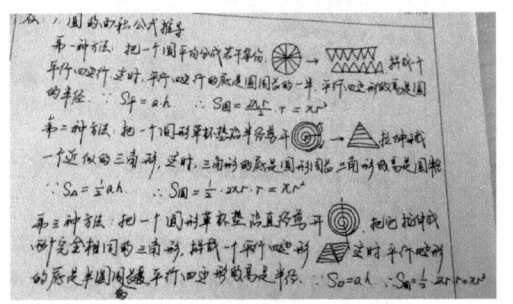
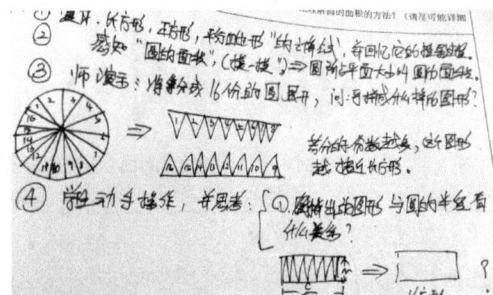

图6-10 "圆的面积"主题下学科知识处于第三等级水平的教师作答示例

圆是最基本的平面图形之一，也是学生第一次接触到的曲线图形。"圆的面积"体现了数学中"化曲为直"的极限思想，这种抽象的数学思想用具体语言清晰明确地表述出来有一定难度，需要借助一定高观点下的知识储备才能全面、详细地给出多种推导方法。因此，其不仅需要教师了解教材中的内容，还需要教师掌握高等数学的相关知识。通过对圆的学习，学生可以初步了解研究曲线图形的方法。圆的学习既是数学思想由"有限"到"无限"的一次思维飞跃，又是积累图形研究的数学活动经验的有效途径，所以圆的学习在小学阶段至关重要，需要教师给予足够重视。对于圆的面积推导公式，主要可以通过把圆拼插为基本图形和割圆术的方法展开论述，如表6-8所示。

表6-8 把圆拼插为基本图形和割圆术的方法

方法	具体步骤	
方法一：把圆拼插为基本图形	1. 把圆转化成平行四边形（以16等分为例） 圆的面积=平行四边形的面积=圆的周长÷2×半径=πr^2	2. 把圆转化成长方形（以16等分为例） 圆的面积=长方形的面积=圆的周长÷2×半径=πr^2
	3. 把圆转化为梯形（以16等分为例） 圆的面积=梯形的面积=$\left(\dfrac{5c}{16}+\dfrac{3c}{16}\right)\times 2r \div 2=\pi r^2$	4. 把圆转化为三角形（以16等分为例） 圆的面积=三角形的面积=圆的周长÷4×(半径×4)÷2=πr^2

续表

方法	具体步骤	
	5. 把圆转化为三角形 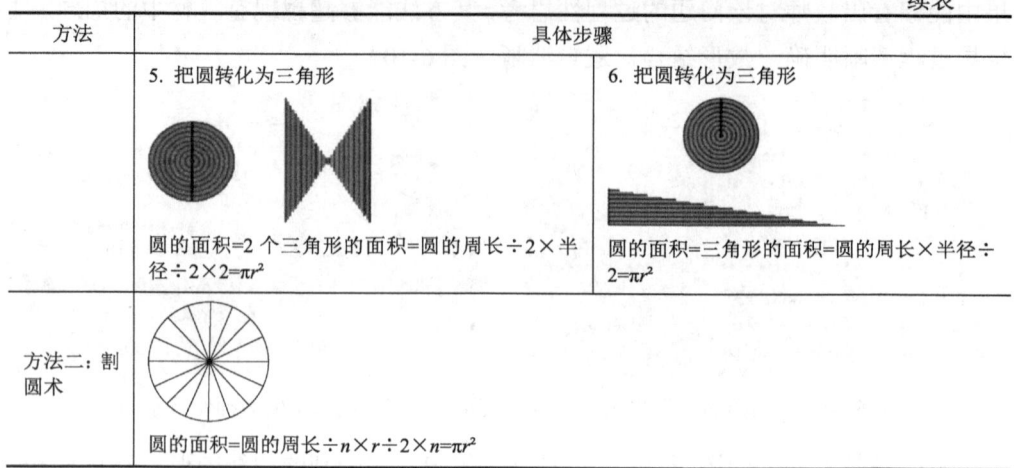 圆的面积=2 个三角形的面积=圆的周长÷2×半径÷2×2=πr²	6. 把圆转化为三角形 圆的面积=三角形的面积=圆的周长×半径÷2=πr²
方法二：割圆术	圆的面积=圆的周长÷n×r÷2×n=πr²	

（二）小学数学教师学科知识的综合分析

学科知识是学科教学中最为核心、重要且基本的知识，对教学起到支撑作用。教师对学科知识的理解程度是影响教师 PCK 水平的关键要素之一。但测查结果（表 6-9）显示，小学数学教师的学科知识总体水平并不乐观。教师在具体题目（Q3、Q4）中反映的学科知识水平较高，但在考察教师在高观点下学科知识综合掌握情况的题目（Q5、Q6）中所反映的学科知识总体水平较低，在考察教师对于特定学科知识体系掌握情况的题目（Q1、Q2）中所反映的学科知识水平也不够理想。

表 6-9　不同教学主题下教师学科知识等级水平分布统计表

不同的教学主题	平均水平	标准差	第一等级 人数（人）/占比（%）	第二等级 人数（人）/占比（%）	第三等级 人数（人）/占比（%）
小数除法	4.82	0.95	8/1	423/79	105/20
退位减法	4.79	0.98	7/1	411/77	118/22
分数的认识	4.13	1.11	10/2	449/84	77/14
整数的认识	4.05	1.82	102/19	319/60	115/21
圆的面积	3.99	1.17	31/5	443/83	62/12
轴对称图形的认识	3.76	0.88	20/4	497/93	19/3

1. 教师的学科知识总体水平不够理想

教师在测查中呈现的学科知识平均水平为 4.25，处于第二等级的中间水平，结果并不理想，说明教师对相关学科知识理解的阐述较为具体，虽有一些过程性理解，但与学科知识的联系不够密切，缺少评判性的证明或分析性的思考。教师在不同教学主题下的学科知识水平由高到低依次为小数除法、退位减法、分数的认识、整数的认识、圆的面积、轴对称图形的认识。其中，教师在"数与代数"领域中的学科知识总体水平高于"图形与几何"领域，但"数与代数"领域的"整数的认识"中关于"位值"的学科知识水平得分最低，且学科知识处于低水平的教师占比最多，说明教师对这一学科知识的掌握相对不足。此外，教师在"整数的认识"主题下的学科知识水平得分的标准差为1.82，与"数与代数"领域下其他三个主题学科知识水平得分的标准差相比差距较大，离散程度较高，说明小学数学教师在"整数的认识"这一主题下的学科知识掌握水平的差距大，且呈现出两极分化现象，这一现象应引起相关人员的关注和重视。总体而言，教师的学科知识在"小数除法""退位减法""整数的认识"这几个主题中处于高水平的占比较大，说明教师对这些主题的学科知识掌握较好。对轴对称图形的认识这一主题学科知识的掌握，处于高水平的教师占比最少，多集中在第二等级。此外，一些教师对学科知识的理解与表述存在不够严谨之处，而数学恰恰是一门严谨的学科，作为一名合格的小学数学教师，在阐述相关知识时需要使用正确、规范、严谨的语言，这也是教师应具备的学科知识素养之一。

2. 教师有关具体内容中的学科知识掌握较好

在"数与代数"领域，不同教学主题下的教师学科知识平均水平最高的是小数除法（4.82），其次是退位减法（4.79），说明教师对这两个主题的学科知识掌握较好，而对这两个主题的学科知识的测查又均是基于特定题目展开的，主要考察的是教师对数的运算中的内容的掌握情况，而运算能力又是数学教学中的核心概念之一，贯穿整个数学学习的始终，并且这两个主题在教科书和教学参考书上都有明确的标识，加之其所应用的学科知识多、综合性强、对计算能力要求高，是小学阶段计算教学中较难的内容，因此，教师在日常教学中大多给予了足够的重视，对此部分学科知识较为熟悉、掌握程度较好。

3. 教师学科知识的结构化有待丰富与发展

学科知识的结构化主要体现在两个方面：一方面是特定主题学科知识的纵横结构有待优化；另一方面是所教学科的整体知识结构体系化有待发展。Q1、Q2旨在考察教师对主题内结构化系统学科知识的掌握情况，这些知识在教科书或者教学参考书中并没有系统的标识，需要教师基于相关内容形成深刻理解，并主动梳理、建构完整系统的知识结构。通过对整体学科知识进行测查发现，一些教师缺乏系统完整的学科知识结构，如有教师对某一特定学科知识表示"没教过，所以不了解"。但作为一名合格的小学数学教师，对小学阶段的所有学科知识有一个整体的理解与把握是应该具备的基本学科知识素养。教师既要知道某一特定知识的"来龙去脉"，也要了解某一特定知识在整个知识体系中的地位。因"没教过"而"不知道"，反映出部分小学数学教师对小学数学教材的整体知识结构缺乏全局观，且没有形成完整的学科知识体系。

4. 教师对学科知识的本质理解有待加强

调查发现，教师对教科书和教学参考书中有明确阐述的学科知识掌握得较好。例如，在对 Q3 的测查中，大多数教师仅答出了小数除法的基本性质，而这一知识是教科书中明确的知识点，却很少有教师能够给出全面、深刻的阐述。在对 Q1 的测查中，大部分教师仅答出教材上对分数的定义，而对于分数的其他内涵未能给出详细阐述。在对 Q5 的测查中，大部分教师的作答也仅是对教科书内容的再现，而极少有教师能够明确轴对称图形最本质的特征。在对 Q2 的测查中，"位值"一词虽然不是教科书中呈现给学生的概念，却是教师应该掌握的数学知识概念，然而有很多教师表示不理解或将之与"位置"的概念混淆。对于小学数学教师而言，应掌握的学科知识不仅包括教材中出现的有关学科内的事实、概念等内容性知识，即"是什么"的知识，还应掌握"为什么是"的学科本质知识，即有关学科内容事实和概念间关系的内容组织与结构，以及学科所使用的探究方法等。

5. 高观点下的学科知识水平亟待提升

教师的学科知识在"图形与几何"领域中的总体水平较低，而 Q5、Q6 旨在考察教师在高观点下的学科知识综合掌握情况，结果表明教师对于高观点下的学科知识综合掌握较为不足。在实际教学中，教师对学科知识的掌握不能仅限于教材中的阐述，而应该站在学科知识的高观点下对相关知识进行理解和解释，建立起学科知识的相关体系与网络。掌握数学学科知识有利于培养教师对学科知识本质的理解、数学观念和数学思想，通过开拓头脑中的数学空间，建立系统的学科思维方式。相关知识的领会与应用亦能帮助教师建立起学科信念、内化学科知识、建立知识纵横体系。例如，"古典概型"与摸红白球的概率问题的联系，"定积分"与小学中长方形和角的认识之间的联系，"圆的面积""圆柱体积"的教学中直接应用了高等数学中的极限思想，根据级数理论可推导并解释 $0.999\cdots\cdots=1$，等等。对小学数学教师来讲，掌握这些知识有助于促进他们对相关教学内容的精准把握，"居高临下"地对小学数学学科知识做高观点分析。

二、小学数学教师学生知识的现状与分析

在调查工具中，Q7—Q12考察的是小学数学教师关于学生知识的掌握情况。其中 Q7—Q10 是对"数与代数"领域教师关于学生知识的考察，Q11—Q12 是对"图形与几何"领域教师关于学生知识的考察。具体来说，Q7、Q8、Q12 考察的是教师关于学生学习困难与迷思概念的掌握情况，Q9、Q10 考察的是教师关于学生学习错误的掌握情况，Q11 考察的是教师关于学生先在知识的掌握情况。测查小学数学教师在各领域不同教学主题下有关学生知识的等级水平（表 6-10、图 6-11），并结合每个题目进行具体分析，有助于更加细致地了解教师掌握的学生知识现状。

表 6-10 小学数学教师各领域学生知识水平及等级统计表

领域	水平/等级	平均水平	等级人数（人）	占比（%）	各领域学生知识总体平均水平/等级
"数与代数"（Q7—Q10）	0—2/第一等级	0	0	0	4.57/第二等级
	3—5/第二等级	4.57	496	93	
	6—8/第三等级	6.00	40	7	
"图形与几何"（Q11—Q12）	0—2/第一等级	2.21	44	9	3.36/第二等级
	3—5/第二等级	4.51	479	89	
	6—8/第三等级	6.00	13	2	

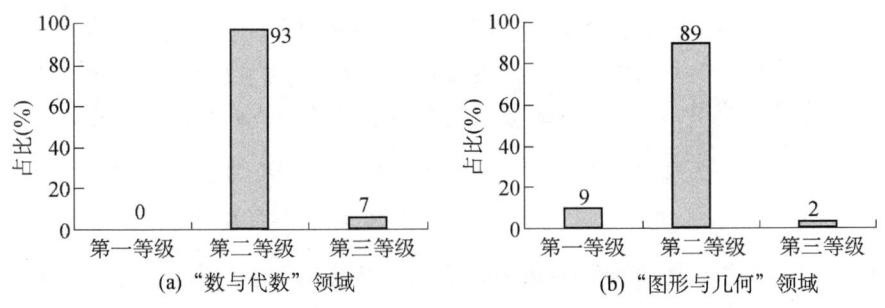

图 6-11 小学数学教师有关学生知识的等级水平分布图

在"数与代数"领域的四个教学主题下，教师有关学生知识的平均水平为 4.57，处于第二等级的接近中间水平。其中，没有教师的学生知识处于第一等级，93%的教师的学生知识处于第二等级，7%的教师的学生知识处于第三等级。在"图形与几何"领域的两个教学主题下，教师的学生知识平均水平为 3.36，处于第二等级的

低水平。其中，9%的教师的学生知识处于第一等级，89%的教师的学生知识处于第二等级，2%的教师的学生知识处于第三等级。由此可见，大多数小学数学教师的学生知识处于第二等级的中间水平。下面将结合测查中的具体教学主题对教师掌握的学生知识进行详细分析。

（一）小学数学教师各领域主题下的学生知识现状分析

1. 分数的认识：有关学生学习困难的预测不够全面

Q7：学生在学习时可能会遇到一些困难，请尽可能详细地阐述这些困难都有哪些。

本题主要考察的是教师预知学生学习困难的能力。测查结果（表 6-11）显示，教师关于此题的学生知识平均水平在“数与代数”领域中处于较低水平，为 4.15，处于第二等级的中间水平。3%的教师关于此题的学生知识处于第一等级，其中有 6 人由于对题目理解有偏差，没有写出学生在学习分数的意义时可能会遇到的困难，而阐述的是学生在学习数学学科时可能会遇到的困难（图 6-12）。

表 6-11　Q7 答题水平及各等级人数统计表

水平/等级划分	平均水平	等级人数（人）	占比（%）	Q7 总体平均水平/等级
0—2/第一等级	1.08	13	3	4.15/第二等级
3—5/第二等级	4.12	495	92	
6—8/第三等级	6.00	28	5	

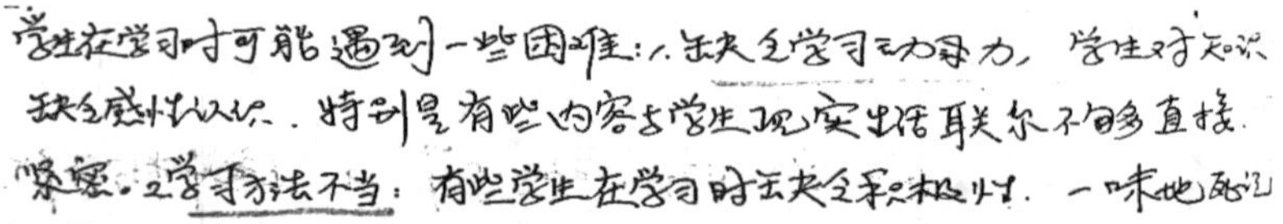
学生在学习时可能遇到一些困难：1.缺乏学习动力，学生对知识缺乏感性认识，特别是有些内容与学生现实生活联系不够直接紧密。2.学习方法不当：有些学生在学习时缺乏积极性，一味地死记硬背。3.学习习惯不良：多数学生被动学习，被老师催着，写作业。

图 6-12　“分数的认识”主题下学生知识处于第一等级的教师作答示例

92%的教师关于此题的学生知识处于第二等级，指出了学生在学习分数的意义时遇到的困难为“对单位‘1’的理解不到位、容易忽略平均分”，多从整体和部分的关系来阐述学生的学习困难；少部分教师提到学生在理解分数是表示具体数量还是分率上存在问题；还有部分教师提到学生对分子、分母表示的具体含义，分数的基本性质，通分与约分的学习上存在问题，且一些教师能够结合具体实例进行说明。但总体而言，较少有教师能够根据分数的意义对学生的学习困难进行全面预测。

5%的教师关于此题的学生知识处于第三等级,这部分教师能够根据对分数的意义的理解全面预测学生在学习分数的意义时可能会遇到的困难,并能进行较为详细的阐述(图6-13)。

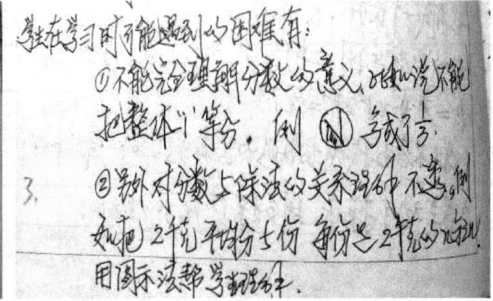

图6-13 "分数的认识"主题下学生知识处于第三等级的教师作答示例

总体而言,绝大多数教师能够至少阐述出一种学生学习分数的意义时遇到的学习困难。在学习该领域时,学生主要存在的问题在于对分数的意义把握得不够清晰,常出现的问题有:①对分数的意义理解不清,把握不到位;②一些学生不能理解分数表示两个量之间的关系,如男生人数是女生人数的3/4;③学生虽然知道分数的意义,但解决分数问题时需要不断变换比较视角,不断转换比率和具体的量,因此,学生容易产生困惑,且对问题情境中单位"1"的分析不够准确,也会导致解决问题时出现困难;④部分学生不能理解用分数表示运算的结果。

2. 整数的认识:多数教师能从学生角度预测学习困难

Q8:学生在理解大数(大于1000)时存在哪些困难?

本题旨在考察教师关于学生学习困难与迷思概念的掌握情况。测查结果(表6-12)显示,教师关于此题的学生知识平均水平为4.43,处于第二等级的中间水平。4%的教师关于此题的学生知识处于第一等级。83%的教师关于此题的学生知识处于第二等级,其中部分教师能答出学生由于缺乏生活经验,且在生活中接触大数的机会少,所以数感不好;部分教师能答出学生存在读数困难和写数困难等。由此可见,教师能够基于学生的实际情况预测学生可能会遇到的学习困难。13%的教师关于此题的学生知识处于第三等级，这些教师能够全面地从学生角度预测学生学习时存在的困难，且表述详细、严谨（图6-14）。

表6-12 Q8答题水平及各等级人数统计表

水平/等级划分	平均水平	等级人数（人）	占比（%）	Q8总体平均水平/等级
0—2/第一等级	1.21	19	4	4.43/第二等级
3—5/第二等级	4.30	444	83	
6—8/第三等级	6.00	73	13	

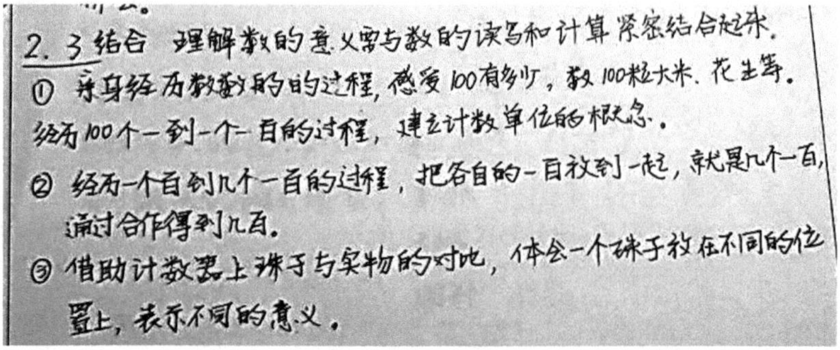

> 2. 3 结合 理解数的意义与数的读写和计算紧密结合起来。
> ① 亲身经历数数的过程，感受100有多少，数100粒大米、花生等。经历100个一到一个百的过程，建立计数单位的概念。
> ② 经历一个百到几个百的过程，把各自的一百数到一起，就是几个百，通过合作得到几百。
> ③ 借助计数器上珠子与实物的对比，体会一个珠子放在不同的位置上，表示不同的意义。

图6-14 "整数的认识"主题下学生知识处于第三等级的教师作答示例

通过分析发现，多数教师能从学生生活经验的角度来预测学生可能会遇到的学习困难。对教师在"整数的认识"主题下掌握的学生知识进行测查，结果处于第三等级的教师占比较多。学生基于已有知识（20以内数的认识、100以内数的认识、万以内数的认识），对位值的概念有了一定的认识，但万以上大数的数位较多，理解的难度还是很大的，且万以上的大数在学生的生活中较少出现，学生对此知识缺乏生活经验积累；加之数级的规定在国内外存在差异，我国采用四位数为一个数级的分级方法，而很多国家采用的是三位数为一个数级的分级方法。加上学生在网络、报刊等媒介上看到的大数的书写往往是不分级或是三位数为一个数级的，这对四位数为一个数级的大数的读写造成了一定的困难，具体表现为：①数数存在困难，如从950开始十个十个地数，数到1010时，学生往往会出现"一千一十""一千一百"这两种读法错误。前者的错误在于学生关于"0"的读法存在困难，后者的错误在于学生对10个10是100和10个100是1000的理解不到位，从本质上说还是对位值理解不够透彻。②学生在生活中接触大于1000的数的机会比较少，很难对其形成良好的数感，所以在数的估计上往往存在较大误差。

3. 小数除法：有关学生知识的水平较高

Q9：请举例说明，学生在计算 7.35÷7 和 0.36÷0.012 两道题时，可能会出现什么样的错误。

本题主要考察的是教师对学生经常出现的错误以及相关迷思概念的理解。测查结果（表 6-13）显示，教师关于此题的学生知识平均水平为 5.11。2%的教师关于此题的学生知识处于第一等级，且在所有关于学生知识的测查题目中低水平教师占比最低。57%的教师关于此题的学生知识处于第二等级，教师的回答较为全面，但描述不够简洁和严谨。41%的教师关于此题的学生知识处于第三等级，是所有测查题目中第三等级教师占比最高的。处于第二等级、第三等级的教师能结合具体题目全面地列举学生在做题时出现的错误（图 6-15），说明这部分教师在日常教学实践中，对于学生在该主题方面的相关学习情况以及对学生在具体题目中常出现的错误了解得较为全面和充分。

表 6-13　Q9 答题水平及各等级人数统计表

水平/等级划分	平均水平	等级人数（人）	百分比（%）	Q9 总体平均水平/等级
0—2/第一等级	0.75	12	2	5.11/第二等级
3—5/第二等级	4.65	305	57	
6—8/第三等级	6.00	219	41	

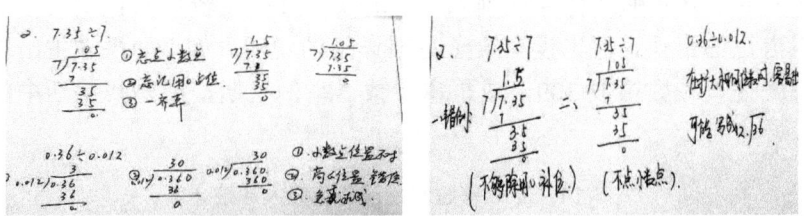

图 6-15　"小数除法"主题下学生知识处于第三等级的教师作答示例

在测查中，教师反馈在相关计算的学习中小数的计算错误率高一些，而小数除法的错误率则更高一些，其中除数是小数的小数除法的错误率最高。因为小数除法需要应用小数的意义、商不变的规律、小数点位置移动引起小数大小变化的规律以及整数除法知识，对计算能力要求高。学生在计算时，虽然要计算的数据比较小，但位数比较多，需要考虑的问题也多。在计算过程中，既有点小数点的问题，也有添"0"问题，还有试商的问题，这些对于学生来说都是容易出错的，需要教师全面掌握错误的类型，才能在学习中有效引导学生。

4. 退位减法：有关学生学习错误本质的知识掌握不够全面与深入

Q10：如果学生出现下面这样的错误，您怎样向学生解释？

$$\begin{array}{r}307\\-168\\\hline 261\end{array}\qquad\begin{array}{r}307\\-168\\\hline 169\end{array}$$

测查结果（表6-14）显示，教师关于此题的学生知识平均水平为4.60，处于第二等级的中间水平，在所有题目的测查中位列第二。其中，3%的教师关于此题的学生知识处于第一等级，85%的教师关于此题的学生知识处于第二等级，12%的教师关于此题的学生知识处于第三等级。此题旨在通过教师对学生学习错误的解释与分析来考察教师识别学生错误的能力，以及教师对学生学习错误本质进行分析的能力。绝大多数教师能够指出学生存在的学习错误，但反观其剖析学生学习错误的本质，可发现其存在的不足。例如，一些教师仅指出了学生错在哪里，并未分析错因，也并未解释应该如何做（图6-16）。还有一些教师虽指出了学生应该怎么做，但多在强调算法（图6-17）。绝大多数教师并未向学生解释为什么这么做，仅有少部分教师从计算法则入手，采取了几种比较形象直观的方法帮助学生来认识自己的错误，但也没有给予足够详细的说明，如"如果学生出现这样的错误，我就把被减数换成309，或是拿计数器举例说明，或是找生活中的实例来解释"。

表6-14　Q10答题水平及各等级人数统计表

水平/等级划分	平均水平	等级人数（人）	百分比（%）	Q10总体平均水平/等级
0—2/第一等级	0.50	12	3	4.60/第二等级
3—5/第二等级	4.50	458	85	
6—8/第三等级	6.00	66	12	

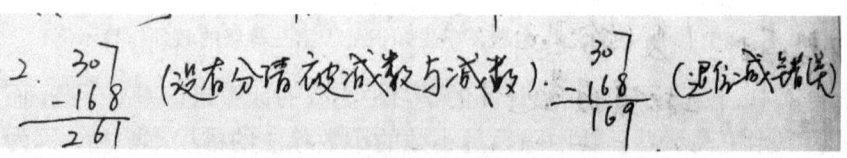

图6-16　"退位减法"主题下有关学生知识的教师作答示例1

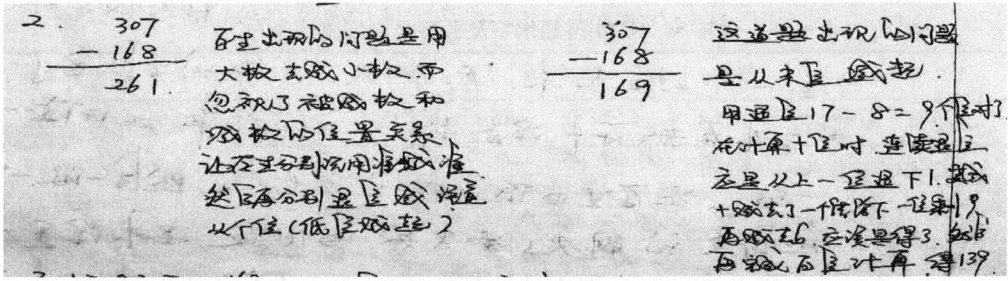

图 6-17 "退位减法"主题下有关学生知识的教师作答示例 2

通过分析发现,教师能够指出学生的学习错误,但对学习错误的本质分析与阐述不够全面和深入。学生的学习错误是学生知识中较重要的方面,学生在学习中出现的错误往往会反映出学生的思考路径和现存问题。教师对学生学习错误的理解能体现其对学科知识本质与学生知识的把握程度。在教学中,仅仅指出学生的学习错误是不够的,还应掌握学生出现学习错误的本质原因,且这些原因不能简单地归结为"马虎""不认真"等外在原因,应探究学生出现学习错误的内在原因。在退位减法的学习中,学生基于减法必须用大数减小数的学习经验,在每个数位上的计算都采用大数减小数的"常规惯例",而不考虑每个数在数位上和算式中的角色,加之学生未充分明确大数减小数的既定规则,从而出错较多。教师通过将竖式转化为横式,让学生明白无论是横式还是竖式,都必须用被减数减去减数,不能因为某个数位上的数大就反向相减。

5. 轴对称图形的认识:教师对学生应该具备的知识认识较为单一、浅显,缺乏要点的细节性描述

Q11:请您详细说明判断"平行四边形是不是轴对称图形",需要学生具备哪些相关知识。

本题旨在考察教师对学生在特定内容学习中已经掌握的先在知识。测查结果(表 6-15)显示,教师关于此题的学生知识平均水平为 3.55,处于第二等级的偏低水平,在所有题目的测查中,位列倒数第二。其中,7%的教师关于此题的学生知识处于第一等级,虽然所处水平较低,但也趋近于第一等级的最高水平,说明教师具备关于此题的基本学生知识,但语言表述不够严谨,或未进行深入阐述。其中有 3 人未作答;有 2 人直接作答"平行四边形不是轴对称图形";其余教师的作答过于笼统,如有教师回答"中间画一条线就可以了",这里的"线"指"对称轴",旨在让学生通过画线折叠进行观察和分析,但是阐述不够科学、严谨。

表 6-15　Q11 答题水平及各等级人数统计表

水平/等级划分	平均水平	等级人数（人）	百分比（%）	Q11 总体平均水平/等级
0—2/第一等级	1.75	36	7	3.55/第二等级
3—5/第二等级	3.61	487	91	
6—8/第三等级	6.08	13	2	

91%的教师关于此题的学生知识处于第二等级。这部分教师的作答集中在折叠平行四边形，观察两边是否重合上。在理解对称轴的性质方面，教师对学生思维过程的掌握并没有得到体现，也很少有教师回答出关于平行四边形的相关知识（图 6-19、图 6-20）。平行四边形的特点容易给人造成错觉，这也是在轴对称图形中选择平行四边形进行辨析的原因。通过分析发现，教师虽然对学生应该具备的先在知识有相对明晰的了解，但是较为单一，大多停留在第一学段对轴对称图形的活动感知与获取直接经验方面，而较少涉及深入发展学生的抽象思维能力的方面。

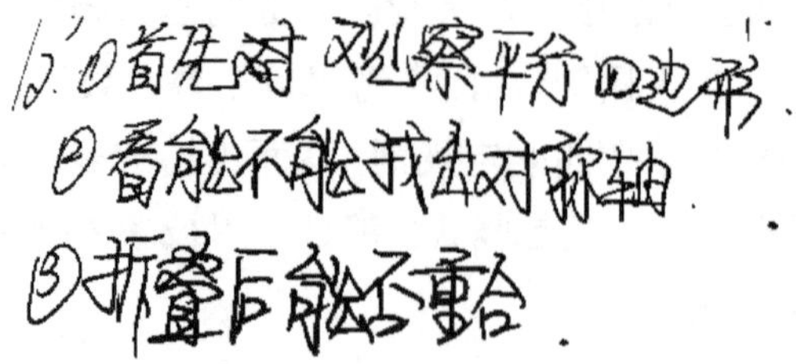

图 6-19　"轴对称图形的认识"主题下学生知识处于第二等级的教师作答示例 1

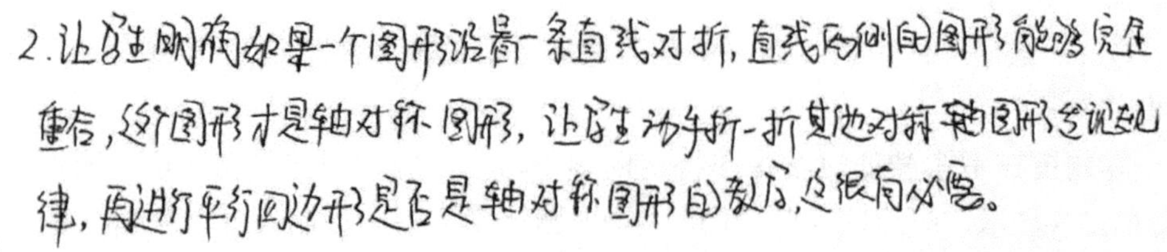

图 6-20　"轴对称图形的认识"主题下学生知识处于第二等级的教师作答示例 2

2%的教师关于此题的学生知识平均水平为 6.08，处于第三等级。这部分教师的表述和呈现方式较为清晰且有条理，除考虑到了轴对称图形的特点以外，还考虑到了平行四边形的特征。验证的过程也不仅仅局限于直观的操作上，而是趋向于深层的思维活动，语言表述更符合数学的科学性和严谨性（图 6-21）。

2. 请您详细说明判断"平行四边形是否是轴对称图形"需要学生具备哪些相关知识？
1、垂直并且平分一条线段的直线称为这条线段的垂直平分线，或中垂线.线段垂直平分线上的点到线段两端的距离相等.
2、在轴对称图形中,对称轴两侧的对应点到对称轴两侧的距离相等.
3、在轴对称图形中,沿对称轴将它对折,左右两边完全重合.
4、如果两个图形关于某条直线对称,那么对称轴是任何一对对应点所连线段的垂直平分线

图 6-21 "轴对称图形的认识"主题下学生知识处于第三等级的教师作答示例

轴对称图形的学习主要是帮助学生在原有的感性认识的基础上，掌握轴对称图形的特征和性质，为今后进一步学习几何图形的有关知识打下基础。通过轴对称图形的学习，学生将以全新的视角观察和认识图形，并形成一定的空间观念。教师关于此题的学生知识的作答较为表面、单一，大部分教师关注的是学生通过"对折"来感受重合，进而积累这种操作经验。然而，第二学段（4—6年级）要求学生在方格纸上补全轴对称图形和画对称轴，从操作经验上升到了思维经验，因而，教师对学生应该把握的知识缺乏分阶段的系统掌握，以及学段之间的过渡和衔接。在讲解"轴对称图形的认识"时，教师应使用规范严谨的数学语言，要明确对称轴是一条直线，这也是学生学习的必备知识。此外，教师对学生应该掌握的知识细节阐述不足，如虽提到"重合"，但没有解释清楚其含义。可见，教师对学生先在知识及学习困难的把握还不充分，只有深刻剖析学生学习困难的本质，掌握学生应具备的先在知识，才能向学生传递可理解的知识，解决学生的学习困难。

6. 圆的面积：关于学生学习困难的认识较为笼统

Q12：学生在理解圆的面积公式推导过程中，会遇到哪些困难？（请尽可能详细地描述）

本题主要考察的是教师对学生在理解圆的面积推导公式过程中存在的学习困难的掌握情况。测查结果（表 6-16）显示，教师关于此题的学生知识平均水平为 3.18，处于第二等级的低水平，在所有题目的测查中位列最后。16%的教师关于此题的学生知识处于第一等级，其中，29 人未作答，多数教师的作答与"圆的面积"完全不相关。例如，有教师的作答为"学生易混淆半径、直径"，此作答涉及的是面积公式本身，而非推导过程。甚至有教师直接回答"不知道如何推导、不知道用什么方法推导"或"学生不理解"。

表 6-16 Q12 答题水平及各等级人数统计表

水平/等级划分	平均水平	等级人数（人）	百分比（%）	Q12 总体平均水平/等级
0—2/第一等级	1.26	85	16	3.18/第二等级

续表

水平/等级划分	平均水平	等级人数（人）	百分比（%）	Q12 总体平均水平/等级
3—5/第二等级	3.47	439	82	3.18/第二等级
6—8/第三等级	6.00	12	3	

82%的教师关于此题的学生知识处于第二等级，这部分教师的作答较为笼统。例如，有教师回答"转化后分不清长和宽与圆的关系"，虽然涉及"圆的面积"的转化和极限思想，但是没有具体描述其中的关系，缺乏过程性的探索与阐述（图6-22）。

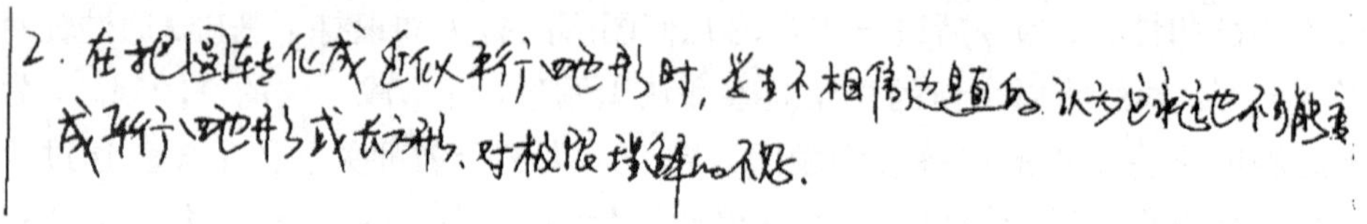

图 6-22 "圆的面积"主题下学生知识处于第二等级的教师作答示例

3%的教师关于此题的学生知识处于第三等级，这部分教师能够根据具体的推导步骤逐一说明其中的难点，且表述清晰、明确（图6-23）。但处于该等级的 12 名教师的学生知识的平均水平为 6.00，说明他们对学生在理解圆的面积公式推导过程中所遇到的困难的理解缺乏与核心概念直接相关的批判性和分析性的阐述。

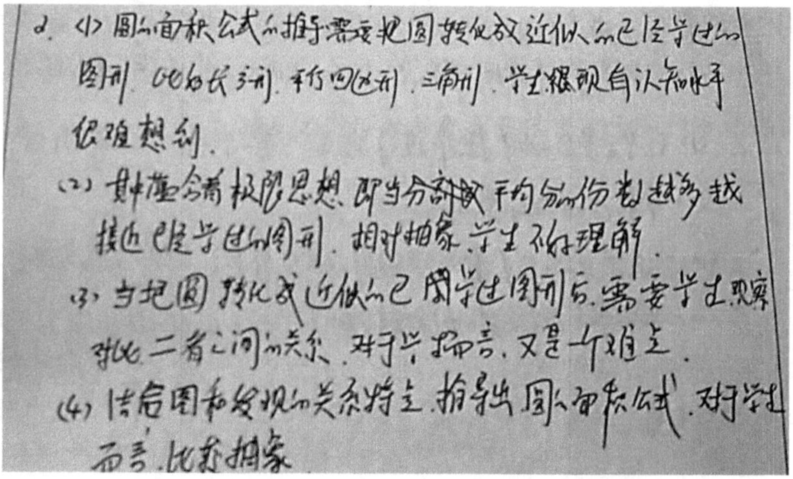

图 6-23 "圆的面积"主题下学生知识处于第三等级的教师作答示例

总体而言，教师对"圆的面积"主题下的学生学习困难认识得较为笼统，缺乏具体的阐述。其中，有的教师以未教授过该主题的内容为由，回答并不了解相关内容；有的教师笼统地回答出转化和极限思想，指出学生不易理解这部分较为抽象的内容，但是对抽象的相关要点以及学生遇到的具体困难并没有给予明确阐述。处于第二等级的教师多是基于教学经验指出"学生想不通无限等分后拼得的图形是平行四边形""将圆的面积转化为平行四边形的面积后，学生找不准对应的联系，因此推导不出圆的面积公式"，但是较少有教师能够进一步详细解释原因。

学生学习该主题的主要困难在于化曲为直的极限思想与学生的有限思想存在一定的认知矛盾。小学阶段的学生只能通过想象来感悟把圆分的份数越来越多，得到的图形越来越接近平行四边形，直到分成无限多份时，就形成了一个真的平行四边形，而这种想象对于学生而言较难理解与感受。另外，将圆转化为平行四边形，再用平行四边形的面积推导出圆的面积公式，对学生的逻辑能力和推理能力要求比较高。有些学生找不准转化前后图形的对应关系，用字母代替数值，又涉及代入、化简，较为抽象难懂。

（二）小学数学教师关于学生知识的综合分析

有关学生的知识是教师 PCK 中最为重要和关键的相关整合要素知识，处于 PCK 结构的核心位置，直接影响教师的 PCK 水平。学生在教学中始终处于核心位置，是教师教学的出发点与落脚点，教师的教学连接着学科知识与学生的学习。教师只有充分了解学生，拥有丰富的学生知识储备，才能把特定的知识通过特定的方法教给特定的学生。但测查结果显示，小学数学教师关于学生知识的平均水平为4.17，处于第二等级，结果并不理想。与其他题目相比，教师在考察其在具体内容中关于学生学习错误的掌握情况的题目（Q9、Q10）中表现出的学生知识水平要高；而在考察其关于学生学习困难与迷思概念掌握情况的题目（Q7、Q8、Q12）和关于学生的先在知识掌握情况的题目（Q11）中表现出的学生知识水平均不高（表6-17）。

表 6-17　不同教学主题下教师的学生知识等级水平分布统计表

不同的教学主题	平均水平	标准差	第一等级 人数（人）/占比（%）	第二等级 人数（人）/占比（%）	第三等级 人数（人）/占比（%）
小数除法	5.11	1.05	12/2	305/57	219/41
退位减法	4.60	0.98	12/3	458/85	66/12
整数的认识	4.43	1.06	19/4	444/83	73/13
分数的认识	4.15	0.94	13/3	495/92	28/5
轴对称图形的认识	3.55	0.89	36/7	487/91	13/2
圆的面积	3.18	1.16	85/16	439/82	12/3

1. 教师的学生知识总体水平不够理想

教师关于学生知识的平均水平为 4.17，处于第二等级，略低于学科知识水平，结果并不理想，说明教师对相关学生知识理解的阐述较为具体、相关，虽有一些过程性理解，但与学科知识联系得不够密切，缺少评判性的证明或分析性的思考。不同教学主题的学生知识水平由高到低依次为小数除法、退位减法、整数的认识、分数的认识、轴对称图形的认识、圆的面积。通过分析发现，在"数与代数"领域中，教师的学生知识总体水平高于"图形与几何"领域。在"小数除法"主题下，学生知识处于高水平的教师占比最多。教师关于"分数的认识"的学生知识水平在"数与代数"领域最低，处于第三等级的教师占比较少，说明教师对这一主题下的学生知识掌握得不够好。"圆的面积"中关于学生知识的水平在所有测查主题中最低，低水平占比最多，高水平占比少，说明教师对于这一主题下的学生知识掌握得最不好。调查中发现，产生这种现象的一部分原因在于一些教师未进行过"圆的面积"的教学，所以教学经验积累不够，且该部分内容较为抽象、难以理解。

2. 教师对学生在特定主题学习中的错误表现掌握较好，但本质分析不够深入

Q9、Q10 旨在考察教师关于学生学习错误的掌握情况，而 Q7、Q8、Q12 旨在考察教师关于学生学习困难与迷思概念的掌握情况。总体而言，大部分教师能够较准确地呈现学生在学习中容易出现的具体错误。例如，大部分教师能对学生在学习"小数除法"时易犯的错误进行准确的描述，这主要是因为小数除法是小学数学教学中的重难点，备受教师重视，学生所犯的这些错误可称为系统错误[①]，其中绝大多数错误是由于学生使用了错误的算法或规则，归根到底又是由学生的迷思概念或学习困难所引起的。学生易犯的错误较为直接、外显，教师在教学中容易观察到，因此能够较好地把握学生在解题时易出现的错误。

在测查中，教师能够列举学生学习错误的外在表现，但对学习错误的实质性分析不够透彻，这是因为教师对学生学习错误的本质了解得不够全面和深入，常常将学生出现错误的原因归结为学生不认真、马虎、粗心等外在因素，或是就问题解决问题，仅指出和纠正学生的错误，告诉学生该怎么做，而没有深入分析学科知识的机理、了解学生学习与思考的过程、挖掘学生出错背后深层次的本质原因，解决方法简单、机械，缺乏针对性，未能做到"举一反三、触类旁通"。分析学生的学习错误是教师重要的专业能力之一，教师需要具备能够依据学生内在错误对其学习

---

① Cox L S. Systematic errors in the four vertical algorithms in normal and handicapped populations[J]. Journal for Research in Mathematics Education, 1975, 6 (4): 202-220.

错误进行建模的能力,如建构有关学生知识的详细模型,包括他们的错误,这是成功纠正学生学习错误的前提。[1]教师要深入了解学生真实的思维活动,高度重视对学习错误的纠正。[2]对学习错误的分析,有助于教师在教学设计时预先估计学生可能存在的学习错误,并寻找恰当的教学策略,进而提高学生学习效率。

3. 教师对学生的学习困难和迷思概念理解与分析得不够全面深入

相对于外显的学习错误来说,学生的学习困难和迷思概念具有内隐性,不容易被观察,因此需要教师深入了解学生数学学习的本质。只有理解并把握学生的思维过程,才能分析和推理出学生的学习困难与迷思概念。在测查中,大多数教师能指出学生学习中的关键难点和迷思概念,如关于"分数的意义",学生存在的最大困难应该是对单位"1"的理解;关于大数,学生存在的最大困难应该是缺乏生活经验导致的数感不好。但整体上,教师对学生的学习困难和迷思概念的掌握不够全面和深入,较少有教师能够全面地描述学生在学习特定内容时可能存在的所有学习困难的表现及成因。部分教师对一些内隐的学习困难了解较少,如关于"整数的认识",多数教师认为,正是学生对之前的数位知识掌握不牢固,才导致大数学不好;少数教师能够进一步指出是学生缺乏生活经验而导致的数感不好。

4. 教师对学生先在知识的体系化有待提升

数学逻辑严谨、结构严密,知识之间具有紧密的联系,因此,要求教师进行教学前要对学生已有知识进行充分了解,以便基于旧知学习新知,让学生形成更为完整、系统的认知结构。部分教师对学生先在知识的储备呈现散点状的特征,没有将各知识点建立起实质性的联系,这主要是由于教师关于学科知识的纵横知识体系不完备,导致对学生的先在知识了解得不够充分。例如,在"轴对称图形的认识"中,多数教师对于学生先在知识的了解仅限于学生对轴对称图形和对称轴的认识,而较少有教师能认识到学生的先在知识应包含有关平行四边形的知识。另外,教师对平行四边形的描述也不甚具体、明确。虽然教师在学科知识部分提到"对称轴是一条直线",但在有关学生先在知识储备的阐述中并没有明确指出学生应掌握对称轴是关于直线的相关知识。教师对学生学习困难、迷思概念的分析不够透彻,往往是因为不了解学生先前的学习情况(如学生了解哪些知识、了解的程度如何等),所以很难将学生学习特定知识时出现的困难或迷思与学生的先在知识建立联系。

---

[1] Brown J S,Burton R R. Diagnostic models for procedural bugs in basic mathematics[J]. Cognitive Science,1978(2):189.

[2] 郑毓信,梁贯成. 认知科学,建构主义与数学学习[M]. 上海:上海教育出版社,1998:68.

在关于学生学习错误、学习困难或迷思概念的相关阐述中，一些教师仅从特定内容的角度去考虑学生学习出现错误或困难的原因，而未从学科知识体系纵横联系方面加以阐述。

三、小学数学教师教学策略知识的现状与分析

在调查工具中，Q13—Q18是对小学数学教师的教学策略知识的考察，Q13—Q16是对"数与代数"领域的考察，Q17—Q18是对"图形与几何"领域的考察。其中，Q13、Q14、Q18旨在考察教师针对某一特定教学内容所具备的教学策略知识的多样化与储备情况，Q15、Q16、Q17旨在考察教师针对某一具体教学问题的具体教学策略的掌握情况。测查小学数学教师在各领域不同教学主题下教学策略知识的等级水平（表6-18、图6-24），并结合每个题目进行具体分析，有助于更加细致地了解教师总体的教学策略知识现状。

表6-18 小学数学教师教学策略知识各领域水平及等级统计表

领域	水平/等级	平均水平	等级人数（人）	占比（%）	各领域教学策略知识总体平均水平/等级
"数与代数"（Q13—Q16）	0—2/第一等级	2.35	5	1	4.75/第二等级
	3—5/第二等级	4.70	435	81	
	6—8/第三等级	6.03	96	18	
"图形与几何"（Q17—Q18）	0—2/第一等级	2.02	62	12	3.41/第二等级
	3—5/第二等级	4.83	445	83	
	6—8/第三等级	6.09	29	5	

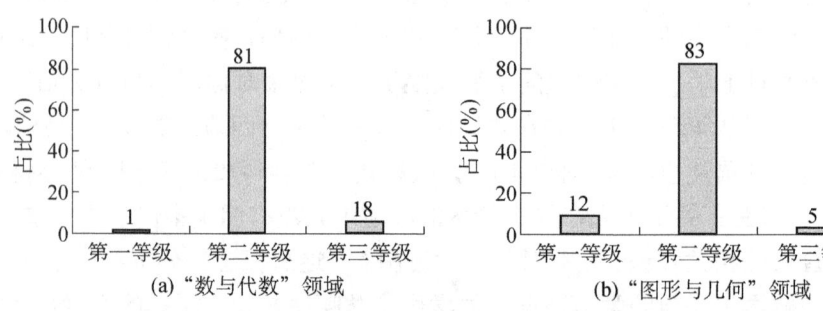

图6-24 小学数学教师的教学策略知识等级水平分布图

在"数与代数"领域的四个教学主题下，教师的教学策略知识平均水平为4.75，处于第二等级。其中，1%的教师的教学策略知识处于第一等级，81%的教师的教学策略知识处于第二等级，18%的教师的教学策略知识处于第三等级。在"图形与

几何"领域中的两个教学主题下,教师的教学策略知识平均水平为3.41,处于第二等级。其中,12%的教师的教学策略知识处于第一等级,83%的教师的教学策略知识处于第二等级,5%的教师的教学策略知识处于第三等级。由此可见,大多数小学数学教师的学科知识处于第二等级。下面将结合测查中的具体教学主题对教师的教学策略知识情况进行详细分析。

(一)小学数学教师各领域主题下的教学策略知识现状分析

1. 分数的认识:教学策略类型较为多元

Q13:假如您要帮助学生理解分数的意义,您想采用什么样的方法?(请尽可能列出多种方法)

本题主要考察的是教师针对"分数的意义"这一主题所具备的教学策略知识的储备情况。测查结果(表6-19)显示,教师关于此题的教学策略知识平均水平为4.78,处于第二等级。其中,1%的教师关于此题的教学策略知识处于第一等级,78%的教师关于此题的教学策略知识处于第二等级,21%的教师关于此题的教学策略知识处于第三等级,与其他主题相比,教师在"分数的意义"这一主题上处于第三等级的人数占比较多。

表6-19 Q13答题水平及各等级人数统计表

水平/等级划分	平均水平	等级人数(人)	占比(%)	Q13总体平均水平/等级
0—2/第一等级	0	6	1	4.78/第二等级
3—5/第二等级	4.52	418	78	
6—8/第三等级	6.01	112	21	

对于帮助学生理解分数的意义,90%以上的教师能够答出运用操作法(学生折一折、涂一涂、画一画等)、实物演示法这两种方法。教学策略知识处于第三等级的教师能列举出三种以上的方法,并能对其进行较为详细或深入的阐述(图6-25)。

分数的意义历来是小学数学教学的重点和难点,也是学科教学专家研究较多的教学内容。对于这一教学内容,一线小学数学教师都较为熟悉,能接触到的优秀教学资源也较多。由于分数的意义具有多样性,可以从多个方面进行理解,因此,教师针对该主题呈现出来的教学策略较为多元。例如,教师在对"分数的意义"开展教学前,首先要明确分数的意义涵盖哪些方面,并明确每节课的目标,进而有

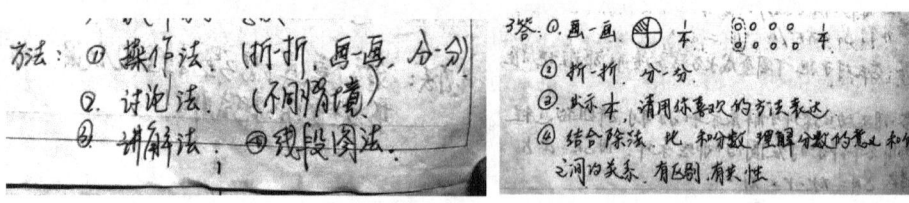

（1）开展活动、结合实例、抽象概念。（2）实际操作、观察比较、深化理解。具体如下：

活动一、建立数学模型，深入理解分数的意义。

活动1： 用手中的学具想办法表示出1/4。

（学生采用画一画、折一折、涂一涂、分一分等，并用阴影表示1/4。）

活动2： 讨论同学们在得到分数1/4的时候，有什么相同点和不同点。

小结：一个图形、一个实物，它们只是一个物体，而一堆小棒、一些小正方体是一些物体。无论是一个物体还是一些物体，我们都可以把它们看作一个整体，然后把这个整体再平均分成若干份。在数学上我们把一个整体用自然数1来表示，通常把它叫做单位"1"。

活动3： 体会单位"1"的含义。

结合你的学具和同桌说一说你表示出来的那个1/4的单位"1"是什么。

还可以把什么看成1个整体也就是单位"1"呢？

提问：单位"1"和自然数1一样吗？

活动二、结合活动经验，总结分数的意义。

我们通过折一折、分一分、画一画、剪一剪，得到了很多分数。那么到底什么是分数呢？你能不能用自己的话试着说一说。

出示概念：把单位"1"平均分成若干份，这样的一份或几份的数叫做分数。

想一想，说一说生活中分数的例子。

图6-25 "分数的认识"主题下教学策略知识处于第三等级的教师作答示例

针对性地做出设计和建构。例如：①在三年级初步认识分数的基础上，五年级再学习分数时可以适当增补用分数表示具体物理量的内容，如把1（或6）千克平均分成4份，算每份是多少千克，或者画出3/4米等，为学生搭建一个理解"分数是一个数"的平台。②创设情境，让学生参与创造分数单位，并用分数单位进行测量的过程，积极体验分数是若干个分数单位累加的过程，加深对其的理解，并加强整数、分数和小数之间的联系，减少学习压力。③从运算和商两个角度认识分数，体会分数与除法之间的联系；知道分数既能表示运算过程，又能表示运算结果。④加深学生对两个量之间关系的认识，突破难点，使学生对分数"比的定义"的认识更全面。⑤鼓励学生梳理并总结分数意义的几个方面。教师要尽可能在教学中引导学生有意识地归纳和区分不同情境下分数的意义。例如，在完成"一根彩带长4米，淘气用去了一根彩带的1/2，淘气用去了多少米？"的任务时，学生可以不先急于解决问题，而是先分析1/2的含义，即把一根彩带看作"1"，将其平均分成2份，用去了其中1份，此时1/2表示的是用去的部分和总长度之间的关系，理清分数的意义之后再进行计算。此外，教师可以指导学生借助画图的方法来分析和理解分数的意义。

2. 整数的认识：教学策略高水平占比较高

Q14： 请尽可能详细地阐述您是如何帮助学生发展对大数的数感的？

本题主要考察的是教师针对"整数的认识"这一主题所具备的教学策略知识。测查结果（表 6-20）显示，教师关于此题的教学策略知识平均水平为 4.85，处于第二等级。其中，3%的教师关于此题的教学策略知识处于第一等级。65%的教师关于此题的教学策略知识处于第二等级，多数教师能说出较为关键的 2—3 种方法，如通过举例，让学生直观感受大数；还有教师通过让学生记数位、记数级的方法来巩固大数的读法等，教师能够从学生的角度和学生认知水平出发设计相应的一些教学活动。32%的教师关于此题的教学策略知识处于第三等级，相对于其他测查内容，在"整数的认识"主题下教师教学策略知识处于高水平的占比最大，处于该等级的教师所呈现的教学策略较为丰富，阐述较为详细（图 6-26）。

表 6-20 Q14 答题水平及各等级人数统计表

水平/等级划分	平均水平	等级人数（人）	占比（%）	Q14总体平均水平/等级
0—2/第一等级	0.53	15	3	4.85/第二等级
3—5/第二等级	4.47	349	65	
6—8/第三等级	6.01	172	32	

（1）要建立大数的概念，要让学生正确理解位值的原理。
（2）感受大数与日常生活的密切联系，帮助学生在生活中建立数感。
（3）数形结合，结合教具、学具的实际操作（小方块图、点子图）等，形成计数单位的表象，发展学生的数感，建立大数的观念。
（4）通过多种数数活动，帮助学生不断积累数数活动经验，从具体到抽象，逐步发展数感。
（5）运用多种方法表示"数"，也是培养学生数感的重要途径。比如，用计数器表示数；用方块模型表示数；用数轴等手段来表示数的相对大小关系。
（6）建立大数的估计观念。引导学生找到一个估计的标准，掌握一些估计的方法。

图 6-26 "整数的认识"主题下教学策略知识处于第三等级的教师作答示例

总体而言，在如何发展学生关于大数的数感方面，教师所呈现的教学策略比较多元。大部分教师能认识到应该从学生熟悉的事物、生活经验入手来培养学生的数感。考虑到小学生的心理特点，教师多采取操作性活动，如动手"数一数"，因为这样的活动更能引起学生的学习兴趣。教师还会通过对数进行分级或多加练习的方式来培养学生的数感，例如，①增加十个十个地数、一百一百地数、一千一千地数的练习，边数边拨计数器，同时提醒学生在使用计算器的过程中要注意满十进一，通过切身实践来理解个位、十位、百位、千位、万位，以及相邻两个数位之间的十进制关系。②布置数 1000 粒豆子的操作性作业，锻炼学生数数的同时，让学生对 1000 个不同物体大约有多少产生较为形象的记忆，从而发展学生的数感。③在课堂上发给每个学生 20—30 个笑脸（笑脸个数由人数决定，全班笑脸总数确保在 1000

左右),将所有学生的笑脸串起来装饰教室或走廊,从而在学生的学习环境中引入1000的概念,丰富学生的生活经验。但也存在少部分教学策略缺乏适切性的问题,如部分教师采取让学生记数位的方法掌握大数,不符合小学生的认知发展规律,因此,教师在教学中更应从学生的生活经验入手发展学生的数感。

3. 小数除法:教学策略表征不够多元

Q15:以 7.8÷0.6 为例,请详细说明您是怎样帮助学生理解算理的。

表 6-21 Q15 答题水平及各等级人数统计表

水平/等级划分	平均水平	等级人数(人)	占比(%)	Q15 总体平均水平/等级
0—2/第一等级	0.24	21	4	4.59/第二等级
3—5/第二等级	4.43	406	76	
6—8/第三等级	6.01	109	20	

本题旨在考察基于某一特定教学内容,教师掌握的帮助学生理解算理的具体教学策略的情况。测查结果(表 6-21)显示,教师关于此题的教学策略知识平均水平在"数与代数"领域中最低,为 4.59,处于第二等级。其中,4%的教师关于此题的教学策略知识处于第一等级。76%的教师关于此题的教学策略知识处于第二等级,其中绝大多数教师能够利用商不变的规律来帮助学生理解小数除法的算理(图 6-27);部分教师虽然没有提到商不变的规律,但是把 7.8÷0.6 的算法详细地阐述了一遍;部分教师能够用计量单位帮助学生理解算理。20%的教师关于此题的教学策略知识处于第三等级,这些教师能够运用两种方法帮助学生理解算理,但没有教师用画图的方法来帮助学生理解小数除法(图 6-28)。

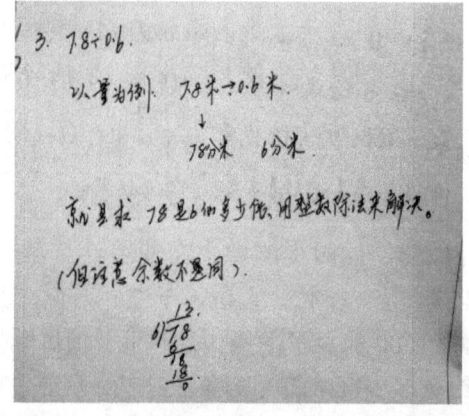

图 6-27 "小数除法"主题下教学策略知识处于第二等级的教师作答示例

3. 理解算理

利用知识转化. 因为学生在学小数除法前，已经掌握了整数除法，所以将除数是小数的除法根据"商不变的性质"转化为除数是整数的除法。比如：

（1）单位转换法：

将单位"米"化成"分米"来计算。7.8米=78分米　0.6米=6分米，只需计算78÷6=　就可以了。

将单位"元"化成"角"来计算。7.8元=78角　0.6元=6角，只需计算78÷6=　就可以了。

根据商不变的性质：把7.8和0.6同时扩大10倍，把小数除以小数转化成整数除以整数进行计算。

（2）利用商不变的性质进行竖式计算的方法：

先用斜线把除数0.6的小数点划掉，然后将小数点向右移动一位，转化成整数6，要使商不变，被除数7.8的小数点也应用斜线划掉，然后将小数点向右移动一位，最后按照除数是整数的除法进行计算。（教师可帮学生总结为：先划、再移、后点）。

图6-28　"小数除法"主题下教学策略知识处于第三等级的教师作答示例

教师针对该主题的教学策略知识存在的问题主要表现在两方面：①由于部分教师混淆了算法和算理，只向学生解释这道题具体怎么算、步骤是什么，而缺乏对算理的理解与阐述。②在向学生解释算理时表征不够丰富，缺乏形象直观的策略。借助较为形象直观的手段或者与学生日常生活联系较紧密的事物或案例，有利于学生理解算理，而在本题中，教师呈现的教学策略与表征忽略了最为形象直观的画图法。

"除数是小数的小数除法"的教学关键是如何将其转化为除数是整数的小数除法。计算7.8÷0.6的关键是将0.6转化成整数，并在计算过程中使学生明白每一步的算理。总体来看，教师主要呈现了三种教学策略：①借助计量单位。妈妈用7.8元买了一些白菜，每千克0.6元，妈妈一共买了多少千克？7.8元÷0.6元=78角÷6角=13（千克）。②利用商不变的规律。7.8÷0.6=（7.8×10）÷（0.6×10）=78÷6=13。③画图法（图6-29）。78个0.1，每6个0.1为1份，共分出13份（在这种情况下，相同的计数单位是0.1，就直接计算78÷6即可）。

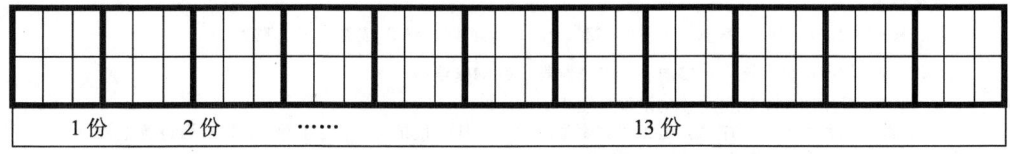

图6-29　"小数除法"教学策略之画图法

4. 退位减法：教学策略表征较为抽象

Q16：以"307-168=？"为例，请尽可能详细地说明您是如何帮助学生理解退位减法的。

连续退位减法是三位数减法中最重要也是最难的一部分知识，本题旨在考察教师基于某一特定教学内容的具体教学策略掌握情况。测查结果（表6-22）显示，教师关于此题的教学策略知识平均水平为4.64，处于第二等级。其中，5%的教师关于此题的教学策略知识处于第一等级。75%的教师关于此题的教学策略知识处于第二等级，其中多数教师讲授了此题的详细算法（图6-30），但大多为抽象地讲解，很少有教师采用更加直观的图示法或其他适切的方法来生动有效地帮助学生理解减法中的退位。

表 6-22 Q16 答题水平及各等级人数统计表

水平/等级划分	平均水平	等级人数（人）	占比（%）	Q16 总体平均水平/等级
0—2/第一等级	0.31	26	5	4.64/第二等级
3—5/第二等级	4.55	403	75	4.64/第二等级
6—8/第三等级	6.00	107	20	

3. 个位上7-8不够减，从十位退1作个位再减。17-8=9。对准个位写9。十位上还剩9。9-6=3。对准十位写3。百位上退1剩2。2-1=1，对准百位写1，最后结果是139。

图 6-30 "退位减法"主题下教学策略知识处于第二等级的教师作答示例

20%的教师关于此题的教学策略知识处于第三等级，该部分教师并没有采用难懂的抽象方式讲解算法，而是采用了一些操作性活动（图6-31），如摆小棒、拨计数器等，并进行了详细的阐述。

3、用摆小棒的办法。先摆出3捆和7根，从这里减掉168根，个位不够减怎么办？学生只好把300中的100根中拿出10根，观察剩下的是多少？200和90还有7根，操作后讨论书写方法。这样学生会理解算理。

3、理解退位

被减数中间有0的退位减法：个位不够减，十位上没有数是0，该怎么退1呢？

（结合计数器和小棒图，一边演示一边理解每一步的算理。）

我们可以采用的方法就是继续向前借一当十。

被减数中间有0的退位减法，笔算时，个位不够减，从十位退1，十位上是0，就从百位退1，此时带退位点的0要少看1，看作9，即十位剩9。

如：307-168 竖式计算过程：

```
    307      个位：17-8=9
  - 168      十位：10-1=9, 9-6=3
  -----
    139      百位：3-1=2, 2-1=1
```

3. 退位减法，利用计数器，现在计数器上个位上拨7颗珠子，十位上拨0颗珠子，百位上拨3颗珠子，学生在学没有退位减法时已经明确数位对齐从个位算起的道理。7减8不够减，从十位拨一颗珠子当十，十位上没有珠子只能从百位借一颗珠子当十，百位剩2颗珠子，十位上拨出10颗珠子，然后十位拨走一颗借给个位当十，十位上此时剩9颗珠子，个位上10加7共17颗珠子，接下来按减的顺序，个位17减8剩9，十位上是9减6剩3，百位上2减1剩1，最终的结果是139。

图 6-31 "退位减法"主题下教学策略知识处于第三等级的教师作答示例

教师针对退位减法采取的教学策略总体表现较为抽象，缺乏直观适切性。三位数的连续退位减法是减法教学中较难的一部分，但教师在讲解时大多采用抽象讲解方式，表征得不够形象具体，容易导致学生在理解该知识时产生一定的困难。教学策略知识处于高水平的教师认为在教授退位减法时需借助形象直观的教学表征方式，如：①在计数器上演示307-168，当个位不够时向十位借"1"，借"1"当十，十位再向百位借"1"，百位变成"2"，十位变"10"，借"1"给个位后变成"9"，个位"17"。个位上为17-8=9，十位上为9-6=3，百位上为2-1=1。②引入绘本教学，如可以引用绘本中一个有关退位减法的故事。绘本故事将抽象的计算形象化，学生就更容易理解。在计算中出现问题时，学生也可以自己编排类似的故事，从而完成计算任务。当学生经历一段时间的练习后，自然能够脱离形象故事的辅助，进入独立完成计算任务的阶段。

5. 轴对称图形的认识：教学策略表征的学段针对性不强

Q17：如果有学生认为"平行四边形是轴对称图形"，您会如何回应并解释？（请尽可能详细地阐述您的教学方法）

本题旨在考察教师基于某一特定教学内容的具体教学策略的掌握情况。测查结果（表6-23）显示，教师关于此题的教学策略知识平均水平为3.48，处于第二等级。其中，9%的教师关于此题的教学策略知识处于第一等级。在该部分的49名教师中，有9人未作答，而作答的教师中大多回答得过于笼统、简单，如"让学生自己折一折，画一画，自然就明白了"。这反映出教师用于轴对称图形的教学策略较为单一，多数策略为让学生参与折一折、画一画等操作性活动，而对于采用策略的依据以及具体过程并没有太多阐述，缺乏分析性思考。

表6-23　Q17答题水平及各等级人数统计表

水平/等级划分	平均水平	等级人数（人）	占比（%）	Q17总体平均水平/等级
0—2/第一等级	1.53	49	9	
3—5/第二等级	3.55	462	86	3.48/第二等级
6—8/第三等级	6.00	25	5	

86%的教师关于此题的教学策略知识处于第二等级，该部分教师的教学策略知识的平均水平为3.55，对问题的回答较为笼统，且教学策略大致与核心概念相关（图6-32）。

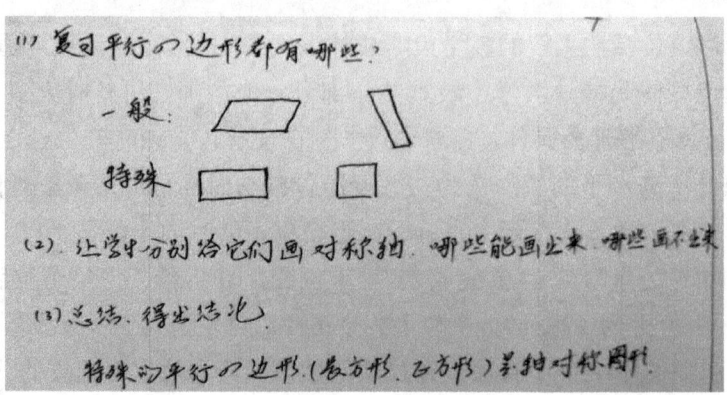

图 6-32 "轴对称图形的认识"主题下教学策略知识处于第二等级的教师作答示例

5%的教师关于此题的教学策略知识处于第三等级。该部分教师均能明确阐述出平行四边形分为一般平行四边形和特殊平行四边形（如长方形、正方形等），其中一般的平行四边形不是轴对称图形，而特殊的平行四边形，如长方形、正方形是轴对称图形，并能够根据具体情况展开探究式解释（图 6-33）。

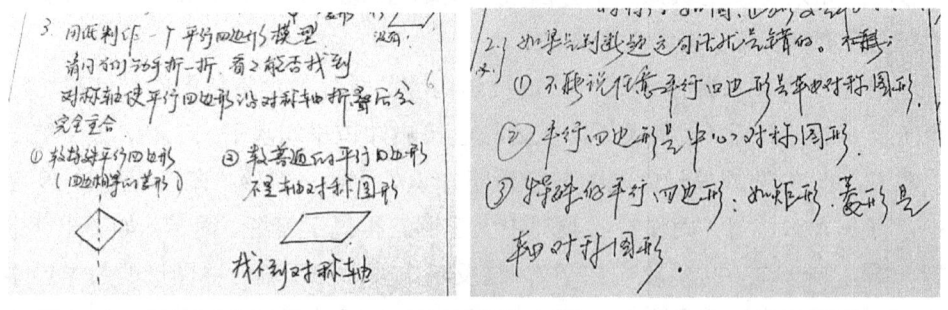

图 6-33 "轴对称图形的认识"主题下教学策略知识处于第三等级的教师作答示例

"轴对称图形的认识"分散在两个学段中，且各学段的教学目标不同。多数教师采用学生合作、动手操作的方式，较少有教师利用轴对称图形的特点进行分析推理。总体而言，教师运用的教学策略较为单一，缺乏针对性。教师在教授该主题的内容时，应结合学生的认知特点和课程标准的相关要求，既要关注学生的操作经验，又要关注学生的思维经验，让学生在观察与想象、分析与推理中感受和认识轴对称图形。在学习轴对称图形之前，学生已经学习了简单平面图形的特征，形成了一定的认识基础。另外，现实生活中存在大量轴对称图形的例子，为学生学习轴对称图形创造了丰富的课程资源。因此，对轴对称图形的认识和理解，一方面，要鼓励学生从生活实际出发，举出生活中的实际例子，并通过观察与操作对轴对称图形进行直观描述，进而丰富学生的数学活动经验和体验；另一方面，要从生活中的轴对称过渡到平面图形中的轴对称，逐渐让学生学会"数学地分析"，从基础、简单的操作经验逐步上升到思维经验。在教授轴对称图形时，教师应根据各学段的教学要求采用不同的教学表征方式，如：①自由辩论，动手操作，即让学生自己动手用纸片剪一个平行四边形，然后用折叠的方法，形象地展示折痕两边的部分不完全重合，说明其不是轴对称图形；②利用轴对称图形的特点进行分析推理，利用对应点与对称轴的距离相等来看平行四边形的对角线是不是合格的对称轴。这种方法要求学生具备较强的逻辑推理能力，如果学生做不到，教师要进行演示，然后请学生自己画一画，判断对称轴。

6. 圆的面积：教学策略表征不够丰富，缺乏层次性

Q18：关于"圆的面积"教学，您在教学设计时会考虑到哪些帮助学生理解圆的面积的方法？（请尽可能详细地阐述）

本题旨在考察教师基于某一特定教学内容所具备的教学策略知识的多样化与储备情况。测查结果（表6-24）显示，教师关于此题的教学策略知识平均水平为3.33，处于第二等级。其中，18%的教师关于此题的教学策略知识处于第一等级，在该部分教师中，有39人未作答，原因是他们掌握的学科知识不足，且对学生的先在知识不了解；而其余60人的作答与题目无关，如有的教师回答"根据长方形的面积公式推导出圆的面积公式"。

表6-24　Q18答题水平及各等级人数统计表

水平/等级划分	平均水平	等级人数（人）	百分比（%）	Q18总体平均水平/等级
0—2/第一等级	1.17	99	18	3.33/第二等级
3—5/第二等级	3.58	397	74	
6—8/第三等级	6.13	40	8	

74%的教师关于此题的教学策略知识处于第二等级，该部分教师的作答较为宽泛，不够具体，并不是针对"圆的面积"这一具体内容所采用的教学策略，且语言表述偏口语化，没有体现出数学的严谨性。另外，教师作答时缺乏对关键环节的阐述，如没有提及在动手操作的过程中需要注意的教学事项。

8%的教师关于此题的教学策略知识处于第三等级，其中仅有8人能够十分具体地阐述教学策略的步骤，层层递进、环环相扣，并设计了具体的问题对学生进行设问（图6-34）。

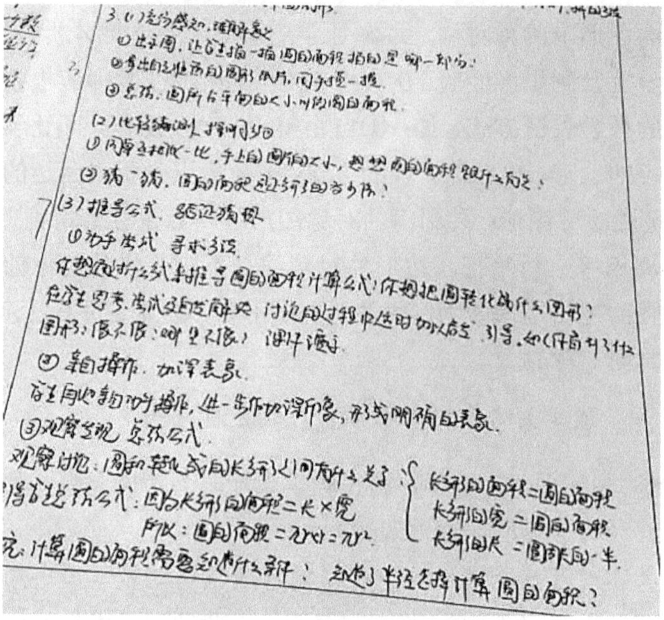

图 6-34 "圆的面积"主题下教学策略知识处于第三等级的教师答题示例

"圆的面积"属于小学数学中的教学难点，需要教师采用适切的、有针对性的教学策略与表征才能帮助学生理解。在测查中，多数教师采用直观教学策略，让学生亲身经历将圆等分为 8 份、16 份、32 份后拼成近似平行四边形的过程，然后结合动画的直观演示引导学生想象。虽然直接让学生体会"圆的面积"中的极限思想较为困难，但在学习直线、射线时也涉及了该思想。此外，在学习循环小数时，教师也可以引导学生认识循环节的往复出现。因此，在教学时，教师可以根据教学进度、分解难度，有计划地多次渗透极限思想，让学生利用格子图学习圆的面积，这种方法学生理解起来相对容易。此外，也有教师建议可采用小组分工的形式，留给学生足够的空间和时间，让学生收集资料、自由辩论、共同商量克服难点的办法。

（二）小学数学教师教学策略知识的综合分析

教学策略知识主要是指根据特定的学习内容为学生的学习搭建"脚手架"，选择最佳的教学方法来帮助学生学习相关内容，特别是克服学习困难、迷思概念；主要包括了解、掌握和学会运用不同的数学教学方法来帮助学生学习特定的数学知识。因而，教学策略知识的选择与应用一定是建立在掌握学科知识和学生知识基础上的。教学策略知识是教师 PCK 的核心相关要素知识，直接反映教师的 PCK 水平，是教师行动的直接体现。测查结果显示，小学数学教师的教学策略知识的总体平均水平为 4.28，处于第二等级，结果并不理想。教师在"数与代数"领域的教学策略知识水平高于"图形与几何"领域。与考察教师针对某一特定教学问题的具体教学策略掌握情况的题目（Q15、Q16）相比，教师在考察其基于某一特定教学内容所具备的教学策略知识的多样化与储备情况的题目（Q13、Q14）中所表现出的教学策略知识水平要高（表 6-25）。

表 6-25 不同教学主题下教学策略知识均分及各等级人数统计表

不同的教学主题	教学策略知识平均水平	标准差	第一等级 人数（人）/占比（%）	第二等级 人数（人）/占比（%）	第三等级 人数（人）/占比（%）
整数的认识	4.85	1.15	15/3	349/65	172/32
分数的认识	4.78	0.96	6/1	418/78	112/21
退位减法	4.64	1.26	26/5	403/75	107/20
小数除法	4.59	1.21	21/4	406/76	109/20
轴对称图形的认识	3.48	1.07	49/9	462/86	25/5
圆的面积	3.33	1.44	99/18	397/74	40/8

1. 教师的教学策略知识总体水平不够理想

小学数学教师的教学策略知识的总体平均水平为 4.28，处于第二等级，结果并不理想。这说明教师对教学策略知识理解的阐述较为具体，虽有一些过程性理解，但与学科知识联系不够密切，缺少评判性的证明或分析性的思考。通过比较发现，教师在"数与代数"领域中的教学策略知识水平要高于"图形与几何"领域，且在"数与代数"领域的教学策略知识处于第一等级的教师人数占比比"图形与几何"领域的教师人数占比要低，而处于第三等级的教师人数占比比"图形与几何"领域的教师人数占比要高。但值得注意的是，"数与代数"领域中处于第一等级的教师的教学策略知识水平几乎接近最低，而"图形与几何"领域中处于第一等级的教师的教学策略知识水平略高于1。教师在"整数的认识"这一主题的教学策略知识的平均水平最高，处于第三等级的教师占比最高，教学策略较为多元，说明小学数学教师对这一教学主题的教学策略知识把握得较好。教师在"分数的认识"这一主题的教学策略知识的平均水平位列第二，处于第一等级的教师占比最低，教学策略的多元程度要高于其他教学主题。教师在"圆的面积"这一教学主题的教学策略知识的平均水平最低，且教学策略知识处于低水平的教师占比最高，教学策略缺乏丰富性、层次性。但所有教学主题的教学策略知识的均分差距并不是很大，标准差的差距也不大，这说明教师内部教学策略知识水平稳定性较好。

2. 教师所呈现的教学策略与表征不够丰富多元

尽管调查题目要求教师尽可能多或全面地阐述其所掌握或使用的教学策略，但除了"分数的认识"这一主题，教师针对其他主题所呈现的教学策略都较为单一，不能满足不同水平特征学生的多样化学习需求。例如，在讲授小数除法的算理时，大部分教师仅采取传统讲解方法，很少有教师采用多种教学策略。在讲解退位减法时，多数教师仅是口头讲述退位减法的计算法则，只有少部分教师结合计数器和小棒图，一边演示一边让学生理解算理与算法。在讲解轴对称图形时，大多数教师采用的是单一的教学策略，如动手操作、折一折、画一画等，主要是积累学生的直接活动经验，而较少涉及或考虑第二学段中关于积累学生思维经验的教学要求。在特定内容的教学中，由于学生的学习存在个体差异，教师所掌握和使用的教学策略的多样化以及丰富程度会对学生的学习产生较大影响，用同一种方法教授不同水平或特点的学生往往会产生不同的学习成效。

3. 教师呈现的教学策略与表征的适切度不高

虽然有些教师列出了很多教学方法，但其中一些方法并没有与学生的学情相结合，导致不适合学生的学习或者该知识点的教学，由此可以看出，教师对于具有针对性的学科知识储备不足，相关的学生知识不足，且没有充分了解学生存在的学习困难或未能对学生可能出现的错误进行准确的预测，教学策略与表征较为宏观、抽象、机械，进而影响其教学策略知识水平。例如，在发展学生的数感时，部分教师采取让学生对数进行分级、背诵各个数级的方法；在帮助学生理解退位减法时，部分教师直接让学生记住类似"个位上的数不够减时，向十位借1当10"的口诀，而不管学生理解不理解；在讲授圆的面积公式推导时，教师多采用多媒体动画的方式来呈现圆与平行四边形的转化，让学生理解极限思想，但是教师对圆的面积的理解不足，难以用较为具体的语言对抽象的数学思想进行清晰表述，导致学生理解模糊不清，反映在知识点的理解上是学生无法想象两者之间的联系，只能硬背公式。

4. 教师呈现的教学策略知识对学生探究过程的关照度不够

教师在教授相应学科知识时，仅仅告诉学生"是什么"和"怎么做"，而忽视让学生去探究"为什么"及帮助学生去理解"为什么"。例如，在讲授小数除法时，大多数教师仅呈现了小数除法的性质，让学生据此来解题，缺少让学生探究的过程；在讲授退位减法时，教师直接呈现退位减法口诀，也缺少了让学生探究的过程。在"图形与几何"领域中，学生在圆的运动与测量的学习中需要进行直接的活动探究，以获得直接操作经验，教师可以通过剪拼和演示等方法让学生亲身经历将圆等分后拼成近似平行四边形的过程，感受化曲为直的极限思想，也可以让学生在格子图中数出圆的面积。在"轴对称图形的认识"中，教师可以让学生通过想象判断某图形是否为轴对称图形，之后通过画一画、剪一剪、折一折等操作方式让学生进行直观判断，并留给学生足够的时间让其讨论。但这些探究过程在教师的教学策略知识测查中表现不足。教学策略必须与学生的学习紧密联系，否则就策略谈策略或就知识谈策略，而忽视学生的学情，往往会影响教师教学策略知识的整体水平。

第二节 小学数学教师学科教学知识总体现状分析

将教师 PCK 结构中三个重要的要素知识（学科知识、学生知识、教学策略知识）作为基本考察维度，笔者汇总了教师在三个维度上的知识水平得到总体的 PCK 水平（表 6-26），结果显示，不管是从 PCK 结构中整合的相关要素知识水平来看，还是从 PCK 总体水平上来看，教师的相关知识水平均处于第二等级。下面将从 PCK 结构中整合的相关要素知识和总体水平特征方面展开详细分析。

表 6-26 小学数学教师学科教学知识水平统计表

维度	题目	平均水平/等级	各领域平均水平/等级	各要素知识平均水平/等级	PCK 平均水平/等级
学科知识	Q1	4.13/第二等级	数与代数 4.45/第二等级	4.25/第二等级	4.23/第二等级
	Q2	4.05/第二等级			
	Q3	4.82/第二等级			
	Q4	4.79/第二等级			
	Q5	3.76/第二等级	图形与几何 3.88/第二等级		
	Q6	3.99/第二等级			
学生知识	Q7	4.15/第二等级	数与代数 4.57/第二等级	4.17/第二等级	
	Q8	4.43/第二等级			
	Q9	5.11/第二等级			
	Q10	4.60/第二等级			
	Q11	3.55/第二等级	图形与几何 3.36/第二等级		
	Q12	3.18/第二等级			

续表

维度	题目	平均水平/等级	各领域平均水平/等级	各要素知识平均水平/等级	PCK 平均水平/等级
教学策略知识	Q13	4.78/第二等级	数与代数 4.75/第二等级	4.28/第二等级	4.23/第二等级
	Q14	4.85/第二等级			
	Q15	4.59/第二等级			
	Q16	4.64/第二等级			
	Q17	3.48/第二等级	图形与几何 3.41/第二等级		
	Q18	3.33/第二等级			

一、小学数学教师学科教学知识总体水平处于第二等级

通过分析发现，小学数学教师 PCK 中各相关要素知识水平由高到低分别为教学策略知识（4.28）、学科知识（4.25）、学生知识（4.17）。各要素知识平均水平均处于第二等级，其中有关学生知识的高水平教师占比最少、总体水平最低（表6-27）；没有教师的学科知识和学生知识处于第一等级，但有 1% 的教师的教学策略知识处于第一等级。总体来看，教师在 PCK 各相关要素知识方面出现错误或完全没有储备的情况极少，绝大多数教师对学科知识或学生知识有较为具体的、过程性的理解。教学策略知识处于第三等级的占比最多，即有 12% 的教师阐述教学策略时较为具体，能与学科或学生直接相关，基本能将过程与概念或学生建立起联系。

表 6-27 小学数学教师学科教学知识各相关要素知识维度水平等级人数统计表

PCK 相关要素知识维度	平均水平/等级	第一等级 人数（人）/占比（%）	第二等级 人数（人）/占比（%）	第三等级 人数（人）/占比（%）
教学策略知识	4.28/第二等级	2/1	468/87	66/12
学科知识	4.25/第二等级	0/0	480/90	56/10
学生知识	4.17/第二等级	0/0	414/96	22/4

尽管一些教师在个别主题上表现出的 PCK 相关要素知识水平不够理想，但在 PCK 各要素知识的总体分析中，只有极少比例的教师处于第一等级。通过综合教师在各主题下的 PCK 各相关要素知识（表6-28），发现没有教师处于第一等级（图6-35）；94% 的教师的 PCK 水平处于第二等级，说明绝大多数教师呈现的 PCK 较为具体，与学科或学生有一定关系，且有一定的过程性理解；6% 的教师的 PCK 水平处于第三等级，该部分教师呈现的 PCK 较为具体，能够与学科或学生直接相关，

基本能将过程与概念或学生建立起联系，且有一定分析或批判性的理解。但总体而言，教师的PCK处于高水平的比例较少，大部分教师还有很大的提升空间。

表6-28　小学数学教师学科教学知识总体各等级人数统计表

PCK总体水平/等级	水平/等级划分	各等级人数（人）	占比（%）
76.21/第二等级	0—36/第一等级	0	0
	37—90/第二等级	505	94
	91—144/第三等级	31	6

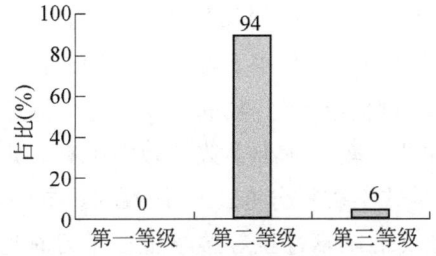

图6-35　小学数学教师学科教学知识各等级水平人数占比图

二、小学数学教师学科教学知识水平在各教学主题下有一定差别

基于不同教学主题进一步分析，教师的PCK总分由高到低依次是小数除法、退位减法、整数的认识、分数的认识、轴对称图形的认识、圆的面积（表6-29）。可见，教师的PCK总体水平在各教学主题下表现得并不均衡。教师在"数与代数"领域的PCK水平要好于"图形与几何"领域的PCK水平，在"数的运算"（小数除法和退位减法）模块呈现的PCK水平要高于"数的认识"（分数的认识和整数的认识）模块的PCK水平；而在"图形的测量"（圆的面积）模块的PCK水平略低于"图形的认识"（轴对称图形的认识）模块的PCK水平。其中，教师在"小数除法"教学主题中的PCK水平最高，在"圆的面积"教学主题中的PCK水平最低。

表6-29　小学数学教师各教学主题下的学科教学知识等级/水平分布统计表

教学主题	统计信息				平均等级
	PCK总体水平	各等级人数（人）/占比（%）			
		一	二	三	
小数除法	14.52	5/1	431/80	100/19	第二等级
退位减法	14.02	6/1	475/89	55/10	第二等级
整数的认识	13.33	23/5	441/82	72/13	第二等级
分数的认识	13.06	8/2	495/92	33/6	第二等级

续表

教学主题	PCK总体水平	统计信息			PCK总体水平
		各等级人数（人）/占比（%）			
		一	二	三	
轴对称图形的认识	10.8	14/3	506/94	15/3	第二等级
圆的面积	10.5	46/9	464/87	26/4	第二等级

在"数与代数"领域中的"小数除法"主题下，PCK处于第三等级的教师人数最多，处于第一等级的人数最少，说明教师关于"小数除法"这一教学主题的PCK整体情况较好。在"数与代数"领域中的"分数的认识"主题下，尽管PCK处于第三等级的教师人数占比少，但处于第一等级的人数占比更少，导致教师PCK水平在该领域最低，说明教师关于"分数的认识"这一特定主题的PCK较为薄弱，主要是因为"分数的意义"的教学在小学数学教学中有一定难度。分数的意义的丰富性以及该知识点在小学数学教材分布上的分散性，导致教师和学生都很难全面把握它。同时，分数的意义的丰富性也导致学生在学习时遇到的难点较多，内隐的迷思概念较多，教师不容易直接发现，因此，教师对学生在学习分数的意义时存在的困难了解得不够全面。在学科知识和学生知识上存在的薄弱，导致在"分数的意义"教学主题下教师的PCK整体水平较低。"圆的面积"教学涉及数学中化曲为直的极限思想，需要教师具备学科的高观点知识，能够用具体的语言清晰明确地表述这种抽象的数学思想。但在测查中，教师对学科知识的本质理解不够透彻，表述也较为笼统，对该主题下的学生学习困难的认识缺乏典型案例的掌握，多采用直观教学策略，缺乏与学科知识和学生的紧密联系及批判性的思考过程，教学策略不够丰富多元。因此，教师关于该主题的PCK总体水平在所有主题中处于最低（表6-30）。

表6-30 小学数学教师各教学主题下的学科教学知识相关要素知识水平分布统计表

PCK各要素知识水平	小数除法	退位减法	整数的认识	分数的认识	轴对称图形的认识	圆的面积
学科知识	4.82	4.79	4.05	4.13	3.76	3.99
学生知识	5.11	4.60	4.43	4.15	3.55	3.18
教学策略知识	4.59	4.64	4.85	4.78	3.48	3.33
PCK总体水平	14.52	14.02	13.33	13.06	10.80	10.50

从各主题下PCK相关要素知识的水平来看，学科知识、学生知识和教学策略知识三者并不存在线性关系。在"数与代数"领域中，"分数的认识"和"整数的认识"主题下的学科知识、学生知识、教学策略知识呈依次递增的趋势。"轴对称

图形的认识"主题下的学科知识、学生知识、教学策略知识呈依次递减的趋势。但在各教学主题下，PCK 的相关要素知识之间并不存在规律。

三、小学数学教师学科教学知识总水平与各相关要素知识水平之间存在强相关

PCK 并非学科知识、学生知识及教学策略知识的简单叠加，也并非包含关系，而是多种知识要素整合而成的一种新知识。在 PCK 结构里，学科知识、学生知识及教学策略知识联系最为紧密，处于核心位置，对这三种要素知识的综合分析在一定程度上能够反观教师的 PCK 现状。

采用皮尔逊积差相关系数能够考察学科知识、学生知识、教学策略知识与 PCK 之间的相关程度及联系。皮尔逊积差相关系数在 0.8—1.0，为极强相关，在 0.6—0.8，为强相关，在 0.4—0.6，为中等程度相关，在 0.2—0.4，为弱相关，在 0—0.2，为极弱相关或无相关。分析显示，学科知识、学生知识、教学策略知识之间以及它们各自与 PCK 之间的相关均在 0.01 水平上显著，具体分析如下。

1）各维度知识之间均存在相关。由图 6-36 可知，学科知识与学生知识、学科知识与教学策略知识、学生知识与教学策略知识的相关系数分别为 0.614、0.529、0.602，说明三种知识间存在中等程度及以上的相关。

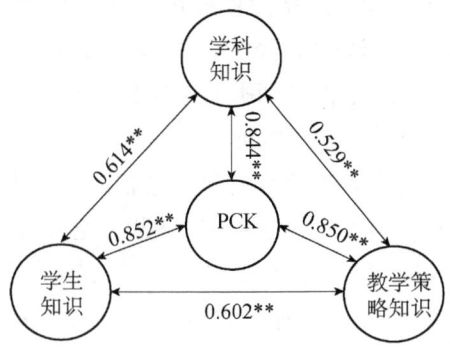

图 6-36　PCK 三维度知识与总分的相关图

注：$**p<0.01$

2）学生知识处于学科教学知识结构的核心。学科知识与教学策略知识之间存在中等程度相关，学生知识与教学策略知识之间、学科知识与学生知识之间均存在强相关。虽然 PCK 的相关要素知识在各个主题下的水平没有明显的规律，但是 PCK 水平与学生知识水平在各个教学主题下呈正相关，学生知识与 PCK 的相关系

数最高（0.852），即在各教学主题下，教师的学生知识水平越高，则教师的 PCK 水平也越高，这进一步说明了学生知识在这三种知识中的显著地位，是 PCK 结构中相关要素知识的核心。教师在发展专业知识和做教学决策时，要重点关注学生知识。

3) 各维度知识与 PCK 之间存在极强相关。学生知识、教学策略知识、学科知识与 PCK 的相关系数由高到低分别为 0.852、0.850 和 0.844，均存在极强相关，说明 PCK 离不开学生知识、学科知识、教学策略知识三者的相互融合。如若提升 PCK 水平，必须从学生知识、学科知识、教学策略知识入手。

四、小学数学教师学科教学知识结构整合的相关要素知识中学生知识最为薄弱

由表 6-27 可知，学生知识在小学数学教师 PCK 整合的各相关知识维度中水平最低，与学科知识和教学策略知识水平分布相差较大，特别是处于第三等级的人数占比较少。通过分析发现，教师对学生在特定教学内容下容易出现的错误和困难等外显化知识掌握较好，而对学生的学习困难和迷思概念等内隐性知识的理解与分析不够全面和深入，且关于学生先在知识的体系化结构不强。皮尔逊积差相关系数显示，学生知识与学科知识、教学策略知识之间均存在强相关，与 PCK 呈现极强相关，处于 PCK 结构的核心，这也进一步说明了掌握学生知识对提升教师 PCK 总体水平具有重要作用，学生知识的掌握程度将直接影响教师的 PCK 水平，进而决定其教学质量与水平。学生是教师的教学对象，教师在做教学决策时需要以学生能够接受的方式传递学科知识。尽管教师拥有丰富的学科知识，但如果对教学对象没有足够的了解，也无法达成有效教学，而这种了解不仅指要熟知学生的学习特点、兴趣爱好，也指要把握学生群体在学习数学时具备的某些典型特征，把握教学中学生在学习特定内容时的已有知识、学习困难、迷思概念以及学习的个体差异等详细的、可变的信息。只有这样，教师才能在面对特定的教学对象时，根据已有的知识储备筛选出适切的教学策略，并将特定的学科知识以学生易于理解和接受的方式教授给他们。

五、小学数学教师学科教学知识结构整合中学科知识体系与深度有待加强

小学数学教师的学科知识总体水平在 PCK 结构整合的各相关要素知识中处于中间位置，高于学生知识水平、低于教学策略知识水平，处于第二等级。结合特定

教学主题进一步分析发现，教师的学科知识在不同主题下所表现的水平较其他两个维度知识有所差别。具体而言，教师在考察其特定教学内容的题目（Q3、Q4、Q6）中表现的学科知识水平要略高一些，而在考察其特定内容知识体系的题目（Q1、Q2、Q5）中所表现的学科知识水平则要低一些，说明教师对具体学科知识的"散点式"把握好于"系统化"把握，缺乏将学科知识串成线、连成面的能力。由于教学的"小循环"，或者只教授特定年级，教师没有意识到要将学科知识进行系统化。测查分析发现，小学数学教师对不同知识模块的理解存在不均衡分布现象。教师对学科知识的理解较为浅显、表面，依赖于教科书和教学参考书，存在学科知识理解的盲点，并且教师对学科知识的理解缺乏连贯性，对其的表述也不够严谨。

在测查中，教师表示由于教学经历的限制（处在特定学段内循环教学或特定年级的教学），对一些非自己教授年级的学科知识掌握得不是很好，但这些学科知识均是教师从教必备的学科知识。可见，教师的相关学科知识储备并没有达到理想状态。虽然一些教师有从教经历，但没有意识到要将学科知识进行系统性内化加工，导致其在特定学科知识体系上的水平不高。分析发现，教师学科知识中体系的不完备，直接导致了其对学生的先在知识了解不充分，相关的学生知识水平不高的结果。因此，教师需要有意识、有目的地在教学实践中不断整合和建构学科知识体系，从而形成体系化的知识。

教师在高观点的学科知识视角下，对小学阶段的学科知识进行深入理解与有效分析的能力有待提升。学科知识是从教的基础，是 PCK 整合结构中重要的相关要素知识。小学数学教师不仅应会解题，还应理解数学学科的知识结构、概念组织的原理以及知识探究的原理。教师只有具备了一定宽广且精深的学科知识，才能够在教学中游刃有余；只有学科知识掌握得足够全面和深入，才能在一定的水平和高度上分析教学中的内容知识，进而帮助学生深刻理解与把握学科知识的本质。

六、小学数学教师学科教学知识结构整合中的教学策略知识不够丰富多元

小学数学教师的教学策略知识水平在 PCK 结构整合的各相关要素知识中水平最高，处于第二等级，但还未达到第三等级，有待进一步提高。其中，教师针对某一特定教学内容所具备的教学策略知识的多样化与储备情况，好于基于某一具体教学问题的具体教学策略的掌握情况。教师的教学策略知识主要存在教学策略与表征不够丰富、教学方法适切度不高等问题。教师不同的教学方式会对学生的学习

产生不同的影响，且教师面对的学生也存在一定差别，因此，教师教学策略与表征的丰富程度会影响其实际教学中的策略选择、行动及其有效性。此外，教师的个别教学方法适切度不高，有些教师虽然列出了很多教学方法，但实际上与学生学情或学科知识联系得不够适切，往往是为了教而教，影响了教学成效。事实上，教学策略知识的学习有赖于教学经验的有效积累。

教学策略知识主要是教师针对特定教学主题所实施的教学策略与表征。教师要根据特定学习内容以及学生学情搭建学生学习的"脚手架"，选择最佳的教学策略帮助特定学生（群体或个体）克服学习困难，以及掌握特定的数学知识。教学策略知识体现的是教师"如何做"的知识，而"如何做"且"做得如何"则取决于教师对学科知识和学生知识的综合理解与把握。拥有高水平的学科知识，并不代表拥有高水平的教学策略知识，教师在加深对学科知识的深层理解、形成完整的学科知识体系的同时，需要基于大量的教学实践经验，了解和把握学生的多样化学情（特点、先在知识、学习困难与迷思、学习错误、学习多样化表征等）。只有兼顾直接和间接的途径积累多元适切的策略知识，教师才能够在教学中针对特定学生的实际学情开展有效教学，帮助学生学习。

第七章　小学数学教师学科教学知识的影响因素分析

　　PCK 是教师在特定的教学情境中，基于对特定学生和特定学科知识的综合理解，选择教学策略与表征，并将学科知识转化为学生理解的知识的过程中所使用的知识。这种知识是由相关知识整合而成的新知识，需要教师个体通过内部和外部建构而成。通过对小学数学教师 PCK 的结构进行分析与对其现状调查的综合研究，能更加深入地认识 PCK 的结构及其特征，把握小学数学教师 PCK 的现状及其成因。本章将从总体上讨论影响 PCK 结构与水平的主要因素，为发展与完善教师的 PCK 提供基于证据的策略导向。

第一节　小学数学教师学科教学知识的核心影响因素分析

一、教师的教学全程均影响学科教学知识的结构与水平

（一）课前准备和课后反思的质量影响 PCK 的结构与水平

　　通过调查得知，课前充分思考 PCK 相关要素知识的教师，特别是充分了解学生且教学策略与表征预案做得充分的教师，其 PCK 水平较高。例如，C 老师通过主动查阅资料、听示范课、多方了解学生学情等方法，对教学内容做了充分准备，实际教学中反映出的 PCK 水平也较高。与之相反，G 老师的课前准备不充分，她认为教案是年轻教师写的，自己教龄长，具备应对课堂突发事件的能力，但实际上，她并未对有关学生的多样化需求做充分的反馈准备，教学质量和学习效果均不佳，进而影响了其 PCK 的结构类型。

　　课后进行充分反思有助于教师 PCK 水平的提升，特别是要根据学生的理解进

行教学策略的调整与反思，如 C 老师表示参与本次研究她个人也有挺大的收获，每次课后访谈时都会有意识地进行反思，然后再调整教学……（CN5-Ia）。因此，她在常态课教学中反映出的 PCK-SoEM 结构的完整程度和 PCK 水平均有所提升（图 7-1）。

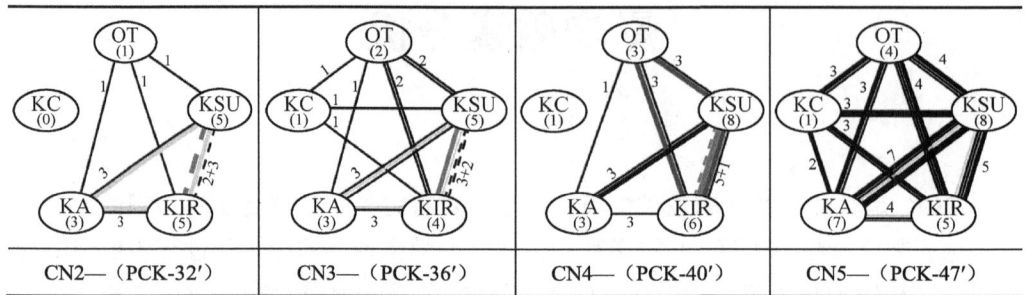

图 7-1　C 老师常态课教学中 PCK-SoEM 结构的发展

再如在 4 个平行班级中开展"生活中的负数"的教学后，M 老师均进行深入反思，并在 F 教研员的帮助下，有针对性地总结教学中的优缺点、分析原因，调整和修订不够适切的教学策略。因此，其在课堂教学中反映出的 PCK-SoEM 结构和 PCK 水平均有所提升（图 7-2）。

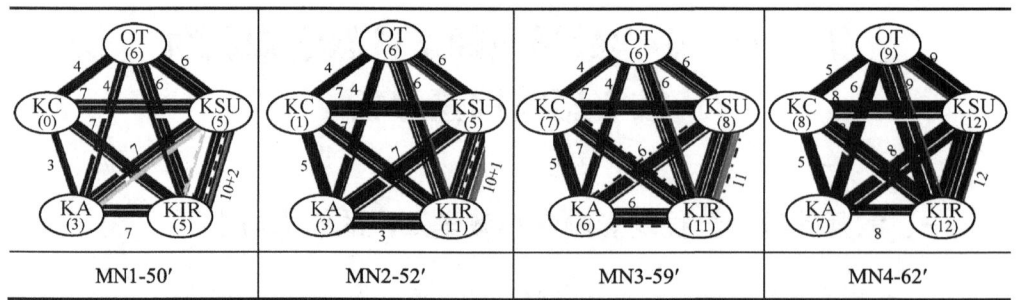

图 7-2　M 老师在"生活中的负数"一课中的 PCK-SoEM 结构图对比

（二）教师在实际教学中呈现的教学策略表征决定 PCK 的整合程度

之所以教师在计划阶段呈现的 PCK 与实施阶段的 PCK 有所差别，一方面，是因为 PCK 具有内隐性，需要以一定的方式进行外显化；另一方面，是因为教师"思"与"行"之间的转化并不完全一致，实际教学中呈现的策略与表征反映的是教师对 PCK 相关要素知识的真实思考以及其 PCK 的整合程度。例如，G 老师在计划阶段所设计的教学策略在实施阶段得到了不同程度的实现；X 老师在教学计划阶段能够较好地思考 PCK 相关要素知识，并将其整合应用于实施阶段，因此，其 PCK 结构整合程度较高。C 老师在教学计划阶段对 PCK 相关要素知识进行了一定思考，认为自己在学科知识的理解、学习困难的理解、教学策略选择、学生多样性、专业发展等方面准备得较好，但实际上这些知识并未得到有机整合与联系，在实践教学中也并未达到预期效果。C 老师在将设计转化为行动时，缺乏对学生的了解，且预案做得不充分、教学机智欠缺等影响了教学成效，因而，其 PCK 整合程度和水平均不高。然而，M 老师在实施阶段呈现的教学策略表征优于设计阶段，说明 M 老师能在实际教学中根据学生的反馈和教学需要及时、恰当地整合相关要素知识，并灵活调整教学策略。因此，其 PCK 结构的整合程度也较高。

二、PCK 结构中的核心要素知识影响 PCK 整体结构与水平

（一）学科教学定位知识指导其他相关要素知识的选择与整合

教师的学科教学定位知识在一定程度上影响甚至决定着其他 PCK 相关要素知识的选择与整合。不同学科教学定位导向下教师对待相关知识的观念不一，进而影响教师在学生学习、教学内容选择、教学过程设计、课程资料组织与实施等方面的理解与决策。例如，M 老师会根据不同的教学内容确定具体的教学定位，当把教学定位于"知识方法、主动探究、联系生活"时，M 老师会将 PCK 的相关要素知识进行有机整合和应用。MN5 一课的教学定位为注重计算能力与习惯的培养与养成，因此，教师在这一课中只呈现了 PCK 结构中四种知识的整合。再如 GN2 与 XN3 分别是 G 老师和 X 老师关于"数字的用处"的课堂教学。其中 G 老师认为，本课旨在通过身份证让学生感受有趣的数字编排以及不同编排方式代表的不同意义（GN2-Ib）。由此可见，G 老师的教学定位单一、缺少课程媒材的多元化选择与应用，只是在既定情境（身份证编码）中探讨数字的含义，并让学生练习编学号，且其对学生的评价较为简单，因此，其 PCK 相关要素知识整合较差、结构严重失衡。X 老师则认为，本课主要是让学生能在具体情境中了解一组数字编码所代表的意义；通过设计编码的过程，让学生体会数字在表达、交流和传递信息中的作用，以及数字与现实生活的紧密联系，激发学生学习数学的兴趣，增强学生应用数学的意识（XN3-Ib）。由此可见，X 老师能在教学定位的指导下开展 PCK 相关要素知识的整合，注重学生的体验和学习经历。在完成"身份证编码"的探究后，能够有机整合课程知识，采取多元的策略展开学习与评价，能够与生活中的例子相联系，如运动会上运动员的编码、居民小区门牌号编码、邮政编码，并让学生动手制作一个信封。两种不同的教学定位体现了教师对教学的不同理解及不同的教

学活动设计和课程媒材选择，因而呈现出的 PCK 整合程度和结构类型差别也较大（图 7-3）。

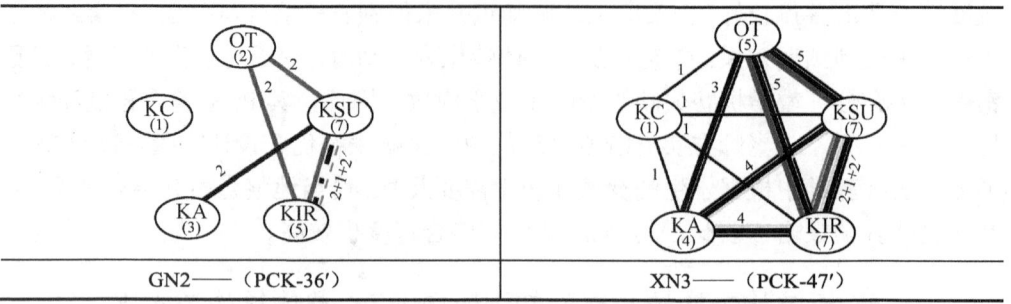

图 7-3　G 老师和 X 老师"数字的用处"一课 PCK-SoEM 结构对比图

（二）"核心三角"的动态调试结构直接影响 PCK 水平与质量

学科教学定位知识、教学策略知识与学生知识是 PCK 结构的核心三角，彼此间的联系质量直接决定了教师 PCK 的水平与质量。例如，M 老师在 MN2 一课中让学生通过读温度来练习正负数的读法，其中有一个温度为"−1.5℃"，教师在访谈中提道："小数是下学期才会讲到的内容，但在讲到这里时也应该让孩子提前对小数有一个基本的了解（MN2-Ia）"。M 老师关注其他学科关于该主题讲了哪些内容，注重课程的纵横联系和学科间的知识联系，其学科知识呈现为网状的知识体系结构，能够将知识点"穿成串儿、连成线"带领学生进行系统复习，并且她能够关注学生的学情，教学策略运用得当，因此，学生的学习效果较为理想。C 老师经过本科数学教育专业的学习，积累了相当丰富的学科知识，但这些知识并没有帮助她直接拥有高水平的 PCK，也没有在教学中得到有效发挥及实现高水平的教学。教学中的学科知识不是泛化存在的，只有将其转化为教育形态的知识，才会对学生产生意义和价值。因此，这就要求教师具有良好的教学素养，不仅要掌握特定主题下的学科内容知识和学科本质知识，还要将若干个特定主题的学科知识联系起来，并形成完整的学科知识结构；不仅要掌握学生总体的学习特点和阶段特征，还要掌握学生在学习特定学科知识时的迷思概念、学习困难、学习策略等。教师只有掌握与分析上述信息，才能选择恰当的教学方法，进而做出合理有效的教学决策，实现学科知识向教育形态知识的有序转化，达成有效的教学实践。此外，笔者在研究中发现，教师的教学策略与表征主要表现为活动表征和言语表征两大类（图 7-4）。

在教学策略表征中，教师应用较多的活动表征有探究、问题解决、示范、游戏、分层指导等。在言语表征中，最为常用的是提问，并以事实性和回忆性的问题

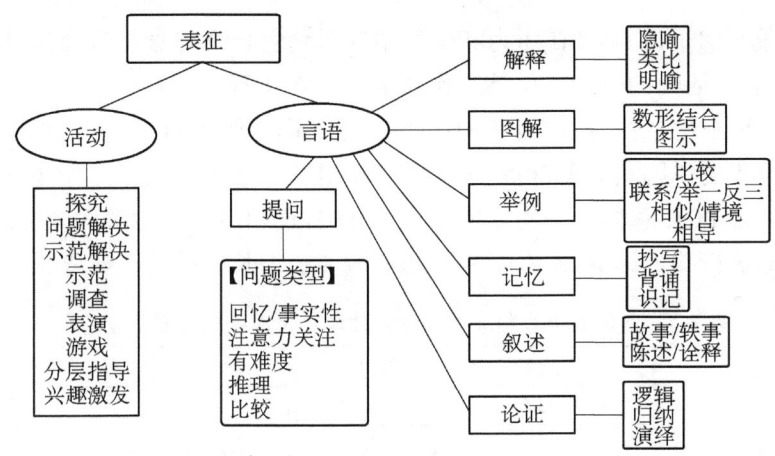

图 7-4　小学数学教师教学策略与表征总体分析图

居多，此外还有叙述、解释、举例、图解等。教师常常通过提问促进学生思考；通过探究、讨论活动解决问题，从而获得新的知识和对问题的深入理解；通过各种举例帮助学生理解知识点，这些均是教师将特定学科知识进行教育形态转化的有效策略与表征形式。通常，教学策略与表征较为多元的教师，其提问形式也较为多元，在言语表征方面能够通过图解、叙述等以及游戏、示范等活动表征来进行学科知识的传授，因此，其 PCK 整体水平较高、质量较好。可见，掌握正确、系统的学科知识是教师发展 PCK 的前提，全面分析整体和特定群体教学对象的学情是发展 PCK 的关键。教师只有将上述两个要素知识联系起来、形成多元适切的教学策略与表征，才能具有高水平的 PCK，三者缺一不可，并且在特定的学科知识内容下，教学策略与表征应随着学生知识动态调整与发展。

第二节　小学数学教师学科教学知识的其他影响因素分析

一、教龄只在特定阶段影响小学数学教师的 PCK 水平

（一）0—15 年教龄段的小学数学教师的 PCK 水平随教龄增长而稳步提升

在调查小学数学教师 PCK 水平时，根据教师职业生涯的阶段划分，将教师按照教龄分为五组：0—3 年（接受支持和挑战阶段）、4—7 年（课堂中自我认同和有

效教学阶段)、8—15 年(在压力和变革中应对角色转变与身份认同)、16—23 年(寻求工作和生活间的平衡,保持工作热情和坚守职责)、24 年及以上(保持工作热情、应对职业倦怠)。通过对教师在职业生涯不同阶段 PCK 相关要素知识水平及其总体水平的单因素方差分析(表 7-1),得出教师在学科知识、学生知识、教学策略知识以及 PCK 总体水平的 p 值均大于 0.05,说明总体上教龄对教师的 PCK 水平不存在显著影响,即 PCK 水平并不随着教龄的增长而持续明显增长。

表 7-1　教龄对小学数学教师学科教学知识水平影响因素分析表

维度	教龄	人数(人)	均分	F	p
学科知识	0—3 年	91	25.30	0.644	0.631
	4—7 年	83	25.54		
	8—15 年	74	25.70		
	16—23 年	186	25.33		
	24 年及以上	102	26.05		
学生知识	0—3 年	91	24.33	1.862	0.116
	4—7 年	83	24.81		
	8—15 年	74	25.16		
	16—23 年	186	25.02		
	24 年及以上	102	25.64		
教学策略知识	0—3 年	91	24.97	1.509	0.198
	4—7 年	83	25.10		
	8—15 年	74	25.80		
	16—23 年	186	26.04		
	24 年及以上	102	25.95		
PCK 总体水平	0—3 年	91	74.59	1.315	0.263
	4—7 年	83	75.44		
	8—15 年	74	76.66		
	16—23 年	186	76.39		
	24 年及以上	102	77.64		

从各个职业生涯阶段的分析来看(图 7-5),教龄在 0—15 年的教师,其学科知识、学生知识、教学策略知识水平随着教龄的增长而稳步升高,且存在显著性影响。其中,学科知识增长幅度较小(0.40),学生知识和教学策略知识的增长幅度大致相同(0.83),说明相对而言,学科知识在整个教师职业生涯发展阶段中呈现相对稳定的状态,随着教龄的增长,其增长主要体现为学科知识由原来的散点式向结构化和系统化转化,更加突出对学科知识本质的理解;而学生知识和教学策略知

识更加依赖于经验的积累，随着教学经历的丰富，专业化培训、交流、实践及反思更有助于相应知识水平的提升，说明教师的学生知识、教学策略知识以及PCK水平在职后阶段也能得到较快升高，且升高空间较大。

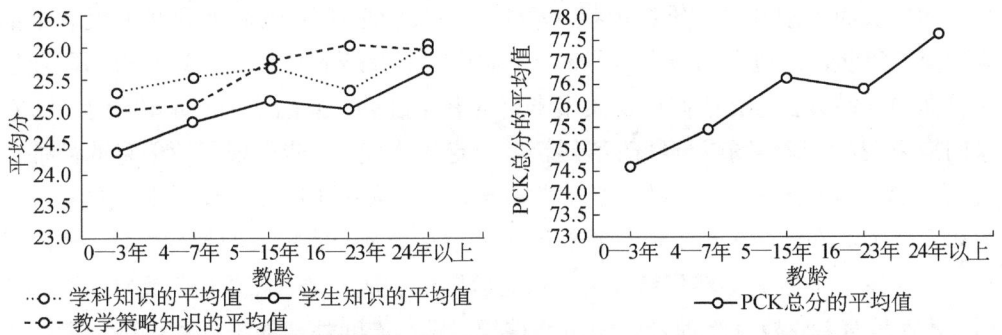

图 7-5　不同教龄下教师学科教学知识及相关整合要素知识水平折线图

通过多重检验发现，教师相关知识水平在教龄为0—3年与其他多个教龄段间存在显著差异，说明在职初阶段，教龄对PCK水平及其相关知识水平是有很大影响的。

（二）在教师职业生涯发展中后期，教龄与学科教学知识水平无必然联系

从各个职业生涯阶段的分析来看（图7-5），教龄在15年以上的教师在学科知识、学生知识、教学策略知识的变化上不存在明显规律。其中教龄在16—23年的教师除了教学策略知识水平继续提升以外，学科知识、学生知识以及PCK的总体水平均呈下降趋势。教龄在24年及以上教师的相关知识水平和PCK水平有所上升，说明在教师职业生涯发展中后期，教龄与PCK的发展水平没有必然的联系。

在此次调查中，教龄在16—23年的教师总共有186人，占比约为40%，PCK总体水平处于第二等级，与其他职业生涯发展阶段教师的相关知识相比，学生知识、学科知识和PCK水平均呈现回落趋势。在学科知识上，这一教龄段的教师水平最低。通过分析发现，此教龄阶段中有63%（116人）的教师的初始学历为高等师范专科院校、中等师范院校。这部分教师在职前培养阶段相关学科知识的学习水平和掌握程度较低，因此对相关数学学科专业知识进行讲解的水平较低，特别是高观点下理解小学数学学科知识的水平有限。教龄在16—23年的教师在学生知识方面比其他职业生涯发展阶段教师的平均水平要低，特别是对学生的学习困难和迷思概念的把握上。教龄在24年及以上的教师除了在教学策略知识水平上较教龄在

16—23年的教师低以外，整体呈现持续上升的趋势。

本次调查中，有近60%的教师的教龄在16年及以上，而这部分教师的PCK水平也大多处在第二等级。由此可见，教师PCK水平以及相关知识水平并不是随着教龄的增长而持续升高或维持现状，教龄足够长的教师的PCK水平也并没有全部达到第三等级。通过分析发现，具有16年及以上教龄的教师大多处于教师职业生涯发展的关键转折期，他们已积累了丰富的教学经验，或已达到一定教学水平，对他们来说，接受新事物或持续改革创新有一定的难度。一些出现职业倦怠的教师认为，凭借以往经验完全可以胜任当下的教学，不再重视通过教学反思来及时提升相关知识能力，故会存在知识遗忘甚至退步的情况。对于此阶段的教师而言，教龄已不在专业发展中占据必然优势，这种职业后期专业成长的"高原期"现象应引起教师、教师教育者、教育管理者等的足够重视，只有借助外部的干预和增强自身的主观能动性，方能促进或维持相关知识水平。

二、教学经验影响小学数学教师的PCK水平

（一）教学经验影响有关学生理解的知识和教学策略知识间的联系结构

教学经验影响着教师对有关学生理解的知识和教学策略知识的选择，进而影响着两种知识间建立的联系。处于专业发展熟练阶段的M老师具有丰富的教学经验，知道学生在特定阶段应具备的知识水平和能力，了解学生的学习困难和迷思类型。在做教学决策时，M老师首先考虑学生，并在教学进程中根据学生的学习现状与学习反馈适时调整教学策略，能够通过有效提问和活动促进学生思考，进而解决学生存在的学习困难，采用不同策略帮助学生清理迷思概念。G老师虽然教龄长，但教学经验的有效积累不够、教学思考不深入、对学生的理解不够、教学准备不充分，因此基于学生的教学策略整体不够恰当和多元。C老师教龄短，没有足够机会积累教学经验，对学生的学习情况了解不够，基于学生学习的教学策略储备不足，不能充分地利用评价了解学生的学习现状。这导致G老师、C老师在教学中更多关注既定的教学策略能否实现，常把焦点放在单向度的教学策略与行动上，而较少关注教学策略应如何与特定教学内容、特定学生学习建立起动态调试的关系，形成基于特定学生学习的教学策略与行动。因此，M老师的PCK结构中有关学生理解的知识和教学策略知识间的联系较为紧密适切，而G老师、C老师的PCK结构中有关学生理解的知识和教学策略知识间的联系不够紧密适切，从而影响了她们的PCK结构和水平。

（二）教学资历对小学数学教师 PCK 水平有一定影响

本次调查中有 60 名吉林省骨干教师，通过 PCK 水平均值的比较发现，骨干教师的 PCK 总体水平及各相关要素知识水平高于整体教师平均水平（表 7-2），PCK 总体水平为 83.92，处于第二等级，但并不构成显著性差异。

表 7-2　骨干教师与整体教师学科教学知识水平对比表

计分	骨干教师	整体教师	水平差
PCK 总体水平	83.92	76.21	+7.71
学科知识水平	4.64	4.26	+0.38
学生知识水平	4.58	4.17	+0.41
教学策略知识水平	4.76	4.27	+0.49

通过具体分析发现，在 PCK 总体水平上，骨干教师与整体教师相差约 8 分，但在学科知识、学生知识与教学策略知识的平均水平上相差并不大，但都略高于整体教师水平。其中教学策略知识的水平差大于其他两类知识，说明相对而言，骨干教师的教学策略与表征在多元丰富性以及适切性方面略好一些。骨干教师是教师中在教学方面较为突出的群体，被认为有一定的教学成长潜力，或可发展为更高水平的教师区域引领者，如年级教学组长、学校的学科教学主任、区域的教学骨干、区域学科带头人或者各级名师工作室主持人等。但在本次调查中，吉林省骨干教师的教学资历对他们的 PCK 水平及相关要素知识水平并没有显示出绝对的优势，说明这部分骨干教师的 PCK 水平及相关要素知识水平依然有待继续提升。

三、学历对小学数学教师的 PCK 水平存在显著影响

在研究中，按照第一学历，将教师分为中师、大专、本科、研究生四个维度，通过单因素方差分析探究学历对学科知识、学生知识、教学策略知识以及 PCK 总体水平的影响。结果发现，具有研究生学历的教师在学生知识、学科知识、教学策略知识以及 PCK 总体水平上均位列第一，其次是中师学历的教师，大专学历的教师位列最后。在学科知识和 PCK 总体水平维度上，p 值均小于 0.05，表明不同学历的教师在学科知识和 PCK 总体水平上存在显著差异（表 7-3）。虽然不同学历教师在教学策略知识上并不存在显著性差异，但是通过多重分析可以看出，研究生学历的教师在教学策略知识上与大专、本科学历的教师是存在显著差异的。

表 7-3　学历对小学数学教师学科教学知识水平的影响因素分析表

维度	学历	人数（人）	均分	F	p
学科知识	中师	175	25.51	3.768	0.011
	大专	72	25.01		
	本科	259	25.46		
	研究生	30	27.83		
学生知识	中师	175	25.20	1.525	0.207
	大专	72	24.99		
	本科	259	24.76		
	研究生	30	26.03		
教学策略知识	中师	175	25.90	2.603	0.051
	大专	72	25.21		
	本科	259	25.42		
	研究生	30	27.47		
PCK 总体水平	中师	175	76.61	3.350	0.019
	大专	72	75.21		
	本科	259	75.63		
	研究生	30	81.33		

研究生学历的教师在各个维度上的得分均高于其他学历的教师（图 7-6），说明职前培养阶段教师教育课程学习的系统性、精深程度等，对职后教师 PCK 相关知识和 PCK 总体水平影响很大。职前教师的培养层次决定了其在职后习得相关知识方面的质量与水平。结果显示，研究生学历的教师在学生知识方面与大专教师相比均分差最小，为 1.04（表 7-3）。教师有关学生知识的习得更多依赖于职后的真实教学情境和教学经验的积累，而不是职前培养阶段，因此，不同学历教师在这个要素知识上的水平相差较小。在学科知识和教学策略知识方面，研究生学历教师与大专教师均分相差分别为 2.82、2.26。这是因为研究生阶段的职前培养在本科的基础上进一步夯实了学科知识基础，能够在高观点下思考相关的学科内容，注重学科知识的纵横联系与发展、学科教学理念的习得，并将理念付诸实践。此外，研究生阶段的职前培养更加重视帮助教师养成如何思考学科教学的良好习惯及如何开展反思性实践，这些均为教师职后相关知识的发展奠定了良好的基础。由此可见，研究生学历的教师学习能力更强、专业成长速度更快，能够弥补由教龄短而带来的经验积累不足。

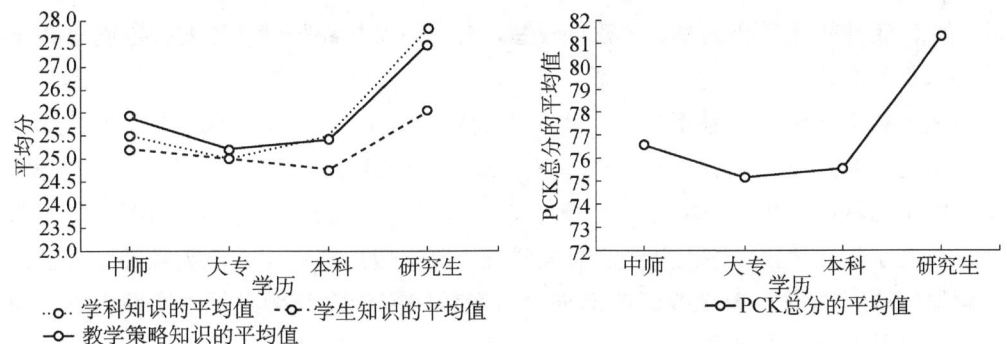

图 7-6 不同初始学历教师学科教学知识及相关整合要素知识水平折线图

调查结果显示，中师学历的小学数学教师不管是 PCK 总体水平，还是学科知识、学生知识、教学策略知识水平均高于大专和本科学历的教师。通过分析发现，具有 16 年以上特别是 24 年以上教龄的教师，主要是我国中等师范学校培养的普通师范专业毕业生，目前在小学中占据一定比例。这部分教师在当时是相对优秀的生源，无论是在专业认同上还是在基本文化水平上，均在同龄人中占据优势。随着国家对教师队伍建设的日益重视与对教师整体学历水平要求的提升，这部分教师绝大多数已通过进修升至本科，甚至是研究生学历水平。此外，由于教龄较长，这部分教师在实践工作中已积累了丰富的相关知识，PCK 水平较高。M 老师的初始学历就是中师，在所有研究对象中，其 PCK 无论是从结构还是水平上而言，均是最佳的，其 PCK 结构表现为自主整合型，被认为是具有一定教学成就的引领型教师。M 老师教学经验丰富，时刻注重自身教学的持续发展与完善，善于深入、系统地反思，并能够开展有效的决策行动；能够根据教学需要进行相关要素知识的选择性整合，且整合程度较高，PCK 水平基本达到"熟练"程度。M 老师的学科教学定位与当下的教学要求相契合，并能将其渗透到实际的教学行动中，学科知识高度结构化，充分了解学生，教学策略能够与学生、学科、评价、课程等多方知识紧密联系，且策略表征恰当、多元，预设充分。

我国从 1998 年开始进行小学教师本科层次的培养，2001 年以后，在全国范围内的各级各类高等院校开始大规模培养。本科层次的小学教师的教龄多为 15 年以下。目前，高等院校的培养模式比较多元，如分科模式、中间模式、综合模式。[①] 有些在职小学教师毕业于学科类院系（如数学学院、文学院等），受培养方式、教学经验、职后的专业发展等的影响，其在 PCK 及相关知识水平方面低于 24 年及以上教龄的中师学历教师。教学经历的不足导致本科学历的教师在学生知识水平上最

---

① 马云鹏，解书，赵冬臣，等. 小学教育本科专业培养模式探究[J]. 高等教育研究，2008（4）：73-78.

低，如 C 老师初始学历为本科，教龄较短，相关知识与经验储备不足，导致其 PCK 总体水平不高。由于专业水平有限，其 PCK 相关要素知识零散缺失、整合程度不高，相关要素知识间联系不紧密、水平不稳定，其 PCK 结构表现为松散缺失型。本科学历的教师学科知识水平不够系统、缺乏纵横联系，对学生虽有一定的了解，但不够全面深入，教学策略较为传统、单一，教学策略表征不够多元和适切，且教学策略与学生、学科、课程、评价等关联度不高。但能够看出，该类教师学习能力与意愿较强，对教育教学改革前沿理念接受较快并能将其融入教学实践，善于反思，未来教学能力的成长空间较大。

大专学历教师的教龄多分布在 16—24 年。随着大学的普及与扩招，大专学历层次的教师不再像扩招前中师阶段的师范生那样，是同龄中的学业佼佼者。他们往往在专业认同、专业素养、专业可持续发展上均受到学历的一定影响，加之教龄较长，这部分教师出现职业倦怠的比例较高，因此，在 PCK 及相关知识水平的测查中位列最后。X 老师、G 老师的初始学历均是大专，二者的 PCK 结构与水平却呈现出较大差别。X 老师有一定的教龄基础，但未成长为优秀教师，PCK 结构表现为机械整合型，相关知识整合得较为完整，水平接近"熟练"。X 老师认同并尝试践行相关教学理念，对学生有一定了解，但不够深入透彻；教学策略多元，能够应对教学中的复杂变化，但个别策略不够适切。这种类型的教师对学科知识的掌握大多已经达到一定的系统化，且具有一定的教学热情与追求，教学准备较为充分，但仍需更多专业的指导与支持，教师自身也可以通过一些专业实践与反思行动提升教学质量。与 X 老师不同，G 老师出现了明显的职业倦怠，虽然教龄较长，但是有效的教学经验积累不足，却自认为教学经验足够而盲目自信、不善于反思、教学准备不充分。G 老师对 PCK 相关要素知识思考不够深入，相关知识整合不充分、联系不紧密、水平不高，因此，其 PCK 结构表现为低效缺失型。虽然 G 老师对学生有一定理解，但不够全面深入，且其教学策略多为既定预设，而对课堂教学策略生成与调试较少，教学策略与表征与学生、学科知识等联系不紧密，适切性不够，个别策略出现失误。

综上不难发现，教师有关学生知识的发展主要依赖于职后有效经验的积累；学科知识的发展不仅依赖于职前培养阶段学科知识宽广深厚的储备，还依赖于职后学科知识的结构化、系统化的重构；教学策略知识的发展则依赖于职后有效经验的积累与反思性实践的开展。PCK 总体水平的提高则建立在对上述三种知识的综合理解与有机整合上。其中，学习能力、反思能力与积极主动的知识统整行动更为重要，研究生学历的教师在各个维度上均优于其他学历层次的教师就是很好的证据。研究生学历的教师虽然教龄不长，多分布在 4—15 年，但总体水平较高，说明相比教学经历，职前的知识储备、学科教学信念的建构、学科思维习惯的养成占据更大优势。

四、地域对小学数学教师学科教学知识水平存在显著影响

在本次研究中，笔者将教师所处地域分为重点城市（一线、沿海城市，教育较发达地区）、一般城市（二线、三线城市以及部分县级市）、乡镇地区三个组别。通过单因素方差分析探究地域对学科知识、学生知识、教学策略知识以及 PCK 总体水平的影响情况。结果发现，不同地区教师的 PCK 总体水平、学科知识、学生知识、教学策略知识水平的 p 值均小于 0.01（表 7-4）。说明不同地区的教师在上述知识水平上均存在非常显著的差异，其中，重点城市小学数学教师的学科知识水平、学生知识水平和教学策略知识水平均高于一般城市与乡镇小学数学教师的水平。

表 7-4 地域对小学数学教师学科教学知识水平的影响因素分析表

维度	地域	人数（人）	均分	F	p
学科知识	重点城市	217	26.69	16.496	0.000
	一般城市	141	25.11		
	乡镇	178	24.50		
学生知识	重点城市	217	26.04	18.413	0.000
	一般城市	141	25.59		
	乡镇	178	24.08		
教学策略知识	重点城市	217	27.26	30.633	0.000
	一般城市	141	25.05		
	乡镇	178	24.20		
PCK 总体水平	重点城市	217	79.98	31.029	0.000
	一般城市	141	74.75		
	乡镇	178	72.78		

由于城市小学特别是一些重点城市小学在招聘上具有很大优势，往往能够吸引优质教师、高水平教师、高学历教师，而相较于农村教师来说，这些教师又具有较多的专业发展机会和途径。具体而言，城市教师在相关知识与 PCK 发展方面拥有的优越条件为：①教学资源丰富。城市教师拥有较好的教学资源与环境，拥有较好的学校或区域专业发展平台的支持，获取知识的渠道多元，可利用的资源丰富。②专业学习共同体氛围积极向上。城市的高水平教师较多，校内、校外、区域间的专业合作较为紧密，学习氛围浓厚，能够形成专业竞争合力，教师可以通过有指

导、有交流的反思性实践，高效地实现相关知识的学习、提升与发展。③专业提升渠道较多。城市教师参与在职学历提升、在职培训与研修、各种学习共同体（如名师工作室、教学比赛、优质课观摩、专家讲座、课题研究等）的机会较多，这些培养和培训有助于对教师在理念更新、知识系统化、行动持续改进方面不断提出新的要求，并及时持续地支持教师不断提升自身的专业知识。④学生不断提升的学习诉求。城市小学一般生源质量较好，教师需要不断提高自身水平以适应学生的学习与成长。上述原因均有利于城市教师不断丰富与提升PCK及相关知识水平。

第八章 小学数学教师学科教学知识研究思考与展望

有关教师教学的研究已经从行为或教学技艺转移到对教师知识和信念的探讨。大量学者呼吁，为了挖掘教师课堂行为的深层次原因，有必要探究如何在课堂教学中建构意义，因此，对教师知识和信念的探究有助于了解教师的思维过程。如果研究者不去讨论或是建立起一种语言、框架或工具的话，很难让教师和其他研究者发现 PCK 的特征及价值，也就很难让更多人去分享和应用。教师的教学是一个复杂的过程，寻求恰当的方法来分享教师彼此所拥有的专业知识，对进一步促进教师对教与学的理解和研究是非常重要而有意义的。PCK 的缄默性与复杂性决定了对其开展研究具有一定的挑战性和艰难性，而 PCK 又是一种"迷人"且有"力量"的知识。本书在相关学者已有研究的基础上，完善了 PCK 五边形结构的理论框架，对教师的 PCK 结构进行了外显化描述，并通过 PCK 量规分析表对小学数学教师的 PCK 水平进行了等级评价。通过对小学数学教师 PCK 结构的研究，编制了小学数学教师 PCK 水平测量工具，并对小学数学教师的 PCK 现状进行了调查与分析。在研究过程中，笔者对所使用的方法、提升教师 PCK 水平的策略以及 PCK 的实践应用有了更深一步的思考，以期为后续相关研究提供参考。

第一节 关于小学数学教师学科教学知识研究方法的反思

一、学科教学知识结构的外显化途径：PCK–SoEM 结构描述框架图

众所周知，PCK 是一种缄默性知识，因此，研究者需要将其外显化，具体表现为通过教师的"出声思考"，即将其思考的内容与过程用言语描述出来，透过实际的教学行动去挖掘支撑其"所思""所行""行动根据"的"背后知识"。好的教学不是简单地实施几个步骤，也不是采用简单的技术把某个规划从一个教师传递

给另一个教师。教师的思考是比较复杂的过程，而思维过程是形成教师各种教学行动的一个先在环节，因而，探究这个思考过程中的缄默性知识有助于我们了解教师的 PCK。那么，应该如何分析教师把不可视的思考转化为可视的教学行为的过程？如何描述思维、语言、行为之间的关系？只有解决上述疑惑，才能恰当地把握相关信息，进而准确地分析教学行为背后的原因及本质。本书中完善后的 PCK-SoEM 结构图能够很好地将一些教学思考和教学行为决策转化为可量化的指标和外显化的结构形式，通过其可以直接看出教师对 PCK 相关知识的整合情况和质量。值得注意的是，该结构图更适用于新授课的教学分析，因为新授课课堂教学的结构性更强，流程更清晰。

PCK-SoEM 结构图在一定程度上有助于我们了解教师的 PCK 结构特征，有利于引导教师从重视课时分配、课程和学生成绩等转向通过理解学生和学科知识更好地开展教学活动。PCK 影响教学内容的选择和教学过程、师生互动和教学决策，以及教师如何将学科知识转换为教学行动的方式。PCK-SoEM 结构图有助于规范教学设计与实施。例如，通过对学生、学科内容、教学情境的理解，有助于教师选择恰当的教学策略与表征，减少教学活动的盲目性，凸显教学成效；通过基于实践的反思，有助于教师不断完善教育教学实践，提升学生学业成就，促进学生成长。

通过本书的 PCK-SoEM 结构图，能够看到教师选择相关知识进行整合的情况，并能在一定程度上反映出教师的 PCK 质量，但不得不承认该结构图存在一定的局限。例如，该图不能完全或直接反映出教师基于特定内容进行相关知识整合的原因和思考过程。如果教师在访谈中没有详细地描述他们的思考过程或细节，则这些信息所隐含的相关知识就无法体现在结构图中，因此，要想挖掘出教师在做教学决策时所思考和整合的相关知识，就需要在访谈提纲的设计上反复斟酌。当然，我们评价教师的 PCK 水平，并不是看其整合的相关知识有多丰富或者教学策略表征有多高难度、花样何其繁多，而是看其整合的相关知识是否符合学生学习现状的需要，以及教学决策实施后实现的学习产出及效果。PCK 作为一个框架和描述工具，依然有进一步完善的空间，但 PCK 的缄默性决定了其自身的复杂性，导致较难去描述和获取教师的 PCK，因此，研究者可以探寻将缄默知识转化成详尽的教学思考过程的多元方法。例如，研究者开发的故事情节法、教学专业经验库工具、内容表征[1]、概念图、分类卡和图片表征等方法均有助于将缄默性知识进行外显化呈现。

---

[1] Loughran J, Mulhall P, Berry A. In search of pedagogical content knowledge in science: Developing ways of articulating and documenting professional practice[J]. Journal of Research in Science Teaching, 2004, 41（4）: 370-391.

二、学科教学知识水平的评价方式：学科教学知识量规分析表

本书对帕克和奥利弗的 PCK 量规分析表进行了调试与修订。帕克的量规分析表（表 3-5）虽然能够在一定程度上描述教师 PCK 的水平和质量，但量表中的 9 个子维度在每个阶段上的分布并不够均衡，且在三个阶段中仅仅关注了学生和教学策略这两个大的维度，其中有 5 个子维度（P-UPK、P-LD、I-QSU、I-SMLD、R-SU）关注的是学生，4 个子维度（P-ISPK、P-ISLD、I-RISR、R-IS）关注的是教学策略。虽然可以依据量表分析教师的 PCK 水平，但如果想进一步考察教师分别在计划、实施、反思三个阶段所表现出的 PCK 水平，以评量出哪个阶段需要完善，是没有办法进行的。此外，教师在应用 PCK 做教学决策时忽视了对学科知识的评估与分析，而学科知识又是教师 PCK 中较为关键的知识要素，因此，脱离特定学科内容研究 PCK 是没有意义的。

研究中还发现，处于不同职业生涯阶段的教师在教学计划、实施、反思阶段所呈现的 PCK 情况不完全一致，特别是新手教师、一般的经验教师在教学计划阶段会对 PCK 的相关要素知识有一定思考，但在教学中却未能有效呈现。因而，本次研究通过对帕克的量规分析表进行完善与调整，从计划、实施、反思三个阶段对 PCK 的三个核心相关知识维度进行考察，无论是从子维度上还是从子维度衡量的内容上均做出调整，以使其能够涵盖教师在使用 PCK 时主要思考的相关核心知识要素，力图使它们在教学各个阶段得到呈现且阶段之间具有可比性。PCK 结构是相关要素知识的整合，即学科知识、学生知识和教学策略知识，而学科知识中最为重要的是学科内容知识和学科本质知识，学生知识中最为核心的是学生的先在知识、迷思概念和学习困难，据此对 PCK 量规分析表进行调整，如表 8-1 所示。

表 8-1 PCK 量规分析表修订的维度

阶段	核心相关知识维度	具体内容
计划	学生知识	对学生先在知识的理解
		对学生学习困难和迷思概念的理解
	学科知识	对所教授的学科知识的理解
		对学科知识体系的理解
	教学策略知识	基于先在知识的教学策略
		适合学习困难和迷思概念的教学策略

续表

阶段	核心相关知识维度	具体内容
实施	学生知识	探究关于对学生的理解
		教学策略与学生理解之间的联系
	学科知识	学科知识教授的正确性与丰富性
		学科知识本质与核心概念的体现
	教学策略知识	挑战学生的迷思概念和学生的学习困难
		基于学生的反馈做出的教学策略及其调试
反思	学生知识	对学生的理解与学生实际水平之间的异同
		学生的迷思概念与学习困难
	学科知识	对已教授的学科知识的思考
		对学科知识体系的建构
	教学策略知识	已实施的教学策略与表征的合理性
		进一步完善教学策略与表征的计划

上述知识所涉及的具体内容主要是在研究教师通过教学决策表现出来的以及 PCK 水平较高的教师所关心和思考的内容。能够对这些内容进行主动思考并付诸实践的教师，其 PCK 水平较高，教学效果较好。因此，对这些子维度及其具体内容进行评价，能够综合地反映教师在各阶段及的总体 PCK 水平。

三、学科教学知识现状的反馈：学科教学知识测量与评价工具

教师 PCK 测量面临的挑战在于需要开发一种效率高、节省时间的调查工具，并且这种工具要可靠、客观、有效。在这种情况下，纸笔测试凭借其标准化和质量指标优势，成为研究者首选的测评工具。PCK 的大规模调查工具主要有两种类型，即封闭式的选择题测量工具和任务情境式的开放式测量工具。封闭式的选择题测量工具的题量较为丰富，对于作答者而言较为方便，且便于后续的统计分析；其缺点在于研究者需要花较多精力去描述片段细节，题目须包含学生、特定内容和教学情境等信息，需要极高的编制技巧，而且选择题的暗示性和限制性较强，选项不能很好地反映教师的真实选择，因此，这种类型的工具遭受的质疑也较多。与之相比，任务情境式的开放式测量工具通过开放性题目或情境式的纸笔测试，能够较为深入地搜集教师关于教学的思考和决策，能够反映教师较深层次的想法，进而深入了解教师 PCK 现状。其缺点在于增加了作答者的"压力"和对分析者"客观评分"的要求。总体而言，目前广泛使用的测量方式是后者。

尽管 PCK 的测量与评价存在诸多困难，但相关测量与评价还是能够帮助我们

全面地把握与了解教师 PCK 的基本现状。在建构测量与评价工具之前，我们首先要明确评价什么（即 PCK 内涵结构），依据什么样的框架（即 PCK 测量与评价的基本维度）去评价，以及怎样评价（即 PCK 测量与评价的方法）。基于本次研究的结论，在开展 PCK 测量与评价时，应同时关注学科知识、学生知识、教学策略知识以及这三种知识的互动与融合情况，这样才能全面而深入地把握教师 PCK。另外教师的信念、行动原因也是开展 PCK 测量与评价过程中需要考虑的影响因素。

本书主要是从学科知识、学生知识和教学策略知识以及这三种知识的互动与融合角度对教师 PCK 进行了综合调查，而对这三种知识互动与融合的调查和分析也是本书研究的难点之一。研究者要在调查工具的设计和标准制定时避免对这三种知识进行独立测量与评价，要在特定教学内容下考察教师对这三种知识的掌握、互动与融合情况。在施测过程中，研究者要让被调查对象明确作答规则，并尽可能真实、详尽地呈现其需作答的内容。就"小学数学教师学科教学知识测量工具"而言，可以在后续研究中增加"统计与概率""综合与实践"两个领域的调查，或是分领域开发调查工具，以全面、系统地了解各领域下教师的 PCK 现状。为增强研究结果的代表性，在具体内容的选择上，要选取数学领域中较为关键与重要的数学概念，因为不同的数学概念对应不同的数学能力，某些概念与其他概念的联系较多，对学习其他概念的作用较大。一个数学概念所具备的数学能力主要体现于它与其他概念之间的关系密切度，越贴近学科的结构、与其他课题的关系越大，数学能力越强，而这些关键概念正是数学学习知识包中的概念结，它们对学生的学习有着重要的影响。

四、学科教学知识研究的路径：多元方式的优势互补

PCK 是教师专业知识的一种形式，而 PCK 的特殊性在于它不能被直接获取与研究。PCK 的缄默性决定了教师不会直接告诉研究者他的 PCK 是什么或怎么样，甚至教师对 PCK 这一术语一无所知。大多数情况下，教师会对特定的教学和学习情境不自觉地反应，这就需要研究者"透过现象看本质"，通过对教师的教学思考与行动进行深入挖掘与分析，将其 PCK 外显化描述与呈现。PCK 是教师通过特定教学表征将学科知识转化为学生理解的知识的过程，因此教学观察是了解教师 PCK 发展情况的重要方法。在观察中，我们可以看见教师在教学中的教学行为，但无法了解到教师行为背后的深层原因，因此需要采用多种方法弥补观察的不足，如访谈法、概念地图法、教案与反思笔记的分析等。PCK 不容易被观察和测量，

用单一工具或方法来收集关于 PCK 的数据均具有局限性，因此，研究者需通过多种途径搜集教师知道什么、做了什么以及行动原因等信息。研究者若想全面、深入、系统地了解教师的 PCK 现状，还必须借助对教师教学思考与行动的研究。

第二节　关于提升小学数学教师学科教学知识的策略反思

教师 PCK 结构和水平影响着学生的学习质量，拥有结构良好的 PCK 的教师，其教学质量较高，且能够对学生的学习起到至关重要的促进作用。PCK 影响教师对教材的选择及其教学过程，影响教师对教学流程的规划及其与学生的互动。教师对学科本质的理解是教学创造的核心，PCK 作为教师所独有的一种特殊知识，关系到教师如何组织学科知识内容、如何根据授课对象的学习特点选择相应的教学策略，从而决定其教学效果。PCK 是教师专业发展的前提条件，影响教师的教学行为，进而影响教师的发展，换句话说，教师 PCK 的质量决定了其教学水平与质量。对于小学数学教师而言，能否拥有特定教学主题下的 PCK，将会影响他如何理解学生，如何组织该主题的学科知识，如何选择教学表征方式帮助学生理解相应的学科知识。PCK 的发展离不开其最重要的相关知识的发展，基于本次研究得出的结论，笔者对小学数学教师在发展 PCK 方面有如下一些思考。

一、明确相关要素知识的发展重点

（一）学科知识：加强对学科本质的理解和系统化结构的构建

学科知识是教学的基础，小学数学教师必须理解并掌握小学数学学科的知识结构、概念组织的原理以及知识探究的原理，这是有效教学的最基本保障，也是提升 PCK 水平的前提。学科内容知识在教师职业生涯发展阶段中相对稳定，而学科本质知识在职后的成长空间较大。小学数学教师掌握的学科知识应该是正确的、有深度的、有意义的、系统的，并且要在正确把握学科内容知识的同时熟知学科本质知识，把握学科知识间的纵横联系。

1. 小学数学教师要明确学科知识结构

教师要理解学生数学学习的过程，将数学知识表征成可被学生理解的知识，而不是把既有的概念移植给学生。教师所需具备的数学知识与数学家不同，教师把数学概念"解压"成不同形态的子结构，然后反复地对数学元素进行诠释、显现及循序渐进地综合。数学知识的"学术形态"是按照逻辑演绎的方式进行形式化表述的；数学知识的"教育形态"是按照人的认知规律，将数学知识转化为使人容易接受的陈述，是学科数学的存在形式。"数学教师的任务存于返璞归真，把数学的形式化逻辑链条，恢复为当初数学教育发明创新时的火热思考。"[①]教师要善于将数学知识的学术形态转化为教育形态，即教师基于 PCK 对数学知识进行教学法的加工，让学生体验"数学化"的学习过程。教师要能以合适的教育形态陈述数学概念，如"将十进分数改写成不带分母形式的数就叫小数"是以学术形态对小数这个概念进行表述的，而"分母是 10、100、1000……的分数可以用小数表示"是以教育形态对小数这个概念进行表述的。在教育形态的定义中，教师只有说明它的目标，指明它是一种关系，为学生提供数学思想，对学生来说小数这一概念才会产生意义。因此，教师应该掌握教育形态的学科知识。

笔者在研究中发现，一些小学数学教师对学科知识的学习仅限于教科书和教学参考书上的阐述，缺失对学科本质性知识的理解及系统性的知识结构。作为一名合格的小学数学教师，应该从学科内容知识、关于学科的知识和对学科的态度与倾向三个方面深刻理解并积累学科知识（图 8-1），不仅应掌握学科内容本身，还应掌握这些概念和规则背后的教学意义、价值以及知识间的联系，把握学科知识的本质。

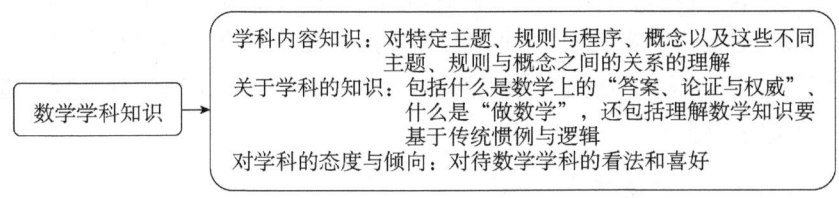

图 8-1　小学数学教师学科知识架构图

2. 强化学科知识体系结构

教师掌握的数学内容知识越多，并不意味着教师的学科知识水平越高，也不意味着教师能够进行有效教学，只有教师的学科知识达到高度系统和结构化，并对学科知识有深入理解，才能加深学生对学科内容的理解，促进学生掌握学科思想之间

[①] 张奠宙，王振辉. 关于数学的学术形态和教育形态——谈"火热的思考"与"冰冷的美丽"[J]. 数学教育学报，2002（2）：1-4.

的联系。调查显示，小学数学教师在具体教学内容的学科知识方面表现较好，而在学科内容的知识体系方面表现较差。教师只有明确掌握所教学科的具体知识，了解知识的来龙去脉，把握其所处的知识团信息，对其形成连贯系统的整体理解，才能挖掘学科知识背后的本质性意义。例如，以"退位减法"为例，教师不仅要知道关于"退位减法"的知识，还要知道这一知识中包含若干分散的知识点，以及它们在不同年级教材中的分布情况（表 8-2）、在整个学段中的地位，进而将知识点串联起来，对特定主题形成系统性的认知与把握。

表 8-2　"退位减法"在小学数学教材（北京师范大学出版社出版）中的分布情况

退位减法	教材分布	
1. 退位减法	一年级上册第七单元"加与减一"（买铅笔、跳绳表演）	
2. 20 以内退位减法	一年级下册第一单元"加与减一"	十几减 9 的退位减法（买铅笔）
		十几减 8 的退位减法（捉迷藏）
		十几减 7、6 的退位减法（快乐的小鸭）
		十几减 5、4、3、2 的退位减法（跳绳表演）
3. 100 以内退位减法	一年级下册第六单元"加与减三"	两位数减一位数（阅览室） 两位数减两位数（跳绳）
4. 三位数的退位减法	二年级下册第五单元"加与减"	三位数退位减法（不连续退位） 三位数连续退位减法

除此之外，教师要深入理解具体知识背后的数学原理、规律等比较复杂的知识本质、思想方法，因为其对学生学习有着重要的影响。例如，"数形结合思想""模型思想""转化思想"等既蕴含于数学内容中，又高于数学内容，这是教师引导学生学习数学知识的方法，是拓展学生思维、培养学生在解决数学问题时"举一反三"的有效策略基础。

3. 拓宽学科知识的来源

教师的数学学科知识不应仅来源于数学教科书和教学参考书，还应拓展自身学习数学学科知识的来源渠道，如阅读关于数学史、数学思想方法等的相关书籍，阅读关于小学数学学科知识的期刊，并时刻关注该领域的最新研究，跟上数学知识发展的步伐，扩展自己的学科知识视野。教师要学习高等数学发展知识，发散自己的数学思维，能够从高观点下理解小学数学的学科知识内容，同时还要参加数学专题讲座等，多与专家交流，在交流中得到关于学科知识的新见解。

（二）学生知识：全面深入了解有关学生学习的知识

研究者尝试回答分开教授的教学知识和学科知识是否可以自然而然地形成关于学科教学知识的这一问题。事实上，学科知识并不能直接转化为PCK，要想成功地进行知识的转化，需要教师在具有夯实的学科知识的基础上，能够意识到学生在不同教学内容环境中的表现。舒尔曼也指出，尽管一些教师能够很好地理解教学内容，但是往往他们不知道如何创设学习经验，以使学科知识对学生来说更有意义。[1]因此，了解学习者的学习特征与学习需要是教学真正发生的保证之一。

关注学生在富勒的教师关注理论中被誉为最高境界。职前培养阶段有关学生的知识的学习多通过间接途径，且缺乏针对性，但在职后随着教龄的增长有关学生的知识会得到快速发展。学生知识在PCK整合结构中处于核心位置，与其他相关要素知识的相关程度最为紧密，因此，提升学生知识对提升教师PCK水平尤为重要。调查发现，小学数学教师的学生知识处于第二等级，他们对特定教学主题下学生最易出现的错误掌握较好，但对学生的学习困难和迷思概念的把握不够全面，相关的学习分析不够深入。

数学教师专业发展中的聚焦点之一就是如何理解学生的数学学习和思考，这些知识能够改变教师在课堂教学中的行为表现以及学生的学习。[2]《义务教育数学课程标准（2011年版）》也指出，课程应考虑到学生数学学习的特点与学生的认知规律和心理特征。教师要深入理解学生的数学学习，"读懂"学生的思维与需要。基于众多学者的研究，有关学生的知识主要包括学生的先在知识与能力、迷思概念、学习困难、学习特点、学习需要，这些要素是教师在教学设计与实施、反思等环节需要关注的方面。

1. 掌握小学生数学学习心理发展的阶段特征

小学生数学学习心理基础与特点，是数学教师制定学习目标、选择教学策略的理论依据。只有关注学生数学学习心理，遵循学生认知发展规律，才能实现"高效率""高效益""高质量"的有效课堂。以五年级的"分数的意义"为例，按照皮亚杰的认知发展理论，学习该内容的小学生处于具体运算阶段，思维运算需要有具体事物的支持，而且分数是较抽象的内容，学生对其的理解会存在较大困难，教师应

---

[1] Shulman L S. Knowledge and teaching: Foundations of the new reform[J]. Harvard Educational Review, 1987, 57 (1): 1-23.

[2] Hill H C, Ball D L, Schilling S G. Unpacking pedagogical content knowledge: Conceptualizing and measuring teachers' topic-specific knowledge of students[J]. Journal for Research in Mathematics Education, 2008, 39 (4): 372-400.

该认识到这一点,并根据学生现阶段的认知特点采取学生易于接受的教学策略来进行教学。比如,让学生借助拼一拼、画一画、摆一摆等方法学习分数的意义;加强对"学生的学习"的学习与研究,将"成人数学"转化成"儿童数学",在学科知识与学生之间建立桥梁。

2. 通过经验积累掌握学生数学学习的普遍规律与特征

有关学生的知识会随着教学实践的开展而不断积累,教师应在教学实践中时刻识别、分析、积累有关学生的知识,不断调整自己的教学行为,以便更好地服务于学生的学习。教师可以通过间接经验和直接经验对学生知识进行积累,如通常情况下,学生在学习某个特定内容时的数学思维发展特点和规律、学习基础(如先在知识与经验),学生在学习特定知识时易出现的迷思概念及可能存在的困难类型,而这些迷思概念和困难又是什么引起的等。数学学习过程作为一种建构活动,必然包含对错误或不恰当观念的纠正和更新,往往需要经过多次的反复和深化,并非一次就能完成。更需要强调的是,对于学生的错误认识与观念,教师不应该采取强制性行为,而应该让其成为促使学生自主思考的教学资源,应当在学生的头脑中引起必要的概念冲突,从而为学生自觉地实现观念的必要更新或概念的重构创造条件。所以,教师对学生的先在概念、迷思概念的认识十分重要。[①]帕克和奥利弗的研究也表明,教师对学生迷思概念的理解是备课、教学实施、评价环节中形成 PCK 的主要因素。[②]一名合格的教师应该具有该教学领域的专业知识,应该能够分析学生的作业,能够根据对学生的了解和迷思来进行课程设计。[③]

3. 通过教学中多个阶段的评价反馈及时全面把握特定学生的学习

教师教学面对的对象往往具有特定性,因此,教师不仅需要把握群体普遍的学习特征,还需要把握每一次特定授课对象的学习特征。教育心理学家奥苏贝尔也指出,影响学习最重要的因素就是学生已经知道了什么。[④]教师可以通过课前、课中和课后多个环节的评价与反馈来把握和积累关于学生的知识。以"小数除法"为例,教师可以组织课前检测,如课前学习单(表 8-3)、课前访谈(表 8-4)等,判

---

① 卢锦玲."沪港两地小学数学教师专业知识缺失"的比较研究[D]. 上海:华东师范大学,2008.

② Park S,Oliver J S. National Board Certification(NBC)as a catalyst for teachers' learning about teaching:The effects of the NBC process on candidate teachers' PCK development[J]. Journal of Research in Science Teaching,2008,45(7):812-834.

③ Koirala H P,Davis M,Johnson P. Development of a performance assessment task and rubric to measure prospective secondary school mathematics teachers' pedagogical content knowledge and skills[J]. Journal of Mathematics Teacher Education,2008,11(2):127-138.

④ Ausubel D P. Educational Psychology:A Cognitive View[M]. New York:Holt,Rinehart & Winston,1978:1.

断学生是否具备学习该知识的基础或已有知识的掌握水平。

表 8-3 "小数除法"课前学习单（样例）

	小数点位置移动引起小数大小的变化	商不变的性质	除数是整数的小数除法计算要点
旧知检测	具体题目： 把下面小数化成整数 0.7 5.03 2.689 16.3	先观察，再填空 3200÷8000=（ ）÷800=32÷（ ）=（ ）÷8 0.1÷5=（ ）÷50=10÷（ ）=（ ）÷5000 你这样做的依据是什么？	竖式计算： 37.24÷4= 12.24÷24= 总结除数是整数的小数除法的算法
新知预测	除数是小数的除法		
	具体题目：你会算 7.8÷0.6 吗？你有什么办法知道？尽可能详细记录你的思考过程		

表 8-4 "小数除法"课前访谈（样例）

水平	课前访谈问题及目的
水平 1	1.7.8÷0.6=？ 你会做了吗？ 2.处于该水平的学生一般会提前预习并把课本上的题目完成，看学生是否真的学会了
水平 2	1.9.6÷8=？ 7.8÷0.6=？ 2. 处于该水平的学生一般能完成教师布置的学习任务，并能进行一定程度的预习，这部分学生是班级的"主要力量"，应确保这部分学生在课堂上跟上教师的节奏
水平 3	1.上节课的 9.6÷8=？（除数是整数的小数除法）你会做了吗？ 2. 处于该水平的学生一般是学习较为困难的学生，确保他们已学会上节课的知识，以保证本节课的质量

在教学中，教师可以通过提问、任务驱动、学生汇报、小组合作、作业联系、测验等方式了解学生对新知识的掌握情况。教师需要系统地使用持续的、正规的评价来掌握学生的理解情况，且使用这些信息来引导教学实践。[1]因而，"为了学习的评价"显得尤为重要，它有助于教师了解学生的思维过程与结果，包括一些错误的表现、分析学生所具有的观念、看到错误的"合理性"、准确揭示错误的根源。

错误较为外显、容易识别，而导致学生产生学习迷思的常常是内隐的，需要通过一定的方式才能发现，学生的迷思概念背后隐藏着学生缺乏对概念的深入理解，而评价也是为了了解特定学生的迷思概念，避免学习错误和困难的再发生。本书的研究结果也进一步佐证了学生的迷思概念是教师在实施评价中需要考量的主要因素，学生的迷思概念会影响教师的教学计划、决策与实施，是教师 PCK 得到延伸发

---

[1] Ashline G，Quinn R. Using mathematically rich tasks to deepen the pedagogical content knowledge of primary teachers//Clarke B，Grevholm B，Millman R（Eds.）. Tasks in Primary Mathematics Teacher Education[M]. Boston：Springer，2009：212.

展的缘由。

（三）教学策略知识：基于学科知识和学生知识紧密联系的适切与丰富

在教师的 PCK 结构中，教学策略知识是非常重要的存在，因为再好的教学设想都需要一定的教学策略来实现。已有研究表明，教师的课堂教学能力和效果都与教师对教学策略的认识、灵活选择和创新表征密不可分。教学策略知识是教师智慧和专业的重要体现，教师应该不断丰富自己的教学策略知识，以完善自己的 PCK 结构。

1. 教学策略要与学科知识、学生知识紧密结合

教学策略是教师与学生沟通学科知识的方式。笔者在研究中发现，小学数学教师的教学策略知识水平并不高，有待进一步提升。Shulman 指出，尽管一些教师能够很好地理解教学内容，但是往往他们不知道如何创设学习经验，以使得学科知识对于学生来说更有意义。[1]而 PCK 的重要内容之一就在于教师所传达的学科知识必须是学生所能理解的，如果教师对学科知识没有深入的理解，便无法在教学方法和学生之间建立起恰当的联系，因此，PCK 是将内容知识和教学知识有机结合起来的知识。教师的学科知识是稳定的，而教学知识却是越来越复杂的，特别是有关学生知识的方面更为复杂，教学的知识架构会从简单的线性呈现方式转变为复杂的网状架构，并且围绕学生进行知识架构。McDiarmid 等特别强调教师的教学应着重于学科知识的表征方式，如比喻、活动、模型、问题等方式，而所谓好的教学表征乃是教师对学科、学习、学习者与情境等知识经过整合与内化之后发展得来，并能够恰当地运用在相应的情境中。[2]拥有高水平 PCK 的教师能弹性地运用适当的教学策略与表征，并将学科知识的意义传递给学生。

2. 教学策略注重适切性和丰富性

马格努森等指出，"教师具有丰富知识但以单调形式呈现，学生学习到的知识则并无改善；教师知识丰富并以多种方式呈现，学生学习到的知识则显著改善；教师知识不足，缺少多样方式，学生学习到知识并无改善且有些错误"[3]。教师应通

---

[1] Shulman L S. Knowledge and teaching: Foundations of the new reform[J]. Harvard Educational Review, 1987, 57（1）：1-23.

[2] McDiarmid G W, Ball D L, Anderson C W. Why staying one chapter ahead doesn't really work: Subject-specific pedagogy//Reynolds M Ed. The Knowledge Base for the Beginning Teacher[M]. Elmsford: Pergamon, 1989: 193-205.

[3] Magnusson S, Borko H, Krajcik J S, et al. The relationship between teacher content and pedagogical content knowledge and student content knowledge of heat energy and temperature[J]. Grade, 1992: 1-36.

过恰当的教学策略,帮助学生将自己的先在知识较好地接近新知识,进而习得新知。①厚积才能薄发,教师熟练运用合适的教学方法进行特定教学内容教学的前提是拥有丰富的教学策略和方法,而这些知识难以在职前学习中系统掌握,更多依赖于真实教学实践中的不断积累与丰富。教学策略知识与学生知识联系最为紧密,同时又建立于学科知识基础之上,因此,教师教学策略知识的积累一定要与教师对特定学科知识内容的理解以及学生的学习反馈相结合。小学数学教师可以通过如下方式帮助学生学习数学。

1)联系生活——唤起已有的数学学习经验。数学来源于生活,小学数学的教学一定不可脱离学生的生活。教师在呈现作为知识和技能的数学结果的同时要重视学生的已有经验,使学生体验从实际生活中抽象出数学问题、构建数学模型、寻求结果、解决问题的过程。②在教学时,联系学生的生活更有利于学生理解。例如,学习分数时,联系学生生活中分蛋糕的经验;学习小数除法时,联系聚餐 AA 制时无法整分的经验等,来帮助学生理解较为抽象的数学知识。

2)游戏教学——激发兴趣、引发数学思考。在数学学习中,学生兴趣和思维的调动是特别关键的,小学数学的教学应充分考虑到小学生数学学习的特点,符合小学生的认知和心理特征与规律,激发学生学习数学的兴趣,引发数学思考,由此,游戏教学应运而生。在教学中适度地使用游戏可以激发学生的学习兴趣,集中学生的注意力,提高教学效率和学习效率。例如,在教学时,运用"数数游戏"来发展学生对大数的数感。

3)实践操作——经历数学、体验数学。让学生在参与特定的教学活动以及具体情境中初步认识对象的特征,获得一些数学体验。让学生亲历体验过程,不仅有利于学生通过活动探究和获取数学知识,更重要的是学生在体验中能够逐步掌握数学学习的一般规律和方法。实践操作是数学教学中运用较多的一种手段,因为小学生喜欢动手活动,运用实践操作能够较好地帮助学生理解较为复杂的数学概念。例如,在教学分数的意义时,让学生参与动手画一画、分一分等操作性活动,还有给学生布置"数 1000 粒豆子"的活动来发展学生对大数的数感等。

二、提升学科教学知识水平的有效路径

良好的学科内容知识、课堂教学经验、积极的情感态度均有利于 PCK 的发展。

---

① Posner G J, Strike K A, Hewson P W, et al. Accommodation of a scientific conception: Toward a theory of conceptual change[J]. Science Education, 1982, 66(2): 211-227.
② 教育部. 义务教育数学课程标准(2011 年版)[M]. 北京:北京师范大学出版社, 2012: 1.

良好的学科内容知识是发展 PCK 的基础,能够帮助教师在教学时与学生更好地对话并吸引其注意力。教师只有具备深厚的学科知识,才能有效地发展 PCK。PCK 的发展也是教师在教学中不断对学科内容再建构的过程,教师的学科知识也因教学结果而不断修正。

1. 树立科学合理的数学学科观念与信念

笔者在研究中发现,认同数学课程改革理念的教师(如 M 老师、X 老师)更多强调的是通过设计多元化的活动来发展学生的创造能力和探究能力,促使学生更好地理解概念,注重概念间的联系,注重理解和过程发展之间的联系;而认同传统式教学的教师(如 G 老师和 C 老师),更注重过程和概念教学,多为比较死板的实践,更多强调的是学科知识内容的教学,甚至选择不恰当或错误的教学策略。

信念是人对于现在或将来的某件事有把握的一种心理感觉,是指人按照自己所确信的观点、原则和理论去行动的个性内在心理倾向。PCK 的发展变化常常依赖于信念,教师积极的价值观和对学生学习的积极态度,有助于提升自身的 PCK 水平。越来越多的研究证明,数学教师对数学的了解和信念与他们的教学决策和行动紧密相连。数学教师关于数学学科、数学教学、数学学习的看法直接影响他们教什么、怎么教,他们关于什么是数学和他们认为学生该怎样学又是他们采取教学行为的观念支撑。因此,作为小学数学教师,首先应该树立正确、合理的学科观念和信念。教师要充分理解《义务教育数学课程标准(2011 年版)》对学科教学的要求,在数学教学中注重发展学生的数感、符号意识、空间观念、几何直观、数据分析观念、运算能力、推理能力和模型思想,以及应用意识和创新意识。[①]并要深入理解数学课程性质和基本理念,了解学生应该具备的数学核心素养与关键能力及其对学生成长发展的价值,形成正确的学科观念,更好地指导自身的数学教学。

教师要及时关注并把握学科教学的前沿动态和教学理念,认真学习、加深理解,及时更新数学学科教学理念,并将之与学科教学有效结合与渗透;教师还要思考如何在数学教学中培养学生的核心素养,怎样在数学教学中促进学生的深度学习等,并通过学术阅读、主题讲座、专题研讨课、名师互动课等方式更新理念,深化认知理解。

[①] 教育部. 义务教育数学课程标准(2011 年版)[M]. 北京:北京师范大学出版社,2012:1.

2. 根植于教学情境的有效经验积累

2005年6月,经济合作与发展组织的《教师问题:吸引、发展和留住优质教师》报告中显示,教师专业发展主要不是依靠在师范院校期间的课程学习,而是在实践中的学习,即在教学工作过程中得到专业提升,原因在于教师专业素养是一种根植于教学情境的实践表现。[①]在PCK的积累与发展中,最重要的因素之一就是教学经验,由此可见,PCK的发展根植于课堂教学实践中[②],教师在教学中体会到的PCK是依赖于情境的,在真实情境中学习,对建构知识更有意义。PCK被认为是一种经验型的知识,需要通过课堂教学的经验来发展,教师可以从教学实践活动,如分析学生的学习困难与迷思概念、理解课程与教学设计等,以及一些教学学习活动中,如在职培训、工作坊、行动研究、学习共同体等,促进PCK的积累与成长。众多研究表明,教师PCK的增长是需要时间的,教师的PCK在实践中会自然提升,且系统专业的评价会使PCK快速提升,因而关注真实情境中的教学评价是十分必要和有意义的。此外,接受专业发展培训的教师比没有接受专业发展培训的教师更能准确判断学生的技能,且判断的准确性受到专业发展过程中所学知识的影响。

PCK的增长受到教学经验的影响,但并不意味着教龄长的教师的有效经验就一定丰富。本书的研究发现,60%的中长教龄小学数学教师的PCK并没有达到理想水平,研究生学历的短教龄教师和中师学历的长教龄教师在PCK水平上显示出足够的优势,说明有效的经验积累、完善的知识结构和学习能力可以弥补短教龄和低学历的不足,从而使教师拥有良好的PCK水平。PCK是教师通过长时间的经验发展得来的知识,是一种关于如何将特定内容用特定方法来加强学生对知识的理解的知识。因而,需要教师具备教学敏感度,并将PCK的理论作为框架指导相关的要素知识的积累与整合。有效教学经验的积累有助于增强教师的自信和自我效能。一些学者的研究发现,许多教师在教学中有些犹豫不决,主要原因在于教师缺乏自信和自我效能感。较低的自我效能感水平和自信心多数源于有限的学科知识、学校情境因素等(如教学中资源匮乏,分配给科目的优先权较少)。在学科教学中,拥有自信的教师能够更恰当地选用教学策略,缺乏自信的教师则会通过降低教学难度或回避问题来避免一些学生行为的发生。[③]本书中,经验丰富、PCK知识结

[①] 徐斌艳. 教师专业发展的多元途径[M]. 上海:上海教育出版社,2008:2.

[②] van Driel J H, Jong O D, Verloop N. The development of preservice chemistry teachers' pedagogical content knowledge[J]. Science Teacher Education,2002,86(4):572-590.

[③] Appleton K. Developing science pedagogical content knowledge through mentoring elementary teachers[J]. Journal of Science Teacher Education,2008,19(6):523-545.

构完整的 M 老师和教学准备充分的 X 老师在教学中表现得较为自信、教学效果较好。

3. 基于相关要素知识整合实现适切的教学实践

PCK 不是单独体，而是受教学情境、内容和经验的影响。如果教师想识别和评价自身的 PCK，则需要对自己所教学科内容建立良好的知识结构及学科知识理解，这种概念化的理解需要建立在对教学过程、教学策略进行整合的基础上，并能够将其运用到特定的学生群体中。PCK 代表了教师的一种能力，即教师要能够将教学内容以一种合适的方式传递给学生且为学生所接受，有着扎实的 PCK 的教师能够更加准确地呈现他们的内容知识。笔者在研究中发现，公开课的 PCK-SoEM 图谱较为"丰富"，然而为什么常态课的 PCK-SoEM 图谱就稍显"单薄"或是"缺失"呢？因为教师会对公开课进行充分备课，反复思考关于学科的定位以及各方面如何很好地配合才能达成教学效果。教师在课堂教学前会对教学进行整体的设计与准备，其间教师将其对相关知识的理解整合形成一个方案，且多从教学定位与目标、教学内容、教学策略、评价、学生等多个层面出发，而学生的学情则是设计方案的中心。对学生的理解可以促进 PCK 其他相关要素知识的整合，PCK 的理论框架也能促进教师对学生的理解。行动是知识、思维的外显体现，教师教学决策背后需要特定理念、相关知识和思考过程做支撑，因此 PCK 结构完整的教师，其教学策略与表征水平较高，教学效果较好。

知识不能预测行为，教师拥有知识并不意味着其能够都将知识转化为恰当的教学行为和良好的教学效果。即便新手教师认为自己在教学中以学生为中心，充分考虑了学生的先在知识、迷思概念等，但在实际教学中依然显得不足。之所以一些教师的教学在计划阶段与实施阶段存在一定差别，一是因为"没落实好"导致的"思""行"不统一，二是因为"懒得去做"的职业倦怠，没有充分地进行教学设计与思考，并将其转化为有效的教学行动。因此，教师需要不断地反思和寻找"理想"与"现实"的差距。在面对特定主题教学时，教师要有清晰的教学定位，从知识学习、能力培养、学生未来发展等几个方面为该主题教学进行定位。教师要能够针对该主题的教学设计，紧密围绕并体现教学定位，较为全面地思考、主动地了解学生的学习特点、现有水平和学习困难以及迷思概念，针对这些信息选择适切的教学策略，并备有教学预案，针对学生的不同反馈选择不同的教学策略。只有教师在教学决策前对相关知识进行充分思考，形成丰富的教学预案，才能够在课堂上表现得游刃有余，进而生成正确的教学决策。

4. 基于案例研究式情境学习的高阶化知识整合

对于小学数学教师来说，PCK 水平高的教师能够很好地将特定的数学知识以适合学生理解的方式传授给学生。在这一过程中，教师面临的巨大挑战是如何将自己理解的数学学科知识转化为学生能够理解的有效教学内容，而这种知识较难通过理论学习来习得，即便通过自己积累经验往往也需要漫长的时间。因此，研究者发现以案例为支撑的情境式学习有助于教师进行相关知识的整合与应用。原理是有价值的，案例是难忘的[1]，教师要从经验中学习，而在这个过程中，案例起着关键性的作用。正如有研究者的研究显示的，教师的教育教学领域知识具有情境性，可从他人经验中学习并传递，不同情境中的领域知识是可以转化的。[2]一个直观的教学案例或一个高阶质疑的教学案例近似于一个理论主张，案例的组织与运用要深刻地、自觉地带有理论色彩。[3]可见，基于案例的学习和基于情境的反思是专业学习的强有力工具，利用案例的效力来阐释实践和理论，有利于教师从具体事件中快速掌握深层次信息，形成高度概括和简化的原理。教师能够通过积累教育教学、儿童认知与发展、学科知识与课程教学等方面的基本问题和典型案例，做出合理的理解判断以及行动推理。

自舒尔曼提出"教学的案例知识"后，案例法在教师教育和专业发展领域中获得了广泛应用，"结构良好的案例中呈现的知识享有越来越高的地位，案例可能是描绘并传递教学知识最富有前景的一种方式"[4]。例如，以课例研究为载体，教师教育者帮助教师在经验中加深对学科知识的理解，积累学科教学知识，提升专业素养，并且能够使教师正确理解教育教学改革理念，把握改革方向。课例比理论更具情境性、真实性，因为其承载了实践智慧，学员在研究课例的过程中能将普遍原则与具体事件建立联系，深刻地理解复杂的教育教学，课例有助于帮助教师在反思自我教学的同时为教师间交流对话提供素材。教师教育者可以选择结构良好的课例作为交流的实践研究载体，使教师在一定的情境中呈现并经历教学任务，通过与同伴的交流、自我反思，来促进教学思考、高阶思考。教师教育者要注重任务中的指导与评估，以使教师在教学中学习教学，在研究中反思教学，从而达到实践与研究交互作用，互相给予促进和思考。可见，"如何帮助学习者学习特定的知识与技能，

---

① Shulman J H. Case Methods in Teacher Education[M]. New York: Teacher College Press, 1992: 14.

② Berliner D C. Describing the behavior and documenting the accomplishments of expert teachers[J]. Bulletin of Science Technology and Society, 2004, 24 (3): 200-212.

③ Shulman L S. Those who understand: Knowledge growth in teaching[J]. Educational Researcher, 1986, 15, (2): 4-14.

④ Shulman J H. Case Methods in Teacher Education[M]. New York: Teacher College Press, 1992: 14.

营造适当的学习情境至关重要"①，它能够帮助教师将学科知识、学科教学知识以及相关的原理紧密连接起来，进而形成系统的知识网络，帮助教师完成发展知识结构的任务，体现了思考的高阶性。

5. 基于合作与反思的经验提升式学习加速学科教学知识的成长

合作与交流是教师实现专业成长的关键，教学中完全独立的教学较难取得长远发展，加强与他人合作，建立学习共同体是教师个人实现专业迅速发展的必要且重要途径。例如，亲授教学经验的师徒制、每周研讨教学主题的年级学科教研组、基于学科教学的校内周期研讨、基于案例研究的主题研修、校本教研的反思行动、针对专业梯队的教学比赛、名师领航工作室的研习工作坊等均是有效专业学习共同体形式。在舒尔曼的教学推理模式中，只有经历教学与评价之后的反省活动，教师才能得到新的有关教学的理解。学习共同体中不同专业背景、不同教学水平、拥有不同教学经验的教师相互交流合作，共同探讨教学难题、共同解决难题、分享教学资源，为完成共同的教学任务与目标而共同努力，特别是拥有高水平 PCK 的优秀教师的知识共享有助于实现 PCK 的共同成长。

教学经验是 PCK 发展的主要途径之一，但从经验中学习与只是获得经验之间存在巨大差别。任何教龄段的教师都有经验，但是总有一些教师能在职业生涯中获得巨大的成长，也总有一些教师在职业生涯中成长缓慢，如本书中的 G 老师虽然教龄长，其 PCK 却处于松散缺失的低水平。笔者在调查中发现，一些教龄较长教师的 PCK 水平处于中低等级，教龄较短的研究生学历教师的 PCK 水平却领先其他群体，这充分说明基于实践的反思对于专业发展来说至关重要，这是 PCK 发展的另一个最重要因素。波斯纳（Posner）曾给出教师成长公式，即"经验+反思=成长"。②其中，反思是自我理解、自我审视、自我澄清的过程，是建构个人实践理论的过程，特别是对于新手教师来说，对其自身实践的反思能够使其行为更加有目的、有章法。教学反思是教师对课程进行慎思和再造的重要过程，反思的中心目的是发展教师对教学的理解，即为什么选择特定的教学策略，如何能够完善教学并使其对学生产生积极的影响。教师的过程性反思也能够改进教学活动，发展教师的PCK 是教师专业可持续发展的有效途径。《小学教师专业标准（试行）》中也明确指出，教师唯有实践、反思、再实践、再反思，将知识、理论和对学生的了解，都融为对教育的认知，不断提高专业能力，才能走进学生，读懂学生，提高对学生的

---

① Peressini D, Borko H, Romagnano L, et al. A conceptual framework for learning to teach secondary mathematics: A situative perspective[J]. Educational Studies in Mathematics, 2004, 56 (1): 67-96.

② Posner M I. Foundations of cognitive science[J]. Journal of Cognitive Neuroscience, 1989, 2 (4): 246-294.

理解。教师教学反思的核心内容是教师为什么选用某个教学策略以及他们是如何改善教学的，以使其对学生产生积极的影响，反思的过程是促进 PCK 继续成长的积极活动，反思性实践也将成为教师专业发展中较受欢迎的方式。每个教师均是学习发生背景中的一个组成部分，PCK 需要个人的自我建构，任何外在形式的活动与培训都需要经过教师的内化才能转化为教师自己的知识。因此，如果教师想加深对教学的深刻理解，就必须反思自身的实践，反思学生的作业、需求和环境背景[1]，这也是深入了解学生学习需求的途径。

并不是所有的教师都能够意识到反思的重要性或者能够主动进行反思，因此，重要的是尊重教师通过反思求发展的意愿，在反思的焦虑中产生问题意识，并主动寻求解决办法来促进教学发展。教师为了改进教学而对自身进行反思的着力点也不一样，有些教师更多地反思学生的学习困难，有些教师更多地反思自己的教学行为表现。[2]因此，有指导的反思对教师的自我学习与发展来说较为关键，并且教师的合作也有助于激发反思并促进发展。此外，还需要关注"元反思"，即对"反思"的"反思"，保证反思和教学行动的规范性、有效性。

第三节　关于教师教育中学科教学知识的应用反思

没有恰当的指导或者教学范例作参考，教师将花大量的时间来学习，而不是思考如何恰当地表述课程内容来让学生更好地理解。教师教育的目标绝不仅仅是传授书本知识那么简单，也不是为了应付考试，而是思考如何让教师面对不同学习需要的学生进行教学。提高非优质的学校教育的办法在很大程度上依赖于强有力的教师教育，采取措施确保教师能够获得高质量的培养。达林-哈蒙德（Darling-Hammond）和布兰斯福德（Bransford）在回顾美国一些教育项目中非常成功的教师时指出，这些教师之所以能够成功，是基于如下的知识、技能和特质：学习者教学知识，拥有关于学习者多样化方面的知识，知道如何在社会情境里学习与发展自己；拥有关于课程规则、内容以及教学目的的知识；能够理解教学、进行课堂管理和恰当的评价。[3]这些恰恰是 PCK 整合的相关要素知识，由此可见 PCK 研究对教

---

[1] Barrett D, Green K. Pedagogical content knowledge as a foundation for an interdisciplinary graduate program[J]. Science Educator, 2009, 18 (1): 17-28.

[2] Drechsler M, Driel J V. Experienced teachers' pedagogical content knowledge of teaching acid-base chemistry[J]. Research in Science Education, 2008, 38 (5): 611-631.

[3] Darling-Hammond L, Bransford J. Preparing Teachers for A Changing World[M]. San Francisco: Jossey-Bass, 2005.

师教育的重要性，教师获取 PCK 的过程是教师教育的支撑点之一。PCK 的习得与发展是职前教师教育的中心任务，同时也是在职培训项目的持续目标，并已得到了国际教师教育研究领域学者的广泛共识，已有的研究成果也为 PCK 应用提供了一些参考。

一、职前培养基于核心主题学习如何教学

教师在职前培养阶段对所学到的学科知识的理解并不能够满足其未来从事教学的所需。职前教师尽管对自己掌握的学科知识较为自信，但研究表明，他们往往在教学方法、专业经验、教育理论方面准备得不是十分充分，且常常并不是十分有效。[1]大量学者的研究表明，职前教师虽然已经通过学科教学的培养，但是在学科知识方面依然存在一定的迷思概念和错误。PCK 与学科知识的区别在于，它是为了有效地传授一门学科所必须拥有的知识，而不是知识本身；它是一种有关如何组织、呈现具体内容、问题，并使之适应不同学习者的兴趣和能力的理解，其中包括最有效的呈现知识的形式、最有力的类比、图表、例证、解释和证明，总之就是那些呈现学科知识并对其进行公式化陈述，以使其他人能够理解的方法。PCK 被认为是职前教师教育项目中教师"如何教学"的重要元素，良好的 PCK 能够促进有效教学。目前并没有很好的方法或清晰的研究告诉我们职前培养应如何帮助准教师准备并应用 PCK。[2]职前教师培养已经显示出"课程知识化、实践性知识被弱化"的弊端，学科有专业、专业有知识，而课堂、学校是教师教学实践化的场所，但职前培养中凸显出针对性实践不足。职前教师在实际教学中存在很多问题，如教师的学科知识仍存在迷思或错误、教学方法不当、教学设计与实施不符合学生学习需要等。

知识是认知个体与外在情境交互建构的产物，由于没有最佳的方式直接教给教师 PCK，因此建议职前培养可基于核心主题或重要领域来讲授如何教学，帮助准教师获得解决问题的策略与技能，发展准教师的 PCK。教师教育者不仅要教给准教师专业理论知识，还要给准教师提供基于特定学科内容的教学知识。教师教育机构对职前教师的相关培养需要体现先进性、前瞻性和先导性，通过 PCK 的框架有意识地帮助职前教师更好地从事教育教学，有效积累相关的实践性知识。例如，

---

[1] Adams P E，Krockover G H.Concerns and perceptions of beginning secondary science and mathematics teachers[J]. Science Education，1997，81（1）：29-50.

[2] Hiebert J，Morris A，Berk D，et al. Preparing teachers to learn from teaching[J]. Journal of Teacher Education，2007，58（1）：47-61.

通过学科内容教学的经典案例、学科核心主题的教学案例分析、名师教学案例分析等，帮助教师在特定主题下分析关于教学内容、学生学习、教学设计与实施等内容，积累丰富的主题 PCK。在教育见习和实习中，教师可以通过批改或查阅学生作业，来了解学生学习情况、出现的学习困难、对迷思概念的掌握情况等；提供给职前教师基于 PCK 结构的课堂观察量表，并在量表中细化观察点和学习点，以帮助教师在课后进行更有针对性的讨论、学习和提升。拥有关于课程和评价方面的知识、对学生个体理解的知识、运用复杂教学策略对待差异巨大的学习者的知识，有利于准教师在就业后形成思考教学的习惯，使其能较容易理解学生的学习并开展有效教学。

二、在职培训基于实践反思提升教学品质

一些参与培训的在职教师有时会认为，培训中所讲的内容与教学中所用的知识的联系不是很密切，事实上这是由于培训没有考虑到如何利用教师的经验，进而未能促使教师 PCK 得到发展。一些培训将机会作为"恩赐"或"荣誉"，而培训的内容并非教师真正需要的，因此，培训对教育教学实践和教师专业成长的帮助甚小。众所周知，教师从事教学所需的必要知识需要较长的时间来获得，教师和教师教育者也应该意识到，教师培训不应为短时培训，而应具有持续性，需要经历较长时间，且需要大学和中小学共同合作对教师进行培训。PCK 是一种个人的、特定主题的、情境性的知识，包含教师对学生学习、教学策略、特定学科内容等的理解。相关研究显示，教育实践对 PCK 具有验证、生成、价值导向的作用，反思与教育实践过程更有利于教师形成与发展 PCK。PCK 是教师教育培训中应该关注的重要方面，因此，对教师的在职培训除了应该关注在特定主题下发展 PCK 外，更应该关注通过积累课堂教学经验来发展 PCK[1]，通过对专业实践、特定的教学策略的反思，来凝练集体的经验并提升教师个人的 PCK 素养[2]，帮助教师将学科知识与具体教学中运用的知识和教学经验结合起来。例如，虽然教师掌握了一些有关学生困难的知识，但缺少帮助学生战胜这些困难所需的重要知识。因此，通过适当的在职培训，教师可以获得更多有关学生困难的知识，并对未来的教学有一定的提升作用。

在职培训可以借鉴舒尔曼提出的教学推理模式。教师通过理解—转化—教学

---

[1] Veal W R, Tippins D J, Bell J. The evolution of pedagogical content knowledge in prospective secondary physics teachers[J]. National American Research in Science Teaching Conference, 1999 (41): 2-6.

[2] Driel J H V, Berry A. Teacher professional development focusing on pedagogical content knowledge[J]. Educational Researcher, 2012, 41 (1): 26-28.

—评价—反思—再理解的循环,把教学内容转化为满足学生学习需要的、教学上有针对性并产生实际效果的、学生乐于接受的教学行为,具体如下。

1）理解：理解特定的教学内容（学科知识、课程知识），理解特定教学内容下学生的先在知识、学习困难、迷思概念及学习特点和需要,将教学内容与学生建立起有意义的连接。

2）转化：基于对学生的理解和教学内容的需要,选用恰当的教学策略与表征方式,并根据学生的需要合理地调整教学内容和组织方式。

3）教学：基于"理解"和"转化"开展实践教学活动,在教学过程中根据学生的即时反馈进行适当的教学反馈与策略调整。

4）评价：通过多元评价方法了解学生的学习现状,促进学生的学习,关注学生的反馈。

5）反思：将教学计划与实践阶段进行对比,寻找存在差别与差距的原因,总结教学中的优秀教学经验以及存在的问题与困难,并针对此形成解决策略。

6）再理解：基于教学反思形成对教学内容、学生、教学策略等的新的理解。

此外,学习共同体是一个很好的平台,很多学者已经将 PCK 作为教师专业学习共同体关注的焦点,教师通过检视自己的新想法和集体合作等方式改善教学思考和行动,进而完善自身知识结构。此外,备课法、基于特定主题开展的工作坊也是较为有效的增长 PCK 的方法。[1]教师教育者要改变"被培养"的弊端,主动寻找培训的生长点,真正满足教师 PCK 增长的需要。

三、深化教师教育者对学科教学知识的研究与行动

20 世纪 70 年代起,建立在哲学、社会学、心理学、计算机科学、认知科学、人类学、神经科学以及其他科学原理基础上的新的学习科学逐渐显现,学习科学被认为是一个研究教与学的跨学科领域。教师要"学习教学",教师教育者要学习"教师如何学习教学"。学习教学是一个习得内容和教学知识的复杂过程,是教学职业发展生涯中一个理想的可持续发展过程。[2]PCK 源于教师的实践智慧,经由教师教学、评价、反思与转化的过程而获得。教师发展 PCK 的目的不仅限于如何教授学科知识,更为重要的是要促进学生的全面发展。

---

[1] Rusznyak L, Walton E. Lesson planning guidelines for student teachers: A scaffold for the development of pedagogical content knowledge[J]. Education As Change, 2011, 15（2）: 271-285.

[2] Nilsson P. Teaching for understanding: The complex nature of pedagogical content knowledge in pre-service education[J]. International Journal of Science Education, 2008, 30（10）: 1281-1299.

研究者试图选用恰当的视角和方法去表述和了解教师在教学中是如何思考的，结果发现，大部分教师没有意识到自己拥有 PCK，而且并不是每一名教师都能意识到自己在教学中运用的相关知识是如何整合的。一些教师对 PCK 还处于无意识状态。教学经验和教师反思作为促进 PCK 增长的重要因素，亦能够帮助教师进行专业成长。PCK 可以作为一个理论框架，帮助教师教育者更好地理解教师专业知识和有关实践的专业学习，了解教师如何思考教学，如何运用特定的方法让学生理解所学知识内容，由此更加关注 PCK 对教学的重要性。一些研究表明，实习教师在模拟课堂中经常关注的是自己，只有在真实的课堂中才会将关注点转移至学生，因此，真实的教学环境相对于微格教学而言更能促进教师 PCK 的提升，并且实习教师的教学结构会逐渐由线性结构发展为复杂的网状结构。基于 PCK 结构进行分析，能够使教师更有针对性地改进与提升教学。

在教师 PCK 发展与成长的实践与研究中，教师教育者扮演的角色是什么呢？为保持专业持续性和拥有不断成长的动力，教师需要知道自己做什么、为什么做。"授人以鱼，不如授人以渔"，因此，教师教育者教给教师如何思考教学、如何整合相关知识的技能显得更为重要。那么，如何把 PCK "教"给教师，让他们意识到这部分知识对教育教学的重要性，如何进行相关知识的思考并将其转化为有效的教学行为，是值得教师教育者深思和研究的。首先，教师教育者需要明确 PCK 的内涵及其影响因素。其次，教师教育者需要选取恰当的形式让教师理解 PCK 的内涵及其重要性。再次，教师教育者需要通过有效的教学方式帮助教师了解如何进行相关知识的整合。最后，教师教育者需要通过一些有效的实践活动为教师提供思考、应用 PCK 的机会，并进行深入的反思和有针对性的指导，让教师学会思考、学会教学。教师教育者需要支持教师习得并发展 PCK，并运用 PCK 的结构指导他们怎样进行教学设计、实施、反思，怎样整合各种要素进行有效教学。

四、推动教师考评制度的完善与改革

PCK 已逐渐被认为是评价教师和教学质量的重要标准之一，已有国家将其写入文件，如"马来西亚教学质量标准"，大不列颠联合王国政府文件《教学资格：合格教师及职初教师培训专业标准》。美国国家教师教育资格认证委员会也提出支持大学特别是教育机构保证新教师能够获得必要的内容知识、教学知识、专业知识与技能，来进行独立和集体教学。考评制度是促进教师知识结构改善的一个有效途径，如国外教师培养和证照考试非常严格，需要经历漫长的过程。值得注意的是，目前，我国在教师资格认定上也存在一定的问题，如小学教师资格证的报考者只要通过综合素质和教育教学知识与能力测试，即可进入面试环节的教育教学实践能力考核；虽然中学教师资格证考试增加了学科知识与教学能力的考试，但实际上这样的考试很难考察出真正的学科从教能力与资格。PCK 是区别学科专家或普通群体与学科教师的主要知识，是教师知识中的主要成分，是制定教师教育标准和教师培养的依据。PCK 理论能够为教师知识与能力的测查提供框架指导，通过相应的考试或评价能够准确地把握教师有关学科教学知识与能力的水平，通过诊断功能促进教师知识与教学水平的提升。基于评价结果甄别或甄选教师，为聘用、晋升等决策提供参考。

五、提升教师教育机构学科教学师资专业化水平及课程开发能力

一些职前或职后教师抱怨教师教育课程对教学并无"实用"，因此，教师教育者需要深刻反思教师教育课程的实施及成效，思考教师教育课程如何能够与一线学科教学紧密结合。目前，从事教育专业和学科课程教学的教师通常是文化背景完全不同的两类教师，他们在知识结构上呈现出绝对明显的界限：教育专业教师基本不懂学科知识或不具备学科背景，只掌握了普通教育理论；而学科课程教学教师不具备教育知识，只专注于学科的科学研究。在具体教学中，两类教师按照各自的专业兴趣和方法引导教学，显然这种做法不利于职前或职后教师将两类知识之间建立关联。在教师教育研究上，我国的教师教育研究受"分离式"教师教育体制的影响较大。学科专家基本不研究学科知识的教学，而专心于本学科领域的科学研究；教育专家基本都是探索普通教育理论规律，而无意、无暇或无法顾及具体学科、内容、学段教学的研究；一部分学科教学论教师的学科教学研究也致力于探索本学科教学的普遍模式。很显然，具体学科、知识点和情境的教学研究目前很少有人问津。事实上，PCK 理论正是针对这种培养机构分离、阶段割裂、知识隔离等带来的弊端而提出的。PCK 研究的发展和完善促进了教师教育计划中学科课程和教育课程更加紧密地结合，影响了教师评价和资格考试的实践，并推进了教师教育机构在制度和组织上的"专门化"。

对于教师教育者来说，可以通过帮助准教师获得并应用一些 PCK，进而让接受培训/培育的教师了解到 PCK 的内涵，将教师教育课程转化为有效的教学实践，教师在职前培养和初期培训阶段可借鉴 PCK"转化模式"进行教学。教师教育机构可聘请基础教育中优秀的实习指导教师与大学教师联合授课，各自发挥优势，从

学理解读和实践策略上给予准教师充分的、有针对性的指导，将大学中学习的课程与教学理论知识及基础教育中的教学主题联系起来，形成有根基的教学。此外，教师教育机构可多组织一些基于田野实践的活动、基于大学的一些工作坊、注重实现指导教师的角色任务[①]，尽可能多地帮助教师系统习得 PCK。因此，教师教育一方面需要注重教学实践中经典、精华的传承，另一方面需要注重培养、培训的前瞻性与品质。

黑尔（Hill）关于不同层次的教师是如何使用课程资料的研究表明，在课程资料缺乏或者课程资料不够系统的条件下，数学教师的教学质量在很大程度上取决于教师的数学教学知识。如果教师的课程资料充分且系统，那么即便教师的数学教学知识水平并不是很高，也能够胜任教学，并能将知识较为恰当地传授给学生。[②]可见，课程资源开发与设计对于教师教学十分重要，培养/培训课程的开发是教师教育培养/培训工作有效开展、提升品质的重要保证。例如，可以组织相关教育教学专家编制相应的教材，帮助职前教师明确特定主题下学生常见的学习情况，包括学习知识储备、先在概念、迷思概念、学习困难等，并针对此提供相应的解决策略。教师教育者也可以编写学科教学中的经典专业案例集，搜集学科教学中学生较容易产生迷思概念的案例集和学习困难案例集，并给出在这些情况下，如何针对学生的学习现状和特定反应选择教学策略，进而帮助教师针对某些特定的主题开展教学，掌握较为恰当且有效的教学表征形式，提高教学的有效性，进而提升学生的学习效果。

---

① van Driel J H, Jong O D, Verloop N. The development of preservice chemistry teachers' pedagogical content knowledge[J]. Science Teacher Education，2002，86（4）：572-590.

② Hill K M. Biology faculty at large research institutions：The nature of their pedagogical content knowledge[D]. Arizona State University，2013.

参 考 文 献

蔡铁权，陈丽华. 科学教师学科教学知识的结构[J]. 全球教育展望，2010，（10）：91-96.
陈福明. 大学英语教师 PCK 的研究[J]. 黑龙江教育（高教研究与评估），2007（6）：19-20.
陈琨. 在英语师范教育课程中培养学科教学知识[D]. 重庆：西南大学，2009.
陈雪英. 高校英语教师学科教学知识的叙事建构[J]. 东疆学刊，2013，30（1）：105-110.
段晓林. 科学教师的学习与成长[M]. 彰化：彰化师范大学出版社，2009：38.
范增，吴桂平. 论小学科学教师 PCK 的内涵及其发展策略[J]. 教育与教学研究，2014，（12）：35-38.
高敬文. 质化研究方法论[M]. 台北：师大书苑有限公司，1996.
郭晓明. 课程知识与个体精神自由——课程知识问题的哲学审思[M]. 北京：教育学科出版社，2005：498.
郭晓明. 论中国课程知识供应制度的调整[J]. 华东师范大学学报（教育科学版），2005（2）：10-19.
侯光文. 教育评价概论[M]. 石家庄：河北教育出版社，1999：58.
侯新杰，王莹，栗素姣. 优秀物理教师学科教学知识发展的个案研究[J]. 教育理论与实践，2012，32（23）：25-27.
胡斌. 学科教学知识视野中的高职"双师型"教师队伍建设[J]. 河南职业技术师范学院学报（职业教育版），2008（1）：33-34.
景敏. 基于学校的数学教师数学教学内容知识发展策略研究[D]. 上海：华东师范大学，2006.
李坤. 初中物理教学学科教学知识的个案研究[D]. 北京：首都师范大学，2009.
梁永平. 论化学教师的 PCK 结构及其建构[J]. 课程·教材·教法，2012（6）：113-119.
廖元锡. PCK——使教学最有效的知识[J]. 教师教育研究，2005（6）：37-40.
林美淑. 中学自然科教师学科教学知识成长之行动研究[D]. 彰化：彰化师范大学，2005.
林重新. 教育研究法[M]. 台北：扬智文化事业股份有限公司，2001.
刘本固. 教育评价的理论与实践[M]. 杭州：浙江教育出版社，2000：20-21.
刘捷. 建构与整合：论教师专业化的知识基础[J]. 课程·教材·教法，2003，（4）：60-64.
刘兰. 新课程背景下地理教师知识结构及发展问题研究[D]. 上海：华东师范大学，2006.
刘现堂. 小学数学"数与代数"教学中数学思想方法的渗透[J]. 教育实践与研究（小学版 A），2017（9）：31-35.
彭元玲. 论 FLT 的学科教学知识[J]. 外语界，2007（4）：28-36.

史平. 中国高校英语教师发展中的学科教学知识研究[D]. 山东：曲阜师范学院，2007.

舒尔曼. 实践智慧：论教学、学习与学会学习[M]. 王艳玲等译. 上海：华东师范大学出版社，2013：12.

王文科. 质的教育研究法[M]. 台北：师大书苑有限公司，2000.

杨薇，郭玉英. PCK 对美国科学教师教育的影响及启示[J]. 当代教师教育，2008（3）：6-10.

袁铮. 教师的学科教学知识对教学任务设计的影响：小学数学教师的个案研究[D]. 上海：华东师范大学，2009.

曾兰芳，王艳，黄荣怀. 行动学习法在教师教育技术培训中的应用[J]. 中国电化教育，2004（2）：19-22.

张奠宙. 学科教育：教育发展的战略重点[J]. 教育科学研究，2011（8）：5-9.

张静仪，戴翠华. 小学童感知自然教师 PCK 量表之效化研究[J]. 台北师范学院学报，2003，16（2）：187-212.

张莉娜. 新课程视野下化学教师学科教学知识课例研究[J]. 北京教育学院学报（自然科学版），2011（3）：41-44.

张小菊. 化学学科教学知识研究[D]. 上海：华东师范大学，2014.

郑晓梅. 基于行动学习的教师自主发展研究[J]. 中小学教师培训，2010（7）：20-22.

中国社会科学院语言研究所词典编辑室. 现代汉语词典[M]. 北京：商务印书馆，1978：882.

朱晓燕. 外语教师运用 PCK 框架提升其教学专业性的行动研究[J]. 基础外语教育，2015，17（4）：21-33.

朱益明. 教师培训的教育学研究[D]. 上海：华东师范大学，2004：28.

佐藤学. 课程与教师[M]. 钟启泉译. 北京：教育科学出版社，2003：78.

Ball D L，Thames M H，Phelps G C. Content knowledge for teaching：What makes it special?[J]. Journal of Teacher Education，2008，59（5）：389-407.

Baumert J，Kunter M，Blum W，et al. Teachers' mathematical knowledge，cognitive activation in the classroom，and student progress[J]. American Educational Research Journal，2010，47（1）：133-180.

Behar L S. The Knowledge Base of Curriculum：An Empirical Analysis[M]. Lanham：University Press of America，1994：5.

Borko H. Research on learning to teach：Implication for graduate teacher preparation//Woolfolk A. Research Perspectives on the Graduate Preparation of Teachers[M]. Englewood Cliff：Prentice Hall，1989：69-87.

Brophy J，Good T L.Teacher behavior and student achievement//Wittrock M C. Handbook of Research on Teaching（Third edition）[M]. New York：MacMillan，1986：328-375.

Brown C A，Borko H. Becoming a mathematics teacher//Grouws D. Handbook of Research on Mathematics Teaching and Learning[M]. New York：MacMillan，1992：221.

Carlsen W S. Domains of teacher knowledge//Lederman N G，Gess-Newsome J. Examining

Pedagogical Content Knowledge: The Construct And its Implications for Science Education[M]. Netherlands: Kluwer Academic Publishers, 1999: 133-144.

Cochran K F, Deruiter J A, King R A. Pedagogical content knowing: An integrative model for teacher preparation[J]. Journal of Teacher Education, 1993, 44 (4): 263-272.

Cohen L, Manion L, Morrison K. Research methods in education[M]. London: Routledge Falmer, 2004.

Corbin J, Strauss A. Grounded theory research: Procedures, canons and evaluative criteria[J]. Zeitschrift Fur Soziologie, 1990, 19 (6): 418-427.

Elbaz F. The teacher's practical knowledge: Report of a case study[J]. Curriculum Inquiry, 1981, 11 (1): 43-71.

Fennema E. Teachers' knowledge and its impact//Grouws D A. Handbook of Research on Mathematics Teaching and Learning[M]. New York: Macmillan, 1992: 127-146.

Garritz A. Personal reflection: Pedagogical content knowledge and the affective domain of scholarship of teaching and learning[J]. International Journal for the Scholarship of Teaching and Learning, 2010, 4 (2): 1-6.

Haertel E H. New forms of teacher assessment[J]. Review of Research in Education, 1991, 17 (1): 3-29.

Hill H C, Schilling S G, Ball D L. Developing measures of teachers' mathematics knowledge for teaching[J]. The Elementary School Journal, 2004, 105 (1): 11-30.

Howe K, Eisenhart M. Standards for qualitative (and quantitative) research: A prolegomenon[J]. Educational Researcher, 1990, 19 (4): 2-9.

Ibranhim B. Pedagogical content knowledge for teaching English[J]. English Education Journal, 2016, 7 (2): 155-167.

Kennedy M. Schools and the problem of knowledge//Raths J D, McAninch A C. Advances in Teacher Education: What Counts as Knowledge in Teacher Education?[M]. Stamford: Ablex, 1999: 29-45.

Kind V. Pedagogical content knowledge in science education: Perspectives and potential for progress[J]. Studies in Science Education, 2009, 45 (2): 169-204.

Koballa T R, Gräber W, Coleman D, et al. Prospective teachers' conceptions of the knowledge base for teaching chemistry at the German gymnasium[J]. Journal of Science Teacher Education, 1999, 10 (4): 269-286.

Kpyl M, Heikkinen J P, Asunta T. Influence of content knowledge on pedagogical content knowledge: The case of teaching photosynthesis and plant growth[J]. International Journal of Science Education, 2009, 31 (10): 1395-1415.

Lankshear C, Knobel M. A Handbook for Teacher Research: From Design to Implementation[M]. New York: Open University Press, 2004.

Loughran J, Mulhall P, Berry A. Exploring padagogical content knowledge in science teacher education[J]. International Journal of Science Education, 2008, 30 (10): 1301-1320.

Manizade A G, Mason M M. Using delphi methodology to design assessments of teachers' pedagogical content knowledge[J]. Educational Studies in Mathematics, 2011, 76 (2): 183-207.

Monk D H. Subject area preparation of secondary mathematics and science teachers and students achivement[J]. Economics of Education Review, 1994, 13 (2): 125-145.

Nakipoglu C, Karakoc O. The forth knowledge domain a teacher should have: The pedagogical content knowledge[J]. Educational Sciences Theory and Practice, 2005, 5 (1): 201-206.

Padilla K, Ponce-de-León A M, Rembado F M, et al. Undergraduate professors' pedagogical content knowledge: The case of amount of substance[J]. International Journal of Science Education, 2008, 30 (10): 1389-1404.

Park S, Jeong-Yoon J, Ying-Chih C, et al. Is pedagogical content knowledge (PCK) necessary for reformed science teaching? Evidence from an empirical study[J]. Research in Science Education, 2011, 41 (2): 245-260.

Park S, Oliver J S. National Board Certification (NBC) as a catalyst for teachers' learning about teaching: The effects of the NBC Process on candidate teachers' PCK development [J]. Journal of Research in Science Teaching, 2008, 45 (7): 812-834.

Park S, Oliver J S. Revisiting the conceptualisation of pedagogical content knowledge (PCK): PCK as a conceptual tool to understand teachers as professionals[J]. Research in Science Education, 2008, 38 (3): 261-284.

Schempp P G, Manross D, Tan S K S, et al. Subject expertise and teachers' knowledge[J]. Journal of Teaching in Physical Education, 1998, 17: 342-356.

Schmelzing S, Driel J H V, Melanie Jüttner, et al. Development, evaluation, and validation of a paper-and-pencil test for measuring two components of biology teachers' pedagogical content knowledge concerning the "Cardiovascular System" [J]. International Journal of Science and Mathematics Education, 2013, 11 (6): 1369-1390.

Stevens S S. Handbook of experimental psychology[M]. New Jersey: John Wiley & Sons Inc, 1951.

Zembal-Saul C, Starr M L, Krajcik J S. Constructing a framework for elementary science teaching using pedagogical content knowledge//Lederman N G, Gess-Newsome J. Examining Pedagogical Content Knowledge: The Construct and Its Implications for Science Education[M]. Netherlands: Kluwer Academic Publishers, 1999: 237-256.

附 录

附录一 小学数学教师学科教学知识课前访谈提纲

1. 请您从以下几个方面描述本节课的相关内容。
1）教学内容
2）教学目标
3）教学重难点
4）教材与学情分析

2. 请详细描述您本节课的教学设计与教学过程，并阐述设计和决策的理由。

3. 关于本节课教学中的概念/思想，
1）您打算教给学生哪些内容？这些内容与哪些内容是联系的？
2）学生学习它的重要性是什么？为什么？
3）关于该概念/思想，您还知道哪些？这些您不打算教给学生吗？
4）关于该概念/思想的学习，学生已具备了什么样的知识基础？会遇到哪些困难？产生哪些迷惑？
5）在教授该概念/思想时，您可能会遇到哪些问题？如何解决？
6）您如何确定学生已经学会了该概念/思想？

附录二 小学数学教师学科教学知识调查问卷

教学主题	问卷题目
分数的认识	Q1. 分数的意义可以从多方面进行理解，请尽可能多地写出您的理解。
	Q7. 学生在学习时可能会遇到一些困难，请尽可能详细地阐述这些困难都有哪些。
	Q13. 假如您要帮助学生理解分数的意义，您会采用什么样的方法？（请尽可能多地列出方法）

续表

教学主题	问卷题目
整数的认识	Q2. 请举例说明您是如何理解位值的。
	Q8. 学生在理解大数（大于1000）时，存在哪些困难？
	Q14. 请尽可能多并详细地阐述您是如何帮助学生发展对大数的数感的。
小数除法	Q3. 以"7.8÷0.6"为例，请尽可能详细地解释您对小数除法的理解。
	Q9. 请举例说明学生在计算"7.35÷7"和"0.36÷0.012"两道题时，可能会出现什么样的错误？
	Q15. 以"7.8÷0.6"为例，请详细说明您是怎样帮助学生理解算理的。
退位减法	Q4. 学生在学习"307-168"时会涉及哪些相关的知识？（请尽可能全面地用文字或图示进行说明）
	Q10. 如果学生出现下面这样的错误，您会怎样向学生解释？ $\begin{array}{r}307\\-168\\\hline 261\end{array}$　$\begin{array}{r}307\\-168\\\hline 169\end{array}$
	Q16. 以"307-168"为例，请尽可能详细地说明您是如何帮助学生理解减法中的退位的。
轴对称图形的认识	Q5. 关于轴对称图形，您有哪些理解？（请尽可能详细地阐述）
	Q11. 请您详细说明判断"平行四边形是不是轴对称图形"需要学生具备哪些相关知识？
	Q17. 如果有学生认为"平行四边形是轴对称图形"，您会如何回应并解释？（请尽可能详细地阐述您的教学方法）
圆的面积	Q6. 对于圆的面积公式推导，您知道哪些方法？（请尽可能详细地阐述）
	Q12. 学生在理解圆的面积公式推导过程中，会遇到哪些困难？（请尽可能详细地阐述）
	Q18. 关于"圆的面积"教学，您在教学设计时会考虑到哪些帮助学生理解圆的面积的方法？（请尽可能详细地阐述）

后 记

PCK 是一种迷人且有力量的知识，被认为是最有用的一种教师知识，是最能区分学科专家与教学专家、高成效教师与低成效教师的一种知识。教学和内容间存在复杂的关系，特定原因决定特定教学方式，PCK 与教学效能有着密切的关系。PCK 不是单独体，而是受教学情境、内容和经验的影响。如果教师能够识别和评价自身 PCK 的话，则说明教师对自己所教学科内容有很好的理解，并形成了良好的知识结构，这种概念化的理解需要建立在对教学过程、策略进行整合的基础上，并能够将其运用于特定的学生群体。PCK 根植于教学信念，教学活动不是简单地传授学科知识，而是将学科知识转化为教育形态的知识，以学生可以理解和接受的方式传递给他们，并促进他们在各自基础上有所成长。

正如舒尔曼所说，"我理解，所以我教；我教了，所以我理解"。教师通过"理解—转化—教学—评价—反思—再理解"的过程，把教学内容转化为能够满足学生学习需要的、教学上有针对性并产生实际效果的、学生乐于接受的教学行动，在这个教学循环过程中，PCK 水平和教学智慧均会得到显著提升。

PCK 的研究和应用鞭策我们为成为更好的教师而努力。感谢带领我深入了解这种知识的导师马云鹏教授，是他一直在研究和人生的道路上指引和鼓励我不断前行；感谢国家社会科学基金给予本书研究的支持；感谢在研究过程中的所有参与者；感谢研究团队中赵静、李慧娟、梁晶、向韶秋、韩璐以及其他研究生对书稿的整理、校对工作做出的努力；特别感谢科学出版社孙文影、黄雪雯等编辑对本书付梓贡献的智慧与努力。

解 书

2020 年 6 月